全国教育科学"十三五"规划课题国家一般项目

"历史文化视域下的师德建设长效机制研究"

（课题批准号：BEA200117）系列成果之一。

|班主任工作十日谈|丛书　齐学红　主编

班主任工作十日谈

对话家长

（第2版）

凌荷仙

张　伟——主编

教育科学出版社

·北京·

出版人 李 东

策划编辑 刘 灿 池春燕

项目统筹 池春燕

责任编辑 彭 波

版式设计 杨玲玲

责任校对 贾静芳

责任印制 叶小峰

图书在版编目（CIP）数据

班主任工作十日谈. 对话家长 / 凌荷仙，张伟主编
. —2版. —北京：教育科学出版社，2021.6
　（班主任工作十日谈丛书 / 齐学红主编）
　ISBN 978-7-5191-2541-7

Ⅰ.①班… Ⅱ.①凌… ②张… Ⅲ.①班主任工作
Ⅳ.①G451.6

中国版本图书馆CIP数据核字（2021）第100964号

班主任工作十日谈丛书

班主任工作十日谈　对话家长（第2版）
BANZHUREN GONGZUO SHI RI TAN　DUIHUA JIAZHANG（DI 2 BAN）

出 版 发 行	教育科学出版社				
社　　址	北京·朝阳区安慧北里安园甲9号		**邮　　编**	100101	
总编室电话	010-64981290		**编辑部电话**	010-64989593	
出版部电话	010-64989487		**市场部电话**	010-64989009	
传　　真	010-64891796		**网　　址**	http://www.esph.com.cn	
经　　销	各地新华书店				
制　　作	北京京久科创文化有限公司				
印　　刷	保定市中画美凯印刷有限公司				
开　　本	720毫米×1020毫米　1/16		**版　　次**	2021年7月第2版	
印　　张	18.75		**印　　次**	2021年7月第1次印刷	
字　　数	237千		**定　　价**	54.00元	

图书出现印装质量问题，本社负责调换。

再赞"随园夜话"
为终身自觉学习服务

2020 年 12 月 18 日，南京师范大学教育科学学院独创的学习与研究班主任原理的组织形式"随园夜话"已经完成了 100 期！从 2021 年开始，启动"随园夜话"的第 101 期。

"随园夜话"是我们中小学教育者自由组织的学习、研究班级教育与班主任原理和方法的一种组织形式。在"随园夜话"活动中，不论参加者原先的职务、工作如何，凡参与活动的都是学习者。他们学习与休闲结合，轻松、优雅、诗性，共同享受学习、享受友谊、享受快乐。

当前，随着中国特色社会主义进入新时代，我们的教育，包括班级教育，要更好地贯彻落实党和国家的教育方针，实现教育目标，应遵循习近平总书记于 2018 年 9 月 10 日在全国教育大会上提出的培养具有"大爱大德大情怀的人"的指示。

习近平总书记的要求，也正是他提出的建设"人类命运共同体"的精神要求。"人类命运共同体"并非"人类中心主义"，而是"人与自然和谐共生"。早在 2010 年，我国就参与了国际生物多样性年活动，并立下碑文："宇宙何大，地球何小。命脉所系，四海一家。人类自然，相生相长。保护生物多样性，降低其丧失速率。值此国际生物多样性年，特立此碑。"

随着新时代的到来，我们对班级教育与班主任工作，在理论与实践上，都有了更高的要求。在哲学理论上，以《矛盾论》《实践论》为指导；在心理学理论上，以"心育论"为指导。

提高生命自觉。理解一切生命，特别理解人的生命。人的生命是物质与精神的统一，即肉体生命与精神生命的统一。人的生命成长发展包括体、智、德、美各项素质，经历生存、认识、道德、审美阶段。我们要做最好的自己！自己运动，自己教育自己，自己造就自己，自己解放自己，自己拯救自己，自己管理自己，做最好的自己！

做自觉教育者。理解教育本质，依据社会发展要求，依据生命成长发展的规律，有目的、有计划地从事教育活动，促进人的体、智、德、美的发展。教育包括施教与受教。受教即学习。

做自觉学习者。理解学习的本质，依据社会发展要求、生命成长发展的规律，有目的地促进人的知、情、意、行的发展——体、智、德、美的发展。自觉学习者能时时、处处、事事都学习。生命不息，学习不止。做终身自觉学习者！

"随园夜话"是南京师范大学教育科学学院师生的教育独创！新的历史时期，我们应发扬已有的"随园精神"，让老师朋友们轻松、优雅、诗性地融合学习与休闲，共同享受学习、享受成长、享受友谊、享受快乐！让"随园夜话"更好地为提高我们的生命自觉——终身自觉学习服务！

班　华　于朗晴斋

2021年1月

赞"随园夜话"班主任沙龙

2014年1月17日，南京师范大学班主任研究中心举办了"随园夜话"班主任沙龙五周年纪念活动。该中心是于1996年由南京师范大学教育系成立的一个小小的班主任研究机构，中心主任由当时教育学教研室主任高谦民老师兼任。中心成立后，开展了班主任与班级教育研究，承担了教育部立项重点课题，各省（自治区）的共约83所中小学参加了课题研究。中心多次举办全国性的班主任研讨活动，先后公开出版《班主任与德育》《班主任与素质教育》《发展性班级教育系统》《班级：师生成长的沃土》等一系列班主任用书。高老师退休后，齐学红老师继任中心主任，带领大家继续开展班主任研究工作。而七年前开始的"随园夜话"班主任沙龙，则是班主任研究活动的一种创新，一种可贵的教育创新！

七年来，"随园夜话"班主任沙龙共举办了57期活动，每一期都有一个交流主题，参与者多为南京市中小学班主任或学校德育负责人、研究者。南京市邻近的镇江市、太仓市的班主任朋友，也常来南京参加"随园夜话"活动。另外，南京周边的安徽省蚌埠市、郎溪县，山东省枣庄市，湖北省襄阳市等也不时有班主任来参加。年过七旬的黎鹤龄老师是参加"随园夜话"活动的积极分子。他不仅自己积极发言，还认真听取和记录他人的发言，并指导所在学校的年轻班主任承担沙龙主持活动。南京市教育局宣德处处长和有关局领导很关心班主任工作，也经常参加"随园夜话"活动。对于班主任工作的相关研究人员而言，参加"随园夜话"活动为他们提供了一个研究班主任的好机会。

"随园夜话"班主任沙龙，我赞赏它是一种教育创新，因为它是独具特色的班主任研究的新形式，是一个非常好的与班主任朋友们相互交流、相互学习、共同成长的乐园！每一种教育研究活动形式都有各自的特点或优点。但我特别赞赏班主任愉快相聚、自由研讨班级教育的"随园夜话"班主任沙龙，因为它有许多独特的优点。

——它不同于教育科研成果的学术报告会，不是一个人在台上做报告，其余人都坐在台下听报告。"随园夜话"班主任沙龙的所有参与者都面对面地相互交流，主持人或发言者大多用课件表达自己的思想，或者用多媒体演示自己班级的活动。

——它也不同于通常的学术研讨会，它不要求参与者必须事先准备好会议论文，到会上宣读（交流）论文。"随园夜话"班主任沙龙的参与者只要会前根据活动的主题或中心议题，写个简要发言提纲，或者做好发言的思想准备即可。有时，重点发言者根据需要做个课件就是很好的准备。

——"随园夜话"班主任沙龙的参与者都是学习者。这里不像科研报告会、学术研讨会那样严肃。既不需什么开幕仪式，也没有闭幕总结；开始没有领导致辞，结束也没有领导总结。它是一种学习活动，又类似一种茶话会，是漫谈式、对话式的，但又不是不着边际的任意闲聊。"随园"是一个"园"，"园"是有中心、有范围的，参与者围绕确定的中心或主题随意地聊。既有中心，又是自由发言，大家相互交流、平等对话、共同学习、共同成长。

——独特而优雅的"随园夜话"，让我们联想到英国的下午茶。这是一种友好交往的方式，也是一种学习与休闲，一种同行朋友的聚会。"随园夜话"给人一种轻松、优雅、诗性的感觉。确实，在活动过程中，人们是放松的、休闲的、愉快的。参与者或者听着他人班级有趣的教育故事，或者介绍自己班级的教育经验，大家随意品尝着面前桌上的水果茶点，在轻松愉快的氛围中交流着、学习着。每个人物质的、精神的需要都得到了合理的满足，好不享受！

　　——"随园夜话"的"随园"是南京师范大学所在地域的名称，"夜话"表明活动是业余的，是在夜晚进行的，参与交流活动的老师们是自愿来的。参加活动既没有一丝一毫的报酬，而且还要占用自己并不充裕的业余时间。因为他们是一群敬畏教育、忠于职责、热爱学生、积极参与班级教育研究的热心人。在这里，"随园夜话"的参与者们自由地交谈着，愉快地畅想着。他们不仅相互学习，共同成长，而且通过彼此沟通，增进了彼此间的了解，加深了同行的友情。

　　"随园夜话"班主任沙龙，让人们享受学习，享受快乐，享受友谊。作为喜欢班主任工作的人、热爱教育事业的人，能不赞赏它吗？

班　华　于朗诗名居

2015年6月

作为一种生活方式的沙龙研讨

始于2008年9月的"随园夜话"班主任沙龙，在不知不觉间走过了12年的发展历程，共举办了100期沙龙活动。从开始时的"七八个人，三五杆枪"，到现在走出很多在全国有着广泛影响力的优秀班主任、德育学科带头人，还有很多南京市、江苏省乃至长三角等地区班主任基本功大赛的优胜奖获得者。他们在这里得到了学术滋养，对于这些一线班主任而言，沙龙也给他们提供了对日常工作进行全面反思的机会与可能。如果说活动开始时还需要信念驱动，那么现在对于很多参与者而言，每月一次的沙龙活动已成为一种习惯：大家在一起谈工作、谈生活，交流信息，获得智力以及情感上的支持和相互慰藉，进而成为一种生活方式。沙龙活动在很大程度上发挥着促进班主任专业研修的作用，只不过没有任何的行政命令，完全是班主任自觉自发的活动，反而更能彰显班主任的主体性：从日常生活层面被动服从于各种行政命令的执行者，变为自主研讨、自由言说的行动主体，实现了从经验型班主任向专业型、专家型班主任的蜕变。这种蜕变得益于高校教师的专业引领、大学宽松自由的学术氛围。沙龙实际上是大学教师深入中小学一线，与一线教师结成的学术共同体和实践共同体。

在日益功利化的当今社会，"随园夜话"班主任沙龙堪称一个奇迹，成为一道美丽的风景线，吸引着来自全国各地有着强烈学习愿望的班主任加入。尤其是在疫情的特殊背景下，我们坚持线上线下相结合的研讨方式，不断扩大在全国的影响力，体现了沙龙一贯秉承的开放包容、民主自由、平等尊重的精神。如今，"随园夜话"班主任沙龙已成为在全国具有广泛影响力的学术品牌活动。

　　班主任工作内容和工作对象的复杂性决定了班主任研究本身具有复杂科学的特点，而有着不同学科背景的专家学者、一线教师围绕某一具体问题展开的研讨，常常具有启迪智慧、开发心智的作用。正因为沙龙具有这样一种自由研讨、自由表达的学术品质，使得所有参与沙龙活动的人都有获得感，所以大家才会乐此不疲，坚持长久。

　　对"随园夜话"主题研讨的内容进行精心设计、组织编排后形成的"班主任工作十日谈"系列，自2015年出版发行以来，在实践领域产生了广泛反响。如今修订再版，在原有主题基础上充实了新的主题和内容，更加具有时代感；与此同时，还将所有主题拍成视频，与纸质版配套发行，彰显了沙龙活动的可视化和现场感，便于读者观看学习，充分发挥了数字化媒体资源的优势，相信会给读者带来不一样的阅读和视觉体验。

齐学红　于朗诗国际

2021年1月

目 录
CONTENTS

所谓班主任专业化，不是从知识所拥有的权力出发，站在知识分类学的角度，人为地提高自己的专业门槛，把那些不能用专业标签归类的人排斥在门外，而是站在大教育的角度，研究探讨具有普遍意义的人的问题、教育的问题。

案例故事
- 儿子的眼睛，我的痛

随园夜话

集思广益

行动转化

问题聚焦
- 班主任和家长如何共同努力让孩子拥有健康的身体？

高手支招
- 关注身体健康，为孩子的生命保驾护航

专家解读
- 请还孩子原本拥有的健康及健康权

给班主任的建议
- 签订家校合约

理想的人是品德、健康、才能三位一体的人。

——木村久一

生命在于运动。

——伏尔泰

生活多美好啊，体育锻炼乐趣无穷！

——普希金

【案例故事】

儿子的眼睛，我的痛 ①

［家长叙述］

在南京儿童医院眼科专家诊室里，老专家严肃地对我说："你孩子的左眼视力没有达到正常标准，跟上次的检查结果比，下降了不少。更糟糕的是他的右眼已经近视150度，以后要戴眼镜了……"一个一年级的小朋友，以后要一直戴着眼镜，我的头"轰"地炸开了。

"如果还不控制，左眼弱视会越来越严重，右眼视力继续下降，那么两只眼睛的视力差距就会越来越大，必定会影响以后的学习、工作……"字字句句都在敲击着我的心，一年来的一幕幕不禁浮现在眼前。

幼儿园大班的第二学期，学校体检发现孩子视力有问题，园方随即通知我们家长。一家人都很重视，立刻找了几个专家给孩子检查。结果都是一样，左眼弱视，右眼正常。孩子还小，只要抓紧纠正，左眼可以好起来，右眼要保护好，尽量不要近视。

全家立刻行动起来，遵照医嘱给孩子配了一副品质好的纠正视力的眼镜；每天晚上陪他做串珠练习；放学后不急着带他回家写作业，而是陪他去户外活动，让他的眼睛得到放松；周末也会花很多时间带他去大自然中游玩；督促他戴眼镜，纠正他的读写姿势……。家中每个人的神经都绷得紧紧的，丝毫不敢怠慢。坚持了半年，再次带孩子去复查。当听到孩子的左眼视力由4.3提高到4.7，右眼也保护得很好，我们十分欣喜。临走前医生反复强调，一定要坚持对左眼进行纠正，并且保护好右眼。

上小学了，孩子白天绝大多数时间要在学校度过，要写的字、要读的书也多起来了。怎样让他更好地保护眼睛呢？我们自然想到请老师

---

① 提供者：凌荷仙，镇江实验学校教师，国家二级心理咨询师，镇江市学科带头人，镇江市"十佳教师"，镇江市德育先进工作者。

帮忙。班主任王老师听了我的情况说明后，说："是的，保护眼睛非常重要，我们会提醒孩子的……"孩子回家后，我们总会问问他，老师有没有提醒他保护眼睛。一开始，孩子都说"提醒了"；后来，孩子就说"老师太忙了，没时间说啊"。有时他也会说"我们小朋友写字的时候都是低着头的，没有几个能做到三个'一'的"。我们听了，很是担心。但是，一想到老是麻烦老师又觉得不好意思，毕竟老师有那么多的孩子要管，怎么能总是请老师提醒自己家孩子呢？老师对班上孩子的读写姿势不能及时予以提醒纠正，我们能够理解，但更多的是无奈。

与此同时，"学习"与"眼睛"的矛盾也愈演愈烈。孩子写字较慢，字写得也不好看。老师要求比较严格，做家长的也不敢大意，一旦写不好，总是会让孩子擦了重写。这样，每天做作业的时间比较长。另外，孩子每天还要练习弹琴一个小时。显然，孩子用眼时间过长，他的眼睛是很疲劳的。爷爷看了心疼，接孩子时问老师："一年级的小朋友是不是回家没有书面作业？"老师说："每天复习当天的功课，这是在培养孩子良好的学习习惯。默写就是其中的一项，不做硬性要求，可以写也可以不写。我们提倡每天写一句话，但不强行要求，这是我们教研组统一规定的。"爷爷又问："我们晓刚年龄小，上学前也没练过字，作业写得太慢了，能不能少写一点？"老师说："那你根据自己孩子的情况决定吧。"老师有事，爷爷也就没有进一步与老师交流。老师的话说得很委婉，态度也很客气，但是看到其他孩子都写了，为了不让自己孩子的学习成绩落后，在可写与可不写中，我们只能选择写。老师提倡写的，我们也让他写。写作业时间一长，读写姿势也跟着变形。为了抓牢铅笔，他就用大拇指裹着食指写；一累，就歪着头写，甚至趴在桌上写。我们也不可能时刻看着他，日子一长，养成的坏习惯很难改了。

孩子很爱读书，一有时间就看书，一捧起书就舍不得放下。我在家的时候还能督促他过半个小时就休息一下，可是老人们就做不到，一看到孩子读书就非常高兴，不是忘记提醒，就是提醒了孩子也不理睬。孩子往往一看就会看上一两个小时，对眼睛的伤害可想而知。

毕竟孩子上学了，我们与老师交谈的更多的是学习上的问题，已不再是保护视力这些所谓的小事。在学校里、在身边也常常看到不少歪着头写作业的孩子，不正确的读写姿势也司空见惯……

　　就这样，转眼一年过去了，等来的结果竟是如此的残酷，让人追悔莫及。今后，该怎么办啊？

[案例反思]

　　听了晓刚妈妈说的故事，我的内心受到了强烈的震撼。没想到仅仅一年时间，孩子的眼睛竟会出现这么大的问题。眼睛是心灵的窗户，每个人都希望自己能有一双明亮的眼睛。可放眼周围，近视的孩子越来越多，近视人群低龄化的趋势也十分明显。很多孩子小小年纪就戴上了厚厚的眼镜，让人看了十分心疼。

　　在晓刚的眼睛问题上，静心反思自己的教育行为，其实，作为班主任的我也负有不可推卸的责任。"让孩子用正确的读写姿势来学习"确实是我们老师工作的一个难点。不少孩子在入学之前，就已经读书、写字了，在读写姿势上就已经养成了坏习惯，上了小学再来纠正还是很有难度的。班上孩子也比较多，老师也很难做到对每个孩子随时予以指导纠正。虽然有以上这些客观的困难，但是，作为一名班主任，自己还是存在着"思想上不够重视，行动上做得还不够"的问题。曾听说过这样一个比喻：学识是个"0"，爱情是个"0"，财富是个"0"，地位是个"0"……，而健康是个"1"，有了健康，它们才能够是10、100、1000、10000……。如果没有健康，一切就都等于零。这个比喻多么形象。可见，健康对于每个人来说是最重要的。可是，面对学习成绩与身体健康的抉择时，许多家长、老师都会不知不觉地忽视孩子的身体健康，而将学习成绩置于首位。一些不理智、不科学的想法、做法，致使许多孩子的身体健康状况十分令人担忧，其中视力减退问题位居身体健康常见问题之首。

　　晓刚的经历，深深地触动了我。痛定思痛，在今后的教育教学中，我要始终树立"学生身体健康是第一位"的思想，与家长密切配合，共同努力让孩子拥有明亮的眼睛和健康的身体。

我的故事

　　拥有明亮的双眼对于孩子来说是多么的重要。你和家长关注过孩子的眼睛健康吗？有什么难忘的故事，不妨写下来，与大家一起分享。

集·思·广·益

　　主持人："儿子的眼睛，我的痛"，这是个能触动每个家长那颗爱子之心的话题。针对案例中的家长和老师在孩子眼睛健康问题上的做法，你有什么看法？

【随园夜话】

观点一：班主任能够深刻反思自己的教育行为，体现出较高的教育责任感。

　　美国著名学者波斯纳曾经提出过教师成长的公式：教师成长=经验+反思。反思是教师进步的阶梯，是教师进步的重要途径。案例中的老师面对学生晓刚视力下降的事实，倍感愧疚。她能够由晓刚的眼睛事件总结出自己在关注学生身体健康方面存在的问题，直面自己的过错，深刻地反思自己的教育行为。这位老师要求自己：在今后的教育教学中要牢固树立"学生身体健康是第一位"的思想，尽己所能去守护孩子的身体健康。一位老师能够进行如此深刻的反思，源自对学生发自内心的关爱和高度的教育责任感。如果所有的老师都能坚持反思，不断提高教育教学的自我监控能力，逐步提升自身的师德修养和专业素质，那么我们的孩子该是多么幸福。

观点二：案例中家长和老师在行动落实层面上，沟通合作不够，收效甚微。

孩子除了睡觉以外，在校、在家的时间几乎各占一半。要保护孩子的眼睛，显然是需要学校、家庭密切配合的，做到双管齐下，任何一方都不可懈怠。案例中的家长、老师，没有充分重视家校合作，他们之间缺乏必要的沟通，所以教育成效甚微。如果家长高度重视这件事情，老师却忽视，或者老师想出很多办法去保护学生的眼睛，可是到了家中，家长又忽视……，最终的结果可想而知。要想真正地保护孩子的眼睛，家长、老师双方就必须及时沟通，更积极主动地合作。无论是思想意识上还是行动落实上，双方都要有高度的统一，像滴水穿石一样做到目标专一而又持之以恒，这样才会有实效。

观点三：面对学习成绩与眼睛健康的矛盾，家长和老师如果选择向学习成绩妥协，那么伤害的不仅仅是眼睛。

孩子眼睛近视了，鼻梁上必须架着一副眼镜。曾经明亮的双眼，会变得暗淡无光，时间久了甚至会变形。戴上眼镜也意味着戴上了"不便"，作业时不便，吃饭时不便，体育活动时不便，下雨天外出不便……，诸多不便自然会让孩子徒增许多的烦恼。近视除了影响容貌，给学习和生活带来不便外，还会影响孩子的大脑发育。孩子一旦近视，处于发育期的大脑接收到的外界远处景物的视觉信息将少于正常水平，大脑也会因缺少远近交替的视觉信息刺激而发育失衡。严重近视还会引发青光眼、视网膜脱落、眼底病变等疾病。另外，近视还会使求学、求职受阻，许多专业、职业都将近视者拒之门外，如航空航天、刑侦、医学等。由此可见，近视对孩子造成的伤害不再仅仅是眼睛本身。单纯性近视，看远模糊，看近清楚，而弱视儿童看远模糊，看近也不清楚，同时因立体视觉模糊，不能准确判断物体的方位和远近。弱视危害远大于近视，是一种严重危害儿童视功能的眼病，如不及时治疗不仅会使弱视加重，还会引发和加重近视，影响眼睛的正常发育，影响正常的学习与生活。

每个老师和家长都会面对学习成绩与身体健康的矛盾，为了孩子的长远发展，我们一定要冷静思考。我们要仔细分析孩子自身情况，积极采取有效的方法，尽可能兼顾学习成绩与身体健康，使两者和谐统一，让孩子既能身体健康，又能取得理想的学习成绩。

行 动 转 化

> 主持人：眼睛是人体的重要感官，大多数信息都要靠它获取。眼睛也是心灵的窗户，可以通过它表达丰富的情感。作为成人，我们自然都希望孩子能够拥有一双明亮的眼睛。在保护孩子眼睛方面，你有什么好的想法或做法，请畅所欲言。

方法一：家校共同培养孩子科学用眼的好习惯。

保护好孩子的眼睛并不是靠一个人的力量就能做到的，学校的所有老师、家庭的所有成员都要高度重视孩子眼睛健康问题。家校双方都要积极主动地加强沟通交流，定期或随机地交流孩子在校、在家的表现，就存在的问题进行商讨，及时地交换意见，群策群力，采用科学的方法指导孩子保护好眼睛。只有齐心协力、持之以恒地努力，才能呵护好孩子的双眼。

古印度谚语说："播种行为，收获习惯；播种习惯，收获性格；播种性格，收获命运。"教育家叶圣陶曾说，教育就是培养习惯。可见，培养习惯是多么的重要。可是有些家长不能认识到这一点，因此班主任需要不断与家长交流，让家长和自己一起行动起来，共同培养孩子科学用眼的好习惯。班主任要明确地告诉家长，好习惯的培养需要从一点一滴的小事抓起，要求要明确，指导要细致，督促要及时，奖罚要分明。培养孩子正确的读写姿势，就要向孩子提出明确要求：阅读时眼睛与书的距离保持在33厘米左右；操作电脑时眼睛距离35厘米宽的电脑屏幕应不少于60厘米，距离38厘米宽的电脑屏幕应不少于70厘米；看智能手机时，眼睛与屏幕保持在40厘米左右；阅读、做作业时坐姿要端正，不能躺着看书或边走边看。国家卫生健康委员会发布的《中国青少年健康教育核心信息及释义（2018版）》中建议：青少年应主动学习眼部健康知识，养成健康用眼习惯，读写连续用眼时间不宜超过40分钟，非学习目的电子产品使用单次不宜超过15分钟、每天累计不宜超过1小时，每天接触自然光时间应在60分钟以上。发现孩子有不正确的地方，就要立即指出，有时还要手把手地进行纠正指导。对于做得好的地方则需要及时予以肯定表扬，进行适当的奖励。

以上这些注意事项和教育方法，班主任都要利用合适的机会对家长进行指导，让家长深刻地认识到习惯是经过重复练习而形成的自动化了的行为动作。习惯不是一朝一夕就能形成的，必须要有一个长期训练的过程。因此，要培养孩子良好的用眼习惯，不仅需要学校和家庭点点滴滴地不断渗透，更需要持之以恒地强化训练。长期坚持，久而久之，孩子的好习惯就可以逐步形成。

方法二：以身示范，做好孩子的榜样。

都说大人是孩子成长的镜子，同样在指导孩子保护好眼睛这件事上，家长、老师也要做好孩子的榜样。要求孩子做到的，自己首先要做到。现在不少家长都喜欢玩手机、玩电脑，而且一玩就玩很长时间。这种行为给孩子带来的负面影响显而易见。有些孩子会理直气壮地说："我爸爸、妈妈玩手机、电脑，我也要玩！""其身正，不令而行；其身不正，虽令不从。"（《论语·子路》）因此，为了孩子的健康成长，班主任必须提醒或指导家长在家要适当地使用手机、电脑，尽量不要在孩子面前不停地看或者玩，时刻给孩子做好榜样。而今有些老师在学校也喜欢捧着手机，一看或一玩就很长时间。其实在工作期间，老师要禁止玩手机。在读写姿势方面老师也要做好孩子的榜样，哪怕是批改作业、阅读书刊这样的细节也不要随意，一定要以身作则，用正确的读写姿势，以正确的言行影响孩子，让其受到潜移默化的教育。

方法三：激发内驱力，发挥孩子的自主能力。

"知之者不如好之者，好之者不如乐之者。"（《论语·雍也》）如果能激发孩子的内在动力，调动他们的积极性，孩子就会变"要我保护"为"我要保护"。一旦孩子成为保护自己身体的主人时，就会产生自觉性。他就会心甘情愿地、积极主动地去培养好习惯，老师、家长的工作也就能做到事半功倍。激发孩子的内驱力，需要班主任对他们动之以情、晓之以理。班主任可以采用的方法有很多，譬如，讲生动的故事，列举身边的典型事例，指导观看让人深受启发的图片、视频，与家长沟通交流等。

每年的6月6日是全国爱眼日，利用这一契机，班主任可以与孩子、家长共同开展如主题为"共同呵护眼健康，拥有光明好未来"爱眼周活动。在这一周内，可以出一期主题黑板报，召开一次主题班会，进行爱眼护眼知识的宣传；家校合作开展一次"争做护眼小天使"的比赛，指导孩子改正错误姿势，学会用正确的姿势读写。有条件的话，还可以邀请眼科医生或有专长的家长走进课堂，给孩子们作护眼讲座，手把手地教孩子如何护眼。通过日常的渗透教育和开展丰富多样的活动，一定可以增强孩子自我保护的意识，提高他们自我保护的自觉性，同时也能提升他们自我保护的能力。

方法四：让孩子少用电子产品，多进行户外活动。

在数字化时代，禁止孩子使用电子产品显然不是合理之举，但是从有益于孩子身心健康的角度来说，指导孩子适度地使用电子产品显然是非常必要的。因为有些孩子宁可整日待在家中看电视、玩手机，也不愿走出家门、走进自然。沉迷于电子产品，不仅严重地伤害了眼睛，而且还影响了心理健康。无论是家长还是老师，都要经常带孩子到户外活动。孩子的眼球处于生长发育阶段，调节力很强，督促他们进行望远训练，对预防近视大有帮助。因此，当看到孩子不愿意走出家门、走出教室时，班主任和家长要达成一致意见，共同想方设法把孩子"赶"到室外。双方要一起激发孩子走进自然的兴趣，让他们在大自然中尽情玩耍大胆地去探索、去发现。相信，大自然的独特魅力一定会深深地吸引孩子，孩子也一定会开心地走进大自然，与大自然亲密接触。

与此同时，也不要忘记培养他们望远的习惯。望什么呢？可以指导孩子眺望远处的大山、树木或建筑物，仰望天空的星斗，还可以对远处某一目标进行辨认。在户外，老师和家长也要带孩子开展强身健体的活动。孩子天生爱动，可是惰性或是外在的过多限制也会让他们变得不爱动，所以，要开展有趣的活动，激发他们运动的热情，培养他们运动的技能。这些活动在增强孩子体质的同时，也可以保护眼睛，活跃他们的思维，陶冶他们的情操。

方法五：定期给孩子检查视力，发现问题及时治疗。

学校每学期都要组织学生进行视力检查，一旦发现问题，班主任就要及时跟家长进行联系，把检查情况详细地告诉家长。家长听到老师反映的情况后，要及时带孩子到正规的医院进行全面检查。如果检查发现眼睛确实出了问题，家长也不要过于焦虑，而是要遵照医嘱，配合治疗，做好眼病的防治工作。千万不能发现了问题还不去解决，最终错过最佳治疗时机，后悔莫及。

我的观点

上述讨论重点关注了孩子的眼睛健康，你觉得除此之外，还要关注孩子哪些身体健康问题？为了让孩子拥有强健的体魄，你是如何与家长沟通交流的？请与我们一起分享吧。

关注身体健康，为孩子的生命保驾护航 ①

教育家陶行知先生早在1942年就发表了题为"每天四问"的讲话，他要求每位师生每天都要问自己四个问题。"第一问：我的身体有没有进步？第二问：我的学问有没有进步？第三问：我的工作有没有进步？第四问：我的道德有没有进步？"从这四个问题不难看出，陶先生让人们要关注身体的健康、知识的进步、工作的责任和德行的养成。他把"身体"摆在"第一问"来说，显然在强调"身体健康是第一位"，身体是革命的本钱，是一切的基础。陶行知的这一教育理念，值得今天的教育者学习和借鉴。

的确，对于每一个人来说，只有有了健康的身体，才能创造出美好的现在、更好的明天。如今我国中小学生健康状况较过去虽有进步，但仍不容乐观。让孩子拥有强健的体魄，家庭、学校都有着义不容辞的责任和义务。为了实现这一共同的目标，班主任可以从以下几个方面努力。

1. 主动沟通交流，与家长达成"让孩子拥有健康的身体是第一位的"这一共识

家校要高度重视孩子的身体健康，把学

_____

① 提供者：凌荷仙。

【问题聚焦】

班主任和家长如何共同努力让孩子拥有健康的身体？

通过以上的讨论和分析，我们都认识到了孩子身体健康是非常重要的。当身体健康与学习成绩产生矛盾时，该怎么办？班主任和家长如何共同努力让孩子拥有健康的身体？

_____
_____
_____
_____
_____
_____
_____
_____
_____
_____
_____
_____

生的生命质量问题摆在首要位置。案例故事中晓刚的家长一开始还是非常重视孩子的眼睛问题的，可后来还是像大多数家长一样，最终向学习妥协。同样，由于学校事务多，教学压力大，很多老师更多关注的是课堂上能不能按计划完成教学进度，学生的作业是否能在规定的时间内完成，学生能不能取得优异的成绩……。"眼睛"等身体健康问题往往会被漠视。其实，这样做是本末倒置的。老师要做理性的教育者，不仅自己要清醒地认识到，还要让家长认识到：首先要关心的应该是孩子的身体，因为这是孩子生命存在的根本。

2. 加强学习，并与家长分享有关孩子身体健康方面的专业知识

光有一颗爱孩子的心是远远不够的，为了让孩子更好地成长，老师和家长都需要掌握一些专业知识。只有这样，才能科学地指导孩子，因此老师必须勤于学习，充实自我，提高专业指导能力。班主任更要主动加强学习，并且将所学的知识与家长分享。案例中，如何指导学生保护好自己的眼睛这个问题，老师除了要知道"三个'一'""做好眼保健操"这些常识外，还要学习一些专业的知识。比如，老师通过学习知道了咀嚼眼保健操①可以预防近视，便可以指导孩子和家长学习咀嚼眼保健操。关于弱视问题，注重学习的老师会知道专门的仪器对纠正弱视很有帮助。如果老师把这样的信息告诉家长，家长也许就会去尝试，说不定就能帮助孩子提高视力……。

3. 学业上共同给孩子减负，让孩子拥有充分的休息、锻炼时间

调查研究表明，造成孩子视力减退的主要原因是学习时间长、睡眠时间短、课外活动少、长时间玩电子产品等。案例中晓刚之所以会近视，也是由以上各种因素共同造成的。一年级的孩子还很小，手部肌肉也没发育好，应该少给他们布置写的作业。再者，他们的眼睛也没有发育好，也不能让他们长时间看书。可是现实生活中，一些老师为了让孩子学习，往往会布置较多的作业，占用孩子较多的时间，从而影响了孩子的休息。有爱心的老师要理性地思考，着眼于孩子的长远发展，为他

---

① 人有六条眼外肌，且咀嚼对整个眼眶发育，特别是对眼肌发育大有益处。咀嚼的同时，眼外肌都处于连动状态，能得到充分锻炼。因此，咀嚼就是一个非常好的眼保健操。

们减轻学业上的负担，以便他们有更多时间去户外活动，去锻炼身体。班主任不仅自己要做到这一点，还要用自己的思想、言行去影响家长。家长的焦虑有一部分是来自老师的，因此老师不但不要给家长施加压力，还要适时地做好家长的思想工作，让家长不要过于焦虑，共同给孩子减负，让孩子劳逸结合，多休息、多锻炼。

科学运动可以强身健体，促进心理健康。因此建议孩子：保证充足的体育活动，减少久坐和视屏（观看电视、电脑，使用手机等）时间，课间休息要离开座位适量活动；运动方式要多样化，应包括适当的有氧运动、抗阻运动、柔韧性训练等；每天累计至少1小时中等强度及以上的运动（以运动过程中呼吸急促，心率加快，感觉不能轻松讲话为度），培养终身运动的习惯；运动要循序渐进，运动量不宜过大，运动前要先热身，运动后要会放松，运动和休息交替进行；运动过程中要注意防止运动损伤，科学选用合适的运动护具（如头盔、护膝等）。[1]

4.家校携手，全方位地关注孩子的健康问题

在日常的生活中，班主任除了要引导家长关注孩子眼睛的健康问题外，还要引导家长关注肥胖、龋齿等其他方面的健康问题。

一是不要让孩子变成"小胖墩"。细心的你一定发现身边的"小胖墩"越来越多了。儿童肥胖与生活方式密切相关，大多是由营养过剩、体力活动不足等造成的。不要小看肥胖，它也是一种慢性疾病。肥胖会影响儿童的生长发育，除了对身体有损害以外，对儿童的心理也会带来许多负面的影响。如何让孩子不要成为"小胖墩"呢？家庭、学校可以在以下方面进行配合。其一，在学校，班主任要对孩子进行营养知识教育，使孩子了解均衡营养的重要性。学校要有计划、有步骤地普及营养午餐，以此来平衡孩子的营养。在家里，家长要重点培养孩子良好的饮食习惯，纠正偏食、挑食、吃零食等不良习惯，尤其要纠正孩子不吃早餐的坏习惯。有些孩子没有节制地乱吃，对此要帮助他们控制进食量。教育孩子饭后不要立刻坐下来，要让孩子走走，稍稍活动活动。晚饭与

---

[1] 参考国家卫生健康委员会发布的《中国青少年健康教育核心信息及释义（2018版）》。

睡觉时间最好能间隔3小时以上。在教育孩子科学饮食的过程中，要注意：不能脱离孩子的实际生活和已有习惯，不能强制他改，要逐步地引导他慢慢改，直至他能自觉地去做，而且能长期坚持。其二，共同教育孩子加强体育锻炼。学校要保证学生上好体育课、课外活动课，大课间活动时间能够开展丰富的活动，让学生爱上运动并得到充分的锻炼。老师要准时下课，不得占用学生的下课时间。班主任也要指导学生在课间开展跳绳、踢毽子、跳格子等有益的活动。家长在家也要指导孩子科学锻炼，做到天天练，不能让孩子养成吃完就坐、吃完就睡的坏习惯。其三，培养孩子热爱劳动的习惯。现在老师、家长容易忽视孩子的劳动教育。其实从小培养孩子爱劳动的习惯，可以让孩子懂得幸福生活要靠劳动获得，懂得珍惜别人的劳动成果，培养自食其力、勤劳努力的良好品德。此外，劳动，主要是指体力劳动，对于强健孩子的身体发挥着积极的作用。学校要为学生增加劳动实践的机会，强化学生的劳动意识，鼓励学生参加校内外的公益活动。家庭则从让孩子做简单的家务活儿开始，从易到难，逐步使其学会做各种家务事。在劳动中，要多鼓励孩子，对于劳动中的良好表现要及时地予以肯定、表扬。

二是让孩子拥有一口健康的牙齿。龋齿是儿童最常见的疾病之一，也是世界范围内的疾病。儿童龋齿不仅会引起疼痛，而且会影响食欲以及咀嚼和消化功能，影响正常的生长发育。深度龋齿还有可能引发全身疾病。学校要加强卫生宣传教育，指导学生选择合适的牙膏、牙刷，尽量使用加氟加钙牙膏、保健牙刷。班主任要精心指导学生正确刷牙。每学期学校组织学生体检时，要将龋齿检查列为检查项目。班主任如果发现孩子的牙齿存在问题，要及时告诉家长。班主任也要利用9月20日——"全国爱牙日"这个教育契机，开展"关爱孩子，保护牙齿"等孩子喜闻乐见的教育活动。班主任要指导家长关注孩子的饮食，要做到合理营养，多吃豆类、乳、蛋、芝麻、鱼虾及含纤维素较多的蔬菜、水果等；应控制孩子饮食中的甜食，不要让孩子吃太多的零食和糖果糕点，睡前尽量不吃糖果零食。家长要不断督促孩子早晚刷牙，培养其良好的习惯。

三是让"懒孩子"动起来。现在都市孩子久居高楼，其中也有不少孩子迷上了电脑、电视，一般不大爱动，喜欢整天窝在家中。长期缺乏运动会导致身体素质下降，甚至会引发孤僻自闭等心理疾病。所以，家长和老师要想办法让这些"懒孩子"动起来。首先，双方要达成共识：共同放手，孩子自己能做的事情要求孩子自己来做，而不是包办代替。在身边不乏一些孩子在学校表现特别棒，很乐意为集体做事，可是一回到家中，则像换了一个人，做起了"小公主""小皇帝"，过起了衣来伸手、饭来张口的日子。其实，孩子在独立活动中不仅学会了做事，而且也提高了自立自强的意识与能力。其次，双方要采用多种形式，激发孩子学习各项生活技能、劳动技能的兴趣。在学校，班主任要给孩子提供各种岗位，让他们多为集体、为他人做好事；在家里，家长要引导孩子做家务，这是锻炼孩子的最好方式。再次，班主任要鼓励和指导家长多带孩子到户外活动，可以让孩子参加篮球、足球等体育运动，可以带孩子参加社会实践活动，也可以带孩子去旅游……。除此之外，班主任和家长都要鼓励孩子去做志愿者，尽自己的能力为他人服务，帮助他人，快乐自己。给孩子创设结交朋友的机会也非常重要。因此，班主任和家长非常有必要帮孩子结交朋友，让孩子与朋友们在一起学习、玩耍。孩子有了朋友的陪伴，就会动起来，动手又动脑，可以提高多种能力。总之，家长和老师都要坚持让孩子身体动起来，这样大脑也会动起来，心也会"灵动"起来。

四是做好青春期的健康教育。青春期是每个人完整成长的必经之路，然而在青春期不少孩子都会受到生理、心理上的困扰。开展青春期健康教育是促进和保护孩子健康成长的迫切需要。家长、老师应当摒弃旧的、保守的观念，像关心孩子学习一样来关心他们青春期的生理健康，通过恰当的方法提高他们的性心理与生殖健康知识水平，增强他们的健康意识和自我保护能力。当然，无论是学校教育还是家庭教育都要在教育过程中做到"三适"，即适时、适量、适度。"适时"是指要在适当的时间对孩子进行教育，特别是在孩子需要帮助时，能够给予及时的帮助。"适量"是指青春期教育的内容需要从量的方面进行把握，内容过少难以起到教育的作用，而内容过多也会适得其反。"适度"是指要正确把握青春期教育的分寸尺度。对于十几岁的孩子来说，他们对世界充满好奇，又会对许多问题产生困惑，渴望得到引导、得到帮助。然而教育和教唆只有一步之差，把握好适度的原则十分必要。总之，要根据不同年龄的孩子的不同生理、心理特点和需要，有针对性地进行帮助和引导，但要防止过早、过晚、过少、过多和不宜。

健康是生命之本，有了健康的身体，我们才有本钱去寻求幸福，实现美好的理想。老师与家长只有齐心协力、携手并进，共同关注孩子的身体健康，科学地指导孩子珍爱自己的身体，才能为孩子的美丽生命保驾护航。

请还孩子原本拥有的健康及健康权 ①

21世纪的教育非常注重强调家庭、学校、社会三位一体，这是一种社会进步，但是，现在的家长、老师、学校等为了孩子的发展煞费苦心，过于关心孩子的考试成绩，忽略了太多比成绩更重要的身心健康问题。因此，我们在学校里看到很多孩子戴眼镜也在意料之中，因为孩子从小就缺乏闲暇生活，缺少户外活动，缺少享受温暖阳光的机会……。孩子持续拥有健康的权利得不到保障。因此，必须要做到的是还孩子原本拥有的健康及健康权。

谁来还？如何还？

对于家长，我认为：还孩子健康权的首先是家长。我们都记得孩子出生时自己对其那般怜爱、呵护、关心与照顾，我们何其尊重他们的内在。那时我们捧在手上、挂在心上的是他们要健康、要长大、要快乐。渐渐地，为何我们失去了这个初衷？我们要求他们成绩好、人缘好、听话、懂事、优秀……，于是，开始让其补课、久坐、熬夜，对其惩罚、

① 解读专家：李亚娟，教育学博士，南京市教育科学研究所《南京教育》杂志编辑。

呵斥、强制……。我们的初衷已经不再是让他们健康、快乐、幸福，而变成了要他们优秀、出人头地、强于别人、考上好大学、找到好工作、找到好老婆、嫁个优秀的人……。孩子的身体健康、生命健康其实已经随着我们不断提出的新期待与希望渐渐远离孩子。所以，作为家长，请你保持一种刚生下孩子时的态度与毅力，还孩子健康及健康权。多陪伴孩子，多给孩子游戏玩耍的时间，多带孩子到大自然中去，多学习健康教育的方法。

对于教育工作者，我认为：要通过教育让身体原本健康、心智原本健全的儿童知道如何通过其所受到的健康教育维护自己的身心健康。不要纠结于一次成绩、一个标准答案、一种靠牺牲儿童健康换来的升学率……，请了解儿童身心发展的基本规律，学习健康教育的方法并帮助儿童掌握健康生活的方法。儿童的健康教育何时进行？在儿童的健康教育过程中儿童如何定位？在儿童的健康教育过程中儿童的健康观念如何形成？在儿童的健康教育过程中儿童的健康行为如何巩固？教育者、学校、社会需要积极关注，充分引导。譬如：儿童的健康教育要鉴于儿童身心的柔弱特性而尽早地施行；儿童的健康教育要充分考虑儿童的主观能动性；在儿童的健康教育过程中要订立量少且精准的规则供儿童去遵守；注重儿童健康观念与行为的结合与检验，注重习惯的形成，这是儿童的身心健康得以维护的根本保障。

请家长、老师、学校、社会及政府谨慎地思考，教育的目标是成人，而成为健康的人是最起码的要求。生命健康权是公民最基本、最重要的权利，是公民享受其他权利的基础。生命健康权包括生命权和健康权两部分，未成年人享有生命安全、身体健康受法律保护的权利，任何组织和个人都不得非法侵害。家长、老师、学校、社会在教育过程中应该时刻明确教育的终极目标不仅仅是成才，更重要的是成人，首要的是成为健康的人。因此，请还孩子本该拥有的健康及健康权。

[给班主任的建议]

签订家校合约 ①

从本专题开篇的家庭教育案例中可以看出，老师和家长都明白"保护孩子的眼睛"的道理，但是很难坚持把培养孩子科学用眼的好习惯落实到日常的学习和生活中。某小学的老师做了以下尝试。

"爱眼护眼"家校合约 ②

甲方（学校及其教师）：

乙方（家长及其子女）：

眼睛是人体重要的器官，是我们获取大部分信息的媒介，大脑中大约有80%的知识和记忆都是通过眼睛获取的。眼睛也是我们的心灵之窗，可以表达、传递自己的思想和情感。眼睛对于孩子来说，是多么重要。为了保护好您孩子的眼睛，让我们共同约定。

一、甲方教育的义务

1. 学校和教师对保护学生的眼睛要高度重视。

2. 学校给学生提供良好的学习环境，包括优美的校园环境、宽敞明亮的教室，给学生配备高度适宜的课桌椅，安装安全健康的照明灯。

3. 学校要定期组织学生进行包括眼睛检查在内的体检，发现问题要及时反馈给家长。

4. 教师不占用体育课、课外活动课、大课间活动等学生户外活动时间。

5. 教师要做到按时下课，提醒学生到户外活动，督促学生课间要眺望远方，多看绿色植物。

6. 教师要指导学生做好眼保健操，关注学生的读写姿势，做到及时

---

① 提供者：凌荷仙。

② 提供者：朱娟，镇江市中华路小学教师，镇江市班主任基本功一等奖获得者，镇江市润州区德育先进个人。

纠正错误，对做得好的学生予以表扬。

7. 教师的作业布置要适量，不给学生增加负担。学生在校连续用眼时间不要过长，每过30分钟就让学生休息一会儿。

8. 开学初教师要对学生进行"爱眼护眼"教育，一学期至少开展两次相关的主题班队会。

9. 教师要经常与家长沟通，有意识地指导家长在家里保护好孩子的眼睛。

10. 对家长提出的保护孩子眼睛方面的合理要求，教师要予以重视和满足。

二、乙方履行的责任

（一）家长应履行的监护责任

1. 家长要高度重视保护孩子的眼睛，经常对孩子进行"爱眼护眼"教育，指导孩子科学用眼。

2. 家长给孩子提供良好的学习环境，包括宽敞明亮的房间、高度适宜的桌椅、护眼台灯等。

3. 家长对学校反馈的体检信息要予以重视，并及时带孩子去医院检查，发现问题及时给予纠正治疗。如果确诊需要配戴眼镜，要及时到正规医院配合适的眼镜，并督促孩子正确配戴。

4. 家长要关注孩子的读写姿势，指导孩子做到三个"一"：指离笔尖一寸，胸离桌一拳，眼离书一尺。发现错误，要及时予以纠正。

5. 家长不要给孩子做太多的额外作业，以免增加孩子的负担。孩子连续用眼30分钟必须让其休息片刻。

6. 家长指导孩子科学地使用电子产品，看电子屏幕时距离要适当，时间要适宜。

7. 家长要指导孩子有规律地作息，保证孩子有充足的睡眠时间。

8. 家长要经常带孩子去户外活动，让孩子多接触青山绿水等有益于眼睛的事物。

9. 家长在孩子的饮食上要做到营养均衡，适当给其增加对眼睛有益的食物，不能让孩子养成挑食的坏习惯。

10.家长要经常与教师沟通，可以向学校或教师提出保护孩子眼睛的合理要求。

（二）学生应尽到的责任

1.学生自己要高度重视保护自己的眼睛，从小努力养成科学用眼的好习惯。当他人向自己指出用眼存在的问题时，要虚心接受并及时改正。

2.在校在家，读写姿势要做到三个"一"：指离笔尖一寸，胸离桌一拳，眼离书一尺。

3.要在光线充足的地方学习，注意不可在直射阳光下学习。写作业、看书时间不要太长，每过30分钟必须休息片刻。

4.不要长时间观看电视、操作电脑和玩其他电子产品。看电子产品时眼睛与屏幕的距离要适当，每过30分钟必须休息片刻。

5.在家作息有规律，做到早睡早起，保证充足的睡眠。

6.经常去户外活动，多接触大自然。

7.吃饭定时定量，做到营养均衡，不挑食。

8.眼睛不舒服时，及时向家长、老师反映。已经配了眼镜的，要按照医生的要求配戴好眼镜。

三、根据具体情况制订奖惩方案，定期进行总结评价

四、本协议经甲、乙双方同意并签字，从签订之日起生效

甲方（学校盖章）：　　　　　甲方（班主任签字）：

乙方（监护人签字）：　　　　　乙方（学生签字）：

年　月　日　　　　　　年　月　日

以上案例是学校、班主任和家长、孩子共同签订的一份关于"爱眼护眼"的合约书。这份双方共同拟定、共同遵守的合约，不仅包含了爱眼护眼的知识，还明确指出了各方应该做什么及如何做的具体要求。该班班主任在孩子刚上一年级的时候就在校方的支持下，与家长签订了"爱眼护眼"合约，以后每学期的开学初也都会再签一次。合约签订后，老师和家长还会经常交流合约遵守的情况，定期进行评价反馈。实践证明，签订家校合约这种方法在保护该班学生的视力方面发挥了积极作用，取得了较好的效果。

在保护孩子眼睛方面，案例中的校方、班主任、家长、孩子都进行了积极的沟通交流，家校合作取得了一定的成效。然而，在众多的家校沟通过程中，也有不少老师与家长交流受阻、沟通不畅，究其原因，主要有以下几点：其一，老师与家长的教育思想与教育方式存在差异。由于老师与家长的教育经验不同，他们的教育思想往往不同，教育方式也不尽一致，因此对孩子出现问题的认识与理解也不同，这容易使双方产生心理分歧，故而引发矛盾。其二，对孩子在成长过程中出现的困难所持有的态度不同。孩子在发展过程中总会有不尽如人意之处，譬如有的孩子存有某些不良的行为习惯，纠正多次后，不良的行为仍然会反复出现。对此，老师和家长可能会责备对方没有教育好孩子，双方往往不考虑具体情况就把责任推给对方，因而引发矛盾。另外，由于老师与家长之间并不是组织隶属的关系，双方的关系是松散的、无约束性的，所以双方交往的内容、形式等也就有很大的随意性，这些最终导致教育合力无法真正的形成，教育效果受到很大的影响。

"家校合约"又可称为"家校协议"，是指家庭中的家长、孩子与学校、老师在教育孩子的过程中，为了达成共同教育好孩子的目的，共同解决孩子的教育问题，双方共同商定各自的权利、义务并制订的共同遵守的条文。上述《"爱眼护眼"家校合约》就启发我们，为了解决孩子的一些教育问题，学校、老师和家长、孩子可以共同制订一份合约。家校合约可以让双方的责任明确，互相约束，共同享受权利，共同承担责任，让双方能为了共同的目标而携手努力。

家校合约的制订和执行应注意以下几个问题。

（1）明确制订家校合约的目的

合约制订的主要目的是发挥家庭教育与学校教育的最大优势，增进家长与老师的沟通，建立家庭与学校联合教育的机制，从而促进家庭教育与学校教育形成合力，使教育的效果达到最大化。合约的制订还可以激发家长的主观能动性，充分发挥家长的教育优势，促进家长开展个性化教育，帮助孩子健康成长。

（2）制订家校合约要有科学的依据

家校合约不能随意制订，必须要有科学的依据。制订家校合约可以依据一些法律法规，主要依据《中华人民共和国教育法》《中华人民共和国义务教育法》《未成年人保护法》《中小学生守则》及学生综合素质培养等相关规定。

（3）家校合约的内容要合理

家校合约要体现现代教育理念，遵循孩子的发展规律，具体内容因学生需求而定，做到合情合理。家校合约有的是为了解决某一方面问题而制订的，如上述的《"爱眼护眼"家校合约》；有的则是为了解决多方面的问题而制订的。

一份完整的家校合约一般包括以下几方面内容。

①合约制订者。通常情况下，制订者主要包括三个方面：以学校名义签订合约的老师、家长及其孩子。制订者可以是班主任，也可以是其他任课老师。当然班主任要主动指导其他老师制订相应的合约。

②学校及老师应尽的职责。主要包括学校根据国家教育法规与学科教学要求为学生提供良好的学习、生活环境方面应尽的职责，如何对学生进行全面培养和促进学生个性发展的相关职责，以及如何密切与家长合作交流的相关职责。合约中出现的校方、老师的职责主要根据合约需要解决的问题而定。

③家长应承担的责任。主要包括家长在家应承担的家庭教育责任和配合学校、老师工作应承担的责任。

④学生应承担的责任。主要包括在校、在家、在社会上应承担的相关责任。

⑤学校、家庭需要密切配合的事项。

⑥违反合约的处理方式。

⑦合约履行者的签名。

⑧其他注意事项。

以上各方面内容，并不一定要在每份合约中一一出现，可以根据需要做适当增减、修改。

（4）家校合约的形式要规范、丰富

家校合约呈现的形式要规范，要体现出它的正规性和严肃性。书面形式是家校合约普遍采用的一种约定形式。比起口头约定，它具有权利与义务关系明确，有据可查，便于预防和处理不履行合约行为的优点。家校合约的书面形式并不是单一的，而是丰富的，可以是协议书、信件，也可以是电子邮件等能够有形地表现所载内容的形式。在实际操作过程中，要根据具体情况采用合适的形式。

（5）其他注意事项

①签订合约的双方要一起参与合约的制订，尤其是家长、孩子必须一起参与。合约不能为了满足某一方的需要，按照某一方的意愿而定。双方必须共同讨论协商，尤其是要问问孩子的想法，征求一下孩子的意见。成人需要尊重孩子的内心想法，否则就会影响接下来的合约执行。

②合约的内容要考虑参与方的实际情况，制订的内容要切实可行。对孩子提出的要求要符合他们的认知水平和心理需求，让他们"跳一跳能吃到果子"，这样才能激发他们履行合约的兴趣。因此，合约内容的制订一定要仔细斟酌，精心推敲，力求每一点都能使执行者通过努力就可以完成。如果制订的内容不能实现，那么意味着合约一开始就是无效的。

③制订相应的奖惩制度，激发和促进签约方努力地按照合约的内容去做。在合约中可以加入适当的奖惩规定，也可以另外制订一份专门合约，约定奖惩方法。如果签订合约的某方违反了合约的内容，就必须承担相应的责任，并依据约定采取相应的弥补措施。

④合约执行过程中，成人一定要以身作则，给孩子做出好的榜样。双方要相互鼓励、互相督促，努力按合约规定的要求去做，共同促使孩子进步。

⑤班主任要适时地给家长、孩子一些温馨小提示。小提示可以制作成小卡片，编辑成电子邮件或者短信，举例如下。

亲爱的同学：

★ 参与"家校合约"的制订，发表自己的意见，这可是你的权利哦，好好把握！

★ 对于已经约定的内容，一定要主动地按照要求去做。

★ 要有规则意识，如果违反了规则，那就必须承担自己的行为所带来的后果。

★ 不要随意打破规则，如果有特殊情况不能遵守约定，一定要向老师、家长反映，大家一定会想办法帮你解决问题的。

尊敬的家长：

★ 你一定认识到"家校合约"的重要性了，希望你能主动参与合约的制订，与学校、老师达成共识。

★ 让孩子参与合约的制订，不要只是大人说了算。

★ 签订合约必须谨慎，量力而行，切勿开"空头支票"。

★ 对于自己做出的约定、承诺，要认真遵守。家长要以身作则，给孩子做好榜样。

★ 在违反约定时，品尝行为所带来的后果对于帮助孩子建立规则意识至关重要。当孩子违约时，请家长开动脑筋，让孩子认识到违约的危害，使其能够承担后果，并指导其想办法予以弥补。

★ 万一有特殊情况致使"失约"，需要及时地、如实地向对方做出解释，并且还要郑重地向对方致以歉意，主动承担后果，并用其他方式予以弥补。

综上所述，"家校合约"可以使老师与家长认识到家校合作的重要性与必要性，明确各自的义务与职责，熟知需要双方密切配合的事项。"家校合约"可以使双方松散的关系变得紧密，使沟通交往的内容、形式变得明确、具体、清晰。

[推荐阅读]

1. 中华人民共和国教育部，《国家学生体质健康标准（2014年修订）》，2014年
2. 国家卫生健康委员会，《中国青少年健康教育核心信息及释义（2018版）》
3. 塞尔吉·蒙田那，《认识自己的身体》，新蕾出版社，2010年
4. 李少聪，《认识自己的身体》，第四军医大学出版社，2009年

我的行动计划

对于如何提高孩子的身体素质，上述的讨论和点评有没有给你一点启发？你有没有想过通过共同制订家校合约的方法和家长一起来提高孩子的身体素质？请试着与家长一起制订一份家校合约吧。

二日谈 | 让阳光洒满心灵之旅
——关注孩子的心理健康

案例故事
- "小眼睛女孩"的笑靥

随园夜话

集思广益

行动转化

问题聚焦
- 班主任和家长如何共同呵护孩子的心理健康?

高手支招
- 用心陪伴,促进孩子心灵健康成长

专家解读
- 与孩子共筑心灵家园

给班主任的建议
- 把握与家长沟通的最佳时机

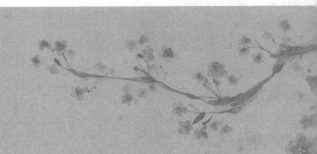

[随园小语]

　　一个好的教师，是一个懂得心理学和教育学的人。

——苏霍姆林斯基

　　尊重生命，尊重他人也尊重自己的生命，是生命进程中的伴随物，也是心理健康的一个条件。

——弗洛姆

　　集体生活是儿童之自我向社会化道路发展的重要推动力，为儿童心理正常发展的必需。一个不能获得这种正常发展的儿童，可能终其身只是一个悲剧。

——陶行知

"小眼睛女孩"的笑靥①

[家长叙述]

女儿是一位"小眼睛女孩"。女儿的眼睛随她的父亲，细细弯弯的眼睛，给细腻、白净的脸庞增添了几分清秀。

记得很小的时候，每次给她拍照，我们总能见她眯起小眼睛，咧开小嘴，笑靥如花，特别惹人喜爱。有时我指着照片中她的小眼睛打趣地说："你看你的小眼睛呀，都眯成一条缝啦！"女儿并不生气，而是在一边"咯咯"笑个不停。

转眼，女儿上了五年级。婴儿肥已完全褪去，个子长高了，小脸也变清瘦了，唯一不变的还是那双小眼睛。

一天下午，女儿放学回到家，扔下书包就走进自己的房间一直没有出来。几次唤她不见回应，我就急急走进她的房间。当时的一幕令我至今难忘：女儿托着腮帮坐在书桌前，怔怔地看着自己的照片，轻声地抽泣，不时用手抹着泪。从没见女儿这样，我不知所措地站在那儿，一时竟不知道说些什么。平复了一下情绪，我小声地询问："乖女儿，怎么了？发生什么事了？""妈妈，我觉得我不够好……"说完，又哭上了。"谁说你不够好呀？""没有谁，我自己觉得不够好。"女儿的眼泪止不住地往下流。"我的同桌康雨靖（化名），每次数学都能考一百，我总是得不到一百。今天，她把自己的影集带到班上给同学们看，同学们都说照片上的她像个美丽的公主。"听了女儿的倾诉，我急于给她安慰。于是，我接着问："为什么说她像公主呢？是不是她穿了公主纱裙呀？""才不是呢！同学们说她的眼睛又大又亮，太漂亮了，而且她学习也好，样样都好，就跟童话故事里的公主一样！"原来，女儿是拿自己和别人比呢！她口中那位名叫康雨靖的孩子，瓜子脸，大眼睛忽闪忽闪，学习又出色，确实是个人见人爱的孩子。望着女儿茫然而

---

① 提供者：章瑾，镇江市穆源民族学校书记，镇江市关心下一代工作先进个人。

略带委屈的眼神，我顿时觉得女儿非常幼稚，一时没往心里去，于是应付式地说了一句："这有什么好难过的，真是的。别瞎想啦！赶紧做作业吧！"

五一劳动节，全家一起去杭州游玩。在美丽的西子湖畔，我们不断地拍照留影，可女儿一改往日没心没肺地傻笑，总端出一副大人才有的严肃表情。我问女儿："宝贝，怎么了，为什么不笑了？"女儿认真地回答："我以后拍照片都不笑了！""为什么？"女儿望着我，说："妈妈，你看，我不笑的时候，眼睛是不是会大一些？我要像康雨靖那样，做个又漂亮又聪明的孩子！让别人都夸我！"

天啊！女儿小小的心里竟然藏着这么大的一块疙瘩！上次事件过后，女儿居然用"十全十美"的标准衡量自己、要求自己！我的心头顿时涌起一阵愧疚，我真是一个糊涂妈妈呀！

我忽然想起自己上学时老师曾讲过的一个寓言故事——《孔雀的悲哀》。故事讲的是孔雀在主神朱庇特面前抱怨她的羽毛虽然华丽无比，但是没有一副好的嗓子。主神却告诉她，夜莺有一副悦耳动听的嗓子，但她的羽毛却是灰不溜秋的，非常不起眼。这个故事告诉人们：上天给予了每个人应有的天赋，所以，谁也别去美慕上天给予别人的才能。

回家的当晚，我照例陪女儿睡觉。睡觉前，我把这个故事讲给女儿听。讲完后，我对女儿说："宝贝，孔雀和夜莺虽然都有自己的不足，但是，并没有影响她们在人们心目中的美丽形象。一提起孔雀，大家会立即想到她那身美丽的羽毛；一提起夜莺，大家会立即想到她那动人的嗓音。你瞧！完美的公主只有在童话故事里才有，现实中的每个人各有长处和不足。"说完，我就把女儿的优点一一数了一遍。女儿兴奋地对我说："妈妈，我有这么多优点吗？""当然啦！"女儿含着微笑，甜甜地进入了梦乡。

看到女儿睡熟了，我走到电脑前，通过QQ将女儿的"小小烦恼"发给了她的班主任李老师，希望老师能在平时的学校生活中关注女儿的心思，并帮助一下女儿。没想到第二天，李老师就通过QQ家长群发出了这样一则"公告"。

各位家长朋友：

大家好！我们的孩子已经上五年级了，这是一个特殊的成长季节，他们开始逐步迈入青春期。在这段成长过程中，孩子会从"自我"走向"集体"，也会逐渐意识到自己与他人的不一样：长得不一样、家庭不一样、学习成绩不一样……，造成这么多"不一样"的原因有的是与生俱来的，有的是后天生成的。但是孩子会不自觉地拿自己与他人比较，这个过程充满着突如其来的惊喜与无尽的烦恼。作为老师和家长，我们应该陪孩子经历这段心路，引导孩子看到自己的优点与不足，也看到他人的优点和不足。在我们的眼中，每一个孩子都是唯一，我们应该完美地看待他们的"不完美"，牵起孩子的手，让他们走出自己的路。

"公告"一出，一石激起千层浪，群里的家长纷纷做出反应。有的直接点赞，有的倾诉育儿过程中类似的经历，还有的直接告诉大家自己孩子身上存在的毛病……。我默默地浏览着，心潮起伏。没想到，我的一个留言，给老师和各位家长带来如此多的共鸣，更感动的是老师在这个问题上的观点与态度，让我这个家长感到无比的欣慰。

没想到，过了两天，女儿竟然带回了一封老师写给她的信，这让她兴奋不已。过了一个星期，女儿放学回来，大声对我说："妈妈，李老师在班会课上让我们做'抽牌揭短'的游戏，把自己认为的'不足'或'小毛病'写在扑克牌上，让对方抽，抽到什么就大声读出来。"我好奇地问："那岂不是很尴尬、很不好意思？"女儿眯缝起小眼睛："才不呢！我们都很开心啊！原来每个人都有短处，大家都一样啊！"

是啊！正如李老师所说，用完美的心态看待"不完美"，这是多么可贵的成长。

接下来的日子，女儿又恢复了往日的笑容。再给她拍照，她又会眯起小眼睛，咧开嘴巴，又是一副笑靥如花的样子。

[案例反思]

月有阴晴圆缺，人也不可能十全十美。但是，当前许多家长总喜欢拿自己孩子的缺点和别人家孩子的优点比，逼迫孩子追求完美学习、完美人生。越是这样，越会打击孩子对人生的美好憧憬，因为人生本来就是不完美的，存在种种坎坷与起伏。人生，虽不完美，却像珍珠一样明亮美丽，我们可以将坦然的、永恒的微笑挂在嘴边。

如何让孩子在自己的不完美中找到属于自己的那份自信，坦然地去面对现实，面对未知的人生？这是值得探讨的一个深刻话题。

案例中的小女孩没有靓丽的外貌和值得骄傲的成绩，在与同伴的对比中逐渐失去了信心，继而天真幼稚地想让自己变得完美，在追求完美的过程中，掉进自我挣扎的旋涡，无形中平添了很多压力与烦恼。固然，孩子的幼稚举止令人发笑，但是我们不得不清醒地认识到：孩子逐渐萌芽的审美观已在不经意间动摇了她的自信心。

案例中的家长一开始对孩子的表现是不以为然的，但是，当孩子的外在表现发生变化后，能及时反省自己，及时矫正自己的教育方式。她能针对自己孩子年龄的特点，选择用故事启发、轻松谈话的方式让孩子知道世界上没有完美的人，不管是谁，都有自己的长处与短处，要正确看待自己的不完美。这位家长最终帮孩子找回了自信，这样的教育行为虽然很微小，但却是很有实效的。

案例中的老师对于家长反映的问题并未置若罔闻，一接到家长的信息，第二天就在QQ群发表了"公告"。"公告"的内容，显然是老师用心思考写成的，情真意切，引起了家长的共鸣，使得家长为了让孩子正确地认识自己，都来出谋划策。李老师的做法是智慧的，有效地促进了家校合力的形成，使孩子走出了阴影，重新"笑靥如花"。

孩子在成长过程中总会遇到不同的烦恼。有些孩子会对自己不满意，长期处在对自己不满意的状态之中的孩子很难接纳现实中平凡的或者有缺点的自我，这会导致对自我的正确认识和适应更加困难，久而久之会影响自己的情绪以及自信心。面对这样的孩子，老师和家长一定要想办法帮助他们调整好心态，给予他们耐心、细心的指导。

我的故事

你身边的孩子是不是也曾为并不完美的自己而烦恼，你是如何与家长一起引导的？有什么难忘的故事？请与大家一起分享吧。

【随园夜话】

主持人：针对案例中的家长和老师指导孩子正确对待不完美的自己的做法，你有什么看法？

观点一：班主任重视学生的心理健康教育，有爱心，有责任心。

我们要把身心发展看成一个整体，如果一个孩子有健康的体魄，但没有健康的心理品质，那么他仍是一个不健全的人。心理健康的孩子自信乐观、热爱自然、关爱社会，对生活、学习充满热情，具有正直善良、热爱集体、助人为乐等良好的品质。教育专家指出：少年时期是人的身心发展的重要时期，良好的教育会对孩子的一生产生积极的影响。案例中的老师就非常重视学生的心理健康教育。当家长在深夜发来信息时，班主任李老师没有厌烦，而是认真阅读了信息。她敏锐地感到这是一个非常重要的问题，需要引起重视。于是她就积极地想办法。第二天就利用QQ平台这种快捷的交流方式，与家长及时地进行了沟通交流。显然，老师的一番话引发了家长的共鸣，家长们都很关注孩子类似的心理问题。接下来，老师和家长一起群策群力，采取一系列的举措对孩子进行教育。因为心中有爱，所以李老师那强烈的职业敏锐性和教育的责任心就自然流露出来了。

现代社会的复杂环境和激烈的竞争关系对人们的心理承受能力提出了更高的要求。每个人都需要不断地提高心理承受能力，只有拥有强大的内心世界，才能避免心理疾患的产生，才能适应现代社会的发展。这就需要在孩子小的时候就对其进行心理健康教育，需要老师们都像李老师一样关注孩子的心理健康，把预防心理疾病摆到重要的位置，培养孩子积极、健康的心态。

观点二：对于案例中提到"用完美的心态看待'不完美'"这个观点，提出质疑。

案例中写道"正如李老师所说，用完美的心态看待'不完美'，这是多么可贵的成长"。什么是完美？怎样做才算是完美？完美没有标准，没有尽头。世上本就没有完美无缺的事物，如果追求完美，就会对自己要求太高，就容易对自己苛刻，也就容易产生不良的心态。

让孩子用完美的心态去看待"不完美"，一则孩子不太懂它的含义，二则孩子也难以把握，不知道究竟该如何去做。我们可以引导孩子保持好的心态，提出"喜欢自己、正确看待自己的优缺点"这样的具体明确、通俗易懂的要求，而不能要求孩子追求"完美"。案例中家长和老师首先要意识到长相可以给人带来自信，也可以带来自卑。可以给人带来快乐，也可以带来烦恼。对于孩子，家长和老师要告诉她，无论长相如何，大人们都是喜欢她的。我们更要让孩子明白：一个人美不美，不在长相而在心灵。每个人都不要苛求自己完美，因为世上并没有绝对的完美。每个人都有自己的优势和劣势，不必羡慕别人，也不必去苛求自己。所以，首先要接受自己，喜欢自己，努力去做最好的自己就会感觉到快乐，别人也会接受你、喜欢你！

观点三："抽牌揭短"游戏不适合在人多的场合进行，否则会对孩子带来负面影响。

"抽牌揭短"，班主任让孩子做这个游戏的出发点是好的，是想让孩子能够坦然地面对自己的短处、弱点，能够欣然地接受并不完美的自我。可是孩子像成人一样，每个人也都有各自不同的成长经历，都有自己的短处、弱点。有的人甚至会有缺陷，也许是生理上的，也许是心理上的。无论是哪方面的问题，他们往往不愿过多被他人提及，尤其是在公共场合。在大庭广众之下，被人击中痛处，对任何人来说，都不是一件令人愉快的事。当别人揭自己的短时，乐观、活泼、开朗的孩子比较容易承受这种压力，甚至会笑着面对；可是对那些性格内向或是比较自卑的孩子来说，这无疑是一种煎熬。中国有句古话说"打人不打脸，骂人不揭短"，班会这样的集体活动同样也要有所避讳。"抽牌揭短"的游戏不适宜在公共场合玩，可以小范围开展，当然也要因人而异，因为并不是每个人都乐意接受。在集体活动中，教育孩子接受不完美的自我，我们应该开展一些适合绝大多数孩子参与的活动。

行 动 转 化

> 主持人：指导孩子正确地面对不完美的自己，如果你是案例中的班主任，你会怎么做？

方法一：班主任与家长沟通交流，达成共识——允许孩子不完美。

在教育孩子的过程中，有些成人总是希望孩子能做到最好，往往不能容忍孩子犯的错误，一发现孩子有犯错的苗头，就会批评指责，急于纠错。这样，大人们似乎省了时间，孩子却失去了尝试和体验失败的机会。其实，孩子对事物的认知很多时候是在经历了错误以后才得以深化的，走过弯路才能吸取教训，不断地向正确、向成功靠拢。一个人的一生，孰能无错？成长的过程其实就是不断犯错、不断改正错误的过程。不允许孩子犯错，就是不允许孩子成长。孩子就是在犹豫和怀疑中学会选择，在摸索和尝试中学会推断，在困难和挫折面前学会坚强，在磨炼和吃苦中学会生存……。只有这样，孩子才能真正地、一步一步地长大。所以，在孩子的成长过程中，老师和家长都必须允许他们不完美，允许他们犯错。当孩子出现错误与过失时，他们渴望得到父母和老师的理解与宽容，希望父母和老师能够给他们机会、时间去认识并改正错误。老师和家长等与孩子关系密切的人，如果能够心平气和地和孩子交谈，分析过失，找出解决的办法，那么孩子也会学会包容自己和他人，掌握解决问题的本领。

班主任必须让家长知道：如果父母一味地苛责孩子，那么孩子可能会更加自责，更加无法接受自己的错误与过失。如果父母对孩子期望过高，会让孩子不能接受自己的不完美。比如，考试的时候，孩子得了99分，父母也会板着脸问"那1分是怎么丢的"，显然这样的父母对孩子提出了过高的期望。如果父母总是如此严厉地对待孩子，那么就会让孩子过于追求完美，而对于自己的小小瑕疵也无法接受。有些孩子继而为了掩饰"不完美"而撒谎，为了追求"完美"而苛求自己，甚至不择手段……，显然，孩子的心理逐步地变得不健康，甚至"扭曲"了。因此，我们要像案例中的妈妈一样，遇到问题不要着急、不要焦虑，更不要像孩子一样"任性"，乱发脾气，不顾及孩子的感受，而是应冷静地对待，努力地想办法帮助孩子。

方法二：运用心理学知识教育孩子——拒绝完美，悦纳自己。

老师和家长都要学点心理学，尤其是班主任更要多学点心理学知识，这对培养身心健康的孩子是大有益处的。老师和家长可以运用心理学的知识教育孩子，让他们认识到芸芸众生，每个人都是独一无二的，都有属于自己的角色，都会有不一样的人生轨迹。每个人只有扮演好自己的角色，才能拥有幸福快乐的人生。成人可以给孩子讲讲心理学家研究的成果，告诉他们其实人身上并没有所谓的优点或缺点，这些只是与众不同的特质，特质用对地方，就会成为优点，如果用错了地方，也许就会成为缺点。世界上没有十全十美的人，因此要拒绝完美，悦纳自己。相信天生我材必有用，走自己的路，选对自己的发展舞台，成功和胜利才会属于自己。

正确评价自我、接受自我至关重要，它关系到孩子能否建立正确的价值观，关系到孩子是否能够适应环境，关系到孩子的生活是否幸福快乐。当孩子有不良情绪时，班主任和家长应该敏锐地捕捉到，并与他温和地交谈，耐心地倾听，让他尽情地倾诉苦恼，把消极情绪释放出来；

当他自卑、缺乏自信时，要和他一起去寻找失败的原因，指导他制订行动计划，创造条件激励他不断努力，让他从获得小的成功起步，逐步地增强他的自信心；当孩子犯错时，不要先对他的具体过错做出过激反应，而要深入了解潜在的原因，并想办法帮他改正错误，弥补过失。

方法三：运用小故事熏陶孩子——懂得自尊自爱。

小故事中往往蕴含着大道理，用故事教育孩子，往往会收到意想不到的效果。一些小故事，会让孩子欣然接受你的或书中的观点，从而逐步形成健康的心理。比如，对于上述的案例，可以给孩子讲这样一个故事：美国幽默作家霍尔摩斯出席一场会议，席间他是身材最为矮小的人。一位朋友问霍尔摩斯："你站在我们中间，是否有鸡立鹤群的感觉？"霍尔摩斯反驳了他一句："我觉得像一堆便士里的铸币。铸币面值10分，但比面值1分的便士体积小。"孩子们听了这个故事，一定会发现霍尔摩斯采用了一个精当的比喻，巧妙地化解了别人对他的嘲讽；一定会发现霍尔摩斯是非常尊重自己、珍惜自己的，并非妄自菲薄。有了这些发现，孩子们一定会从中受到启发。

班主任除了在学校里采用讲故事的方法教育孩子外，也要让家长认识到讲故事的妙用，并指导家长通过讲小故事的方法，让孩子知道一个人爱自己的方式有很多种，首先就要从喜欢自己的身体开始。要让孩子知道，自己的某些外在身体素质也许确实不如他人的优秀，有时甚至会遭到别人的嘲笑。这个时候，就要学着坦然地接受它们，试着发现其中的闪光点；或者换个角度去看问题，或许能将所谓的"短处"变成"长处"。其次，在智力方面，也要让孩子懂得可以按照自己制订的标准来判断自己是否聪明，而不是由别人说了算，听凭他人的评价。老师和家长要让孩子明白自爱是非常重要的，一定要学会爱自己。试想，一个连自己都不爱的人如何爱他人呢？

通过交流分享，班主任还要让家长掌握一些讲故事的方法。其一，指导家长根据孩子的特点选择合适的故事。故事要符合孩子的年龄特点，难易程度要适宜，这样孩子才会感兴趣。对于低年段的孩子可以选择篇幅短小、情节简单的故事。随着孩子年龄的增长、理解能力的提高，可以选择内容丰富、情节曲折的故事。对于步入初中的大孩子，可以给他们讲一些富有哲理的、励志的故事。当发现孩子犯错或者有困惑时，就应该选择有利于解决孩子遇到的实际问题的故事，通过故事潜移默化地引导孩子向良好的方向发展。例如，孩子表现得比较胆小，可以多给孩子讲些战斗英雄、逆境成长者的故事；如果发现孩子比较爱慕虚荣，就要多讲些颂扬内在美的故事。其二，指导家长和孩子一起讲故事。孩子不仅喜欢听故事，其实也喜欢讲故事、编故事。所以家长可将故事先讲一部分，然后鼓励孩子继续讲，或者和孩子一起来创编故事。这样做不仅可以增强孩子的表达能力，发展孩子的创造性思维，还可以和孩子互动，增进亲子关系。其三，读故事。老师和家长一起用一个个生动的小故事陪伴孩子成长，更能让孩子享受成长的快乐！

我的观点

如果你是案例中的老师，面对小女孩的遭遇你会怎么想、怎么做？日常工作中，你关注孩子的心理健康吗？为了让孩子拥有健康的心理，你主动与家长进行了哪些合作？请与身边的老师、家长一起交流、一起探讨。

［问题聚焦］

班主任和家长如何共同呵护孩子的心理健康？

通过以上的讨论和分析，我们认识到孩子的心理健康对于孩子的健康成长是非常重要的。在现实的家庭教育、学校教育中，心理健康教育往往会被忽视，那么如何通过家校合作，让班主任与家长共同做好青少年的心理健康教育呢？

用心陪伴，促进孩子心灵健康成长 ①

良好的心理素质是人的全面素质中的重要组成部分，是未来人才素质中的一项十分重要的内容。拥有健康的心理，对一个人的一生有着十分重要的意义。中小学生正处在身心发展的重要时期，随着生理、心理的发育和发展、竞争压力的增大、社会阅历的扩展及思维方式的变化，在学习、生活、人际交往和自我意识等方面可能会遇到或产生各种心理问题。有些心理问题若得不到及时排解，便会产生不良的反应，影响以后的心理健康发展，甚至会酿成日后难以挽回的心理疾病。

高尔基说过，爱孩子是母鸡都会的事，可是善于教育他们却是社会的大事。案例中的妈妈就很重视孩子的教育，也很会教育。她对孩子有着敏锐的洞察力，能够从细微的变化中发现孩子的情绪变化，能够与孩子敞开心扉交流，能够采用适当的方法进行疏导，帮孩子排解烦恼。然而，现实生活中，不少家长却并不善于教育。因为中小学生的心智尚未成熟，对自身的认识少，自我意识脆弱、生活阅历浅、抗挫折能力较低，更易产生心理问题。心理问题本身就具有隐性，家长如果缺少必备的心理健康教育的知

---

① 提供者：朱娟。

识和技能，那么就不可能像案例中的妈妈那样敏锐地发现孩子的心理问题，并帮孩子解决。因此，要让孩子拥有健康的心理并非易事，需要学校、家庭、社会的共同努力。

那么班主任在培育孩子健康心理方面，可以做哪些努力呢？

要让孩子拥有健康的心理并非易事，因此老师和家长都要重视孩子的心理保健。就案例中谈论的引导孩子正确看待自己的"不完美"这一话题，我们认为，班主任还可以指导家长做以下尝试。其一，让孩子用行动证明自己的能力。可以让孩子选择一两件自己比较有把握也比较有意义的事情去做。例如，孩子的字写得很漂亮，就鼓励他多写；他诵读好听，就激励他多诵读。这样，他就可以在不断收获和享受成功的喜悦中走向更高的目标。其二，不和别人比，只和自己比。可以让孩子给自己制订短期的、努力一下就可以达成的目标。不断和自己比，看看有没有进步。在这个过程中，指导孩子暂时不要关注别人的表现，只要自己努力就行。

学生的心理健康教育包含很多方面的内容，那么除了本专题开篇案例中提到的要引导孩子正确认识不完美的自我外，我们还要重点关注哪些孩子心理健康方面的问题呢？

1. 学海中如何畅游

学习问题是学龄期青少年的主要问题。不少青少年上学时会出现适应不良现象，主要表现为注意力不集中、学习困难，严重的发展为"厌学"。厌学问题产生的主要原因有学习任务繁重，竞争激烈，父母的期待过高，自己不努力等。这些因素使得孩子精神压力越来越大，使他们对学习既恐惧又无奈。

对于孩子厌学，班主任和家长不宜用批评、指责、打骂等简单粗暴的办法对待孩子，这样处理往往会适得其反。孩子的可塑性很强，暂时的厌学并不可怕。班主任、家长都要调整自己的情绪，以正确的教育观念看待孩子，采取多样的方法教育孩子，让孩子感到被重视、被尊重。班主任要主动与家长交流，让家长适当地降低对孩子的期望。很显然，"第一"只有一个，即使努力也不是人人都可以做到的。因此，要让家长认识到对孩子提出"争第一"的要求有时是不现实的，不要总拿孩子与其他人比，否则容易打击孩子的自尊心和自信心。我们要做的应是了解孩子学习中的困难，帮助孩子制订切实可行的学习计划，指导、督促孩子去执行计划。在孩子努力的过程中，我们要充满爱心、保持耐心，富有智慧地用真心去宽容孩子，用我们的眼睛去传递关爱，用我们的双手由扶到放，将孩子送上一级级阶梯，让他们一步一步地去实现一个个小目标。此外，还要多与孩子在学习方法、人生理想等方面进行沟通与探讨。

在鼓励孩子主动学习的过程中，帮助他们树立自信心尤为重要。孩子很在意别人对他的评价，他也会按照别人的评价去认识自己，所以帮孩子树立自信心是帮助他们克服厌学心理的关键。班主任要联合家长，共同努力，让孩子明白"困难像弹簧，你强它就弱，你弱它就强"的道理，树立"通过努力我也能学会"的信心，懂得只有鼓足勇气，不断地去克服困难才能走向成功。譬如，可以为孩子选一门他最想学、最有把握学好的学科，重点突破，促其不断地进步，以此让他感受到进步带来的欣喜，让他从中体验到学习的乐趣，让他看到自己也具有学习的能力，从而激起他的学习热情。如果孩子惧怕学习失败或对学校环境有恐惧心理，无法独自去面对学校生活，那么班主任和家长就要共同采取行动让孩子消除这种消极情绪。

克服厌学情绪，还需要对孩子进行适当的挫折教育。现在的孩子受家长的关注度较高，独自面对挫折的机会很少，一旦遇到困难，往往无所适从，甚至自暴自弃。为此，班主任可以与家长商定共同对孩子进行一些适当的挫折教育，以磨炼和提高孩子的抗挫折能力。自古就有名言说"书山有路勤为径，学海无涯苦作舟"，学习之旅，有乐更有苦，不历经艰辛无以登巅峰、达彼岸。所以要在尊重、理解、关心的前提下，多与孩子进行思想感情方面的沟通，让他们明白在学习中遇到困难是在所难免的，只有不断战胜一个个困难才能不断进步，让孩子品尝学习的乐趣，从而克服厌学情绪。

2. 学做情绪的小主人

青少年的情绪问题主要表现在逆反心理方面。逆反心理是青少年为维护自尊而采取与常理相反的态度和言行的一种心态。随着独立意识和自我意识的增强，青少年迫切希望摆脱成人的管制，此时如果教育不当，则会引发逆反情绪。逆反，绝大多数孩子都会有这样的情绪，这对孩子而言，也是人生必经的历程。如果能够正确对待孩子的逆反情绪并进行适当引导，则可以让孩子克服这种消极的情绪，促进他们的成长；相反，如果教育不当，则会强化这种逆反情绪，甚至会影响孩子今后的人生道路，因为逆反情绪大多具有危害性。如果逆反情绪过重，又没有得到及时的调节和处理，就会给青少年心理造成压力，引起心理障碍，甚至会对自己和他人造成伤害。所以，班主任和家长有必要了解孩子逆反心理产生的具体原因，科学、有效地引导他们在产生逆反心理时，适当地控制自己、调整心态。班主任应采用多种方式与家长沟通交流，共同做到以下"三会"。

一是学会尊重。孩子和成年人一样，都渴望得到别人的尊重。班主任和父母都必须尊重孩子，保护孩子敏感的自尊心。著名学者胡适的母亲冯顺弟，从不在别人面前骂儿子一句、打儿子一下。儿子犯了错，犯的事小，等第二天早晨儿子睡醒了，才耐心地教育他，让他认错；犯的事大，等晚上关了门，才严厉责罚他。由此可见，教育孩子一定要讲究时间，讲究地点，讲究场合，讲究分寸，要耐心细致，千万不可意气用事，放任自己的冲动。苏霍姆林斯基认为，造成教育青少年困难的最重要的原因，在于教育实践在他们面前以赤裸裸的形式进行，而处于这个年龄期的人，就其本性来说是不愿意感到有人在教育他们的。对孩子的教导自然是要讲究方式方法的，不露痕迹的艺术化教育，孩子会欣然接受；反之，粗暴的责罚，说教式、命令式的口气，都会让孩子反感，容易引发孩子的逆反心理。

二是学会倾听。遇到孩子顶嘴、不听话时，不理智的班主任、家长，往往会滔滔不绝地以长者的身份来训斥孩子。居高临下的气势、劈头盖脸的说教，会让有逆反心理的孩子在心中倍增愤怒和不服气，以后有什么事大多数孩子不再告诉老师和家长。反过来，如果班主任、家长都能做好孩子的听众，耐心倾听，先听听他们说了什么，先让孩子觉得自己受到了重视，有人愿意听他们说话，然后再做孩子的顾问，分析分析孩子说的是否有道理，帮他们出出主意，这样就会缓解孩子的逆反心理，孩子以后遇到事情会愿意和老师、家长交流。逆反期的孩子都很敏感，往往不愿轻易受教，因此做好顾问需心平气和、面带微笑地耐心聆听，真切诚恳、张弛有度地出出主意、协助抉择，而不是插手干预、强行要求。要做到以上这些，就要求班主任、家长必须不断地学习和提高自己，否则，就很难做到以理服人。如果只能以身份压制孩子，这更容易引起孩子的反感。

三是学会理解。孩子正处在人生的起步阶段，思想幼稚，好奇心强，容易上当受骗，会犯许多的错误。逆反的孩子特别容易与老师、家长"对着干"。这些都是心理不成熟的正常表现，班主任和家长要学会理解他们，不要总以成人的眼光来看待他们，而要多与他们进行情感沟通，帮他们找出困惑、苦恼的缘由，为他们分担压力、痛苦，帮他们出谋划策，做他们的知心朋友。总之，不应把一切责任强加或全推给孩子，那样对孩子是不公平的，也必然会引起孩子的反感。

3. 学会交往，和谐相处

人的发展过程是一个与社会不断相适应的过程，是一个与他人发生社会关系的过程。这个过程具体表现为人与人之间的交往，直接的或间接的人际交往会影响人的发展。青少年时期是人生发展的关键时期，人际交往是他们了解、认识社会最直接、最主要的方式。青少年的自我意识、独立欲望、自尊心逐渐增强，他们渴望人际交往。与此同时，他们的心理发展尚未成熟，对事物的看法容易偏激，对生活、学习中发生的冲突和矛盾不能恰当处理，存在许多有碍交往的心理问题。青少年所接触或要处理的人际关系主要是师生关系、同学关系和亲子关系。这些人际关系有时会因青少年的不成熟而处理不当，从而给他们的心理造成了压力。例如：与老师的关系问题，主要表现为片面地认为老师对自己不理解，过多干涉自己业余生活和正常交往；与同学的关系问题，主要表现为交友方面，处理不好朋友之间的关系；与父母的关系问题，主要表现为父母与自己缺乏相互理解与沟通，或者是家庭不和睦。要培养孩子的人际交往能力，老师和家长须做到以下几点。

在学校生活中，班主任要为孩子提供平等的舞台，鼓励孩子与人交往，让自己的生命与另一个生命有美好的相遇；在解决具体的人际交往矛盾时给予指点，形成导向。班主任要指导家长在家庭生活中对孩子有引导、有要求，不要给他们太多特权。在这样的家庭氛围中成长的孩子在重视自己需要的同时，也会兼顾别人的感受。班主任和家长在让孩子沐浴阳光与雨露的同时，也要在他们心中培植出尊重、关爱、理解、宽容。

鼓励孩子参加丰富多彩的活动，促其学会与人交往。班主任要在班级中组织开展多种活动，让孩子积极参加。孩子参加活动，必然要在活动中与人交往，参加的活动越多，交往的面越广。要想学会游泳就必须下水，同样，要想学会交往就必须参加活动。只有在交往活动中，他才会认识到互相协作、互相支持、互相帮助的重要性，才会逐步学会如何处理好自己与他人的关系。有一位班主任曾组织学生开展了主题为"与人交往"的系列班会。系列班会分为"让爱做主""学会欣赏和赞美别人""红叶传友谊"三部分。这一系列主题班会，使学生认识到每个人都需要友谊，需要被爱、被欣赏。同时，他们也明白了学会关爱、善于欣赏，是拥有良好人际关系的基础，是结交知心朋友的重要条件。班主任和家长都要鼓励孩子利用双休日多开展或参加公益活动，如清扫社区、上街卖报、清洗站台等。社会公益活动是培养孩子良好的人际关系的滋养地，孩子的心灵在这里往往能得到净化，能学会友善、学会谦让、学会互助，逐步拥有良好的人际关系。

让孩子知道人际交往中受欢迎的一般标准，促使他们扬长避短。什么样的人在人际交往中会受欢迎呢？想必很多孩子都很关心这个问题。班主任就要有意识地进行这方面的渗透教育，可以利用家长会指导家长也对孩子进行相关的教育。班主任要让家长知道，社会心理学的研究表明，那些在人际交往中颇受好评，很得人缘的人一般具有以下特点：乐观、热情真诚、有个性、独立性强、有幽默感、能为他人着想、充满活力等。自然，以上这些特点不是全部具有才能在人际交往中受到欢迎。不太受人欢迎的人也具有以下几个特点：自私、孤傲、心眼小、斤斤计较、依赖性强、以自我为中心、虚伪自卑等。有了以上的参照标准，就可以指导孩子对照标准，扬长避短。当然要特别告诉孩子，在人际交往中，最主要的是坦诚，每个人都是独立的个体，不能丧失自我。阿谀奉承、随声附和并不能换来良好的人际交往。

指导孩子掌握与人交往的艺术，让他们享受交往的乐趣。人际交往是一种能力，也是一种艺术，可以通过学习和训练来培养。在心理辅导过程中，班主任和家长应该注意培养孩子如下的交往艺术。其一，微笑艺术。微笑是人际交往中一份永恒的介绍信。笑容是善意的象征，它可以使自己和对方很快熟悉起来，能对对方产生很大的吸引力；反之，脸色忧郁，刻板阴沉，别人会退避三舍。因而，在交往过程中，面带微笑、态度和善、语气缓和是十分重要的技能。其二，倾听艺术。学会做个能耐心且善于倾听别人诉说的听众，这对交往来说很重要。在交往中，有些学生往往不注意倾听，从头到尾只说自己的事情，随意打断并插入自己的意见，夸夸其谈，自我陶醉。显然，有这样行为的学生是难以赢得良好的人际关系的。其三，赞美艺术。任何人都希望得到他人的认同和赞赏，从而证明自身存在的价值。赞美的话语最能让别人的自尊心得到满足，这也是每个人都希求的，因而在交往中可以多注意发现别人的长处和优势，给予真诚的称赞与肯定，从而激发对方与自己交往的热诚，获得别人的好感。当然，赞美也得注意方式方法，以免弄巧成拙，特别要杜绝虚伪的谄媚之词。

4. 关注和化解暴力倾向

有部分青少年认为自己"有一点儿"暴力倾向，遇到问题会想到诉诸暴力。暴力倾向产生的主要原因，有研究认为：第一，当孩子进入学龄期后，身体发育较快，体格、力量迅速增强，这成为他们一试身手的"先天条件"；第二，如果父母性格暴躁，平常喜欢以打骂方式解决问题，很可能就被孩子看在眼里，并让他们进入校园后"有样学样"；第三，电视、网络上的各种暴力画面及场景，会让一部分孩子认为暴力解决问题"很酷很帅",这也成为孩子产生暴力倾向的另一大诱因。

班主任和家长都要关注孩子暴力倾向这一心理动态,引导他们消除心理的困惑和外在暴力行为。成人要以身作则,对孩子、对他人都不要有暴力举止;家长要多花时间和孩子交流沟通,监督上网浏览的内容,有未成年人的家庭要安装网络绿色过滤器,使孩子免受色情、暴力等不良信息的影响。让有暴力倾向的孩子积极参加户外运动,也是一种很好的教育方式。对于精力旺盛的孩子,运动能够分散他们的注意力,让他们无处发泄的情绪得到平复。

那么,班主任又该如何引导家长、孩子面对"校园欺凌"呢?首先要帮助孩子建立安全感,鼓励孩子遇到问题勇于向老师、家长求助。当孩子在学校和别人发生争执时,有些家长只会一味嘱咐自己的孩子不要惹是生非,不要给家里添麻烦,甚至还会指责孩子为什么别人不欺负其他学生只会欺负你。班主任要让家长认识到,父母经常说这样的话会让孩子不知不觉地养成了懦弱的处事风格,不敢开口向父母求助,更不敢反抗暴力,成为校园欺凌的直接受害者,给身心造成不可磨灭的伤害。因此,家长要与班主任共同给孩子充分的支持和信任,让孩子勇于表达自己内心的想法。如果老师、家长都袖手旁观,置若罔闻的话,孩子将会无所适从。其次,教会孩子勇于反击。班主任和家长都要让孩子懂得自己不惹事,但同时绝不怕事。如果遇到他人欺侮自己时,就要审时度势勇于反击。如果对方人员过多,强力反击显然就会吃亏,就先不要发生正面冲突,机智地应对,为自己争取时间寻求帮助。班主任还可以给家长推荐像《我的校园没烦恼》《请不要随便欺负我》这类书籍,指导父母和孩子如何正确地对待校园欺凌事件。

中小学阶段是孩子心理建设的重要阶段,你我有责任,用心陪伴孩子,给予孩子理解、帮助、指引,拉着他们的小手,置身在阳光下,陪伴他们茁壮成长。孩子是社会的一分子,班主任应与家长密切合作,对孩子的心理隐疾及时加以关注、进行疏导,提供良好的教育环境;班主任应和家长携起手来,为孩子营造良好的生活环境,为孩子撑起一片成长的蓝天,让孩子在阳光下感受温暖、传递温情!

（专）（家）（解）（读）

与孩子共筑心灵家园 ①

心里有春天，心花才能怒放；胸中有大海，胸怀才能开阔；心灵有阳光，人生才能精彩……。如今，随着社会的发展和教育的进步，心理健康教育逐渐在各行各业得到重视。在一些国家和地区，心理健康教育已与教学工作并列，被喻为现代学校的"两个车轮"。

在十多年的心理健康教育和心理辅导工作中，我经常会遇到来自老师、家长的教育困惑。我想：心理健康教育不仅是为解决孩子心理问题服务的，更重要的是要通过各种有效的干预途径让孩子的心理品质得到良好发展。学校心理健康教育只有和科学、有效的家庭教育形成合力，才能真正促进孩子的身心健康发展。

上述文章中，老师和家长就孩子心理成长方面的话题进行了探讨，让我感受到浓浓的深情，也看到了些许迷茫。西方教育家卢梭曾经说过："误用光阴比虚掷光阴损失更大，教育错了的儿童比未受教育的儿童离智慧更远。"方向不对，越努力越糟糕。是的，在孩子的成长教育中，不能光靠家长和老师一厢情愿的热情，更要用对方法。恰巧在写下这段文字的前一天，我路经一处儿童乐园，看见一位妈妈涨红着脸，对在上层攀爬的儿子说话，言辞间虽是鼓励，但语气却让人感到强烈的急躁与不安。儿子呢？站在上面抖抖索索、小心翼翼地挪动着小碎步，苦着一张脸，一副随时都会落泪的样子。你会很清楚地看到，妈妈越是"鼓励地说"，孩子的步子就迈得越艰难，小脸儿更是纠结，最后妈妈还对身边的人说："这孩子就是胆小，做什么事都胆小！"这位妈妈很想培养儿子敢于突破、意志坚强的积极品质，但孩子表现出来的为什么是更加退缩或者害怕呢？其实，妈妈一直在传递一个信息，就是"我的孩子很胆小"，却在情境中一个劲儿地告诉孩子：你不胆小，你很棒，你一定能够做到！可是，她没有注意自己说话的语气、语调，对别人说

---

① 解读专家：蒋静，镇江实验学校办公室副主任，国家二级心理咨询师，国家家庭教育高级指导师，沙盘游戏高级咨询师。

儿子胆小时没有顾及儿子的感受。试问，这样的鼓励和打气有效果吗？反而会让孩子无法正视自己的不足，更加害怕自己做不到，从而丧失信心。

如果说，我们把一个身心健全的人比作美丽繁盛的百花园，那么如何建造或者用什么工具来建造就是方法和载体。对此，我想谈谈自己的两个观点。

一是耐心倾听和有效沟通是建立良好关系的重要途径。经常会听到身边的家长、老师把"我都是为你好"挂在嘴边，一边苦口婆心地劝说，一边恨铁不成钢地斥责。还有许多家长来咨询，抱怨自己的孩子不听话，听不进话，不知该怎么办……。我们是不是在达到目标的过程中忽视了什么？其实，师生间、亲子间建立相互信任的关系是很重要的。如果没有良好的关系做支撑，一切教育都是徒然。被动接受的背后可能会有潜在的危险，也许是反叛，也许是南辕北辙般的结果。每个年龄段的孩子在心理发育阶段都有不同的特点，随着自我意识的不断发展，孩子对身体、心理以及人际关系的自我认识都会发生变化。这种变化的过程是逐步成熟的过程，也是互相冲突的过程。心理学研究表明，自我意识一般需要经过二十多年的发展，直到青年中后期才能形成比较稳定、成熟的自我意识。因此，面对心智正在不断发育的未成年人，我们是不是能多给一些耐心和理解？耐心倾听和有效沟通是建立良好关系的重要途径，尤其是当孩子犯了错误的时候，如果可以，请给孩子说话的机会，了解他行为背后的动机和愿望，在彼此信任的基础上引导孩子用正确的观念看待自己的不足与错误，这样教出来的孩子才能越来越乐观、自信。

二是别以爱的名义伤害孩子。我们给予孩子生命，陪伴孩子成长，并不意味着可以主宰他们的一切。无论是严格之爱，还是包容之爱，都应该以尊重为前提，否则爱就像一张巨型的蜘蛛网牢牢地束缚住孩子，让他们在爱的枷锁中痛苦不堪。我们不能因为爱而抹杀了孩子对尊重的需要，不能因为爱而挫败了他们尝试和探索的信念。可是在学习、生活上，孩子往往受到了大人们太多的"帮助"，理由是孩子做得太慢，做得不够好，或者是希望他能做得更好，殊不知那个叫"自信"的东西在这个过程中正渐行渐远。这都是我们在用爱的名义替代孩子成长，其实这往往就是一种伤害。当家长、老师发现孩子变得越来越懒惰，不愿意承担生活、学习的责任或是老跟自己对抗时，又觉得非常失落和沮丧。尊重作为人类发展的需要，对孩子成长起到相当大的作用。孩子最初受人尊重的感觉是从父母那里得到的，尊重别人的意识也是在日常生活中经过多次的训练，不断地强化而逐渐建立起来的。尊重孩子成长发展的自然规律，尊重孩子的独立人格和自我意识，尊重孩子的自由空间，尊重孩子的个体差异，让孩子在被理解的氛围中、被接纳的环境下感受老师、家长对自己的爱，如此他才能心甘情愿地回馈爱、感恩爱。

在孩子幼小的心灵里，老师、家长就是蓝天，就是海洋，是最初的那份依恋和信任。有了蓝天和海洋，小鸟、鱼儿才能自由自在地翱翔和畅游。让老师和家长共同携手，让学校和家庭一起努力，为孩子共筑美好的心灵家园。

【给班主任的建议】

把握与家长沟通的最佳时机[1]

本专题开篇案例中的李老师收到家长的QQ留言后第二天就发布了"公告"，这让家长倍感意外。家长没有想到老师如此重视自己反映的问题；没有想到老师能如此迅速地想出办法并及时地采取措施；没有想到老师"公告"里的内容是那样的情真意切，真正地做到了急家长之所急、想家长之所想；也没有想到老师居然能迅速地利用班会课开展活动对孩子进行教育，让孩子都意识到每个人都是有缺点的，不要苛求完美，要懂得悦纳自己……。看得出家长的内心是惊喜的，是充满感激的，正如

---

① 提供者：凌荷仙。

家长所说"更感动的是老师在这个问题上的观点与态度，让我这个家长感到无比的欣慰"。班主任的所作所为得到了家长的高度认可和积极支持，以至于一个班级的家长都能群策群力，与班主任一起齐心协力帮助孩子。在寻求家长支持，与家长共同指导孩子正确地看待不完美的自己这一教育事件中，班主任很好地把握了与家长沟通的最佳时机，取得了良好的效果。

为什么要把握与家长沟通的最佳时机？阿基米德说过："给我一个支点，我可以撬起地球。"班主任与家长有效沟通这个杠杆也需要一个支点，良好的沟通契机就是这样的一个支点。在家校合作的实践中，从家长的角度去思考问题，找准契机，就可以做到顺水推舟，取得理想的效果。

班主任与家长沟通的最佳时机有哪些？

1.准备充分，目的明确之际

正所谓知己知彼，方能百战不殆，班主任与家长打交道亦是如此。在与家长交流之前，班主任要做好充分的准备。其一，我们可以通过建立数据库的方式，掌握班级孩子家庭的基本信息。这些信息包括家长的文化程度、工作情况、兴趣专长、居住区域和家庭教育的理念方法等。显然，对家长了解得越充分就越有利于与家长沟通。其二，交流之前，班主任还要充分地掌握孩子的实际情况。这样在与家长交流中，班主任所说就会有理有据，更有说服力，还可避免不必要的误会。其三，做好两个"提前"。提前备课，明确你与家长交流的目的，准备好交流的内容及方式方法等；提前预约，要提前和家长联系好沟通的时间、地点。班主任与家长交流的目的性、针对性越强，效果就会越明显。

2.老师调整好情绪状态后

老师要为人师表，但老师也是普通人，也会有喜怒哀乐。由于职业的需要，班主任要学会调整控制自己的情绪。班主任难免会有情绪波动、心情低落的时候，这个时候就不便与家长进行沟通。自己不高兴的时候与人进行沟通，难免会缺少耐心，不会注意到自己说话的语气语调，说不定说不了几句便使沟通陷入困境。当班主任调整好情绪后，能够以饱满的精神与家长沟通交流，就容易取得较好的效果。

3. 在孩子出现问题之前

无论是好消息还是坏消息，告诉家长一个消息都花不了多少时间，不要等到孩子有问题了才跟家长联系。通报情况往往是宜早不宜迟。无论是学习上的问题还是行为纪律方面的问题，在初见端倪的时候就要跟家长沟通，不要等到问题严重后才告诉家长。否则家长会因为老师没有及时告知而感到问题来得很突然，一时无法接受。这时，班主任就较难获得家长的理解、支持和配合。班主任在向家长反馈孩子问题时要讲究策略，可以先向家长传递正面信息，夸一夸孩子，每个孩子都是有闪光点的。如果班主任一上来就用负面信息对家长进行"狂轰滥炸"，很可能让家长产生防御心理，使他们站在老师的对立面，跟老师唱"对台戏"。如果老师多一些耐心，先表扬孩子的优点，然后再说孩子存在的问题，那么家长可能会更有心思倾听，也会想办法帮助孩子解决问题。

4. 孩子取得成绩，有进步时

许多家长都非常重视孩子的成长，渴望看到孩子在各方面取得进步，班主任就要根据家长的这种心理，抓住一些有效的时机跟家长进行沟通。比如，当孩子的学习成绩有提高时，哪怕是一点点，这也是一个很好的沟通时机。有提高，就说明孩子有了进步，班主任就要及时与家长、孩子沟通，让孩子悦纳自己，让家长也为此而高兴。借此机会，再向家长、孩子提出适当的要求，此时，他们更容易接受老师的建议。当然，孩子取得的成绩也并非仅仅指学习成绩，还应该包括在体育、艺术、动手操作等方面取得的成绩。再如，选择孩子有进步的时候沟通。进步不单单是指学习方面的进步，还包括孩子的思想品德、思维能力、理解能力、表达能力、动手能力等方面。以上这些方面，只要孩子有进步了，班主任就可以利用这些契机与家长沟通交流，首先肯定孩子的进步，与家长一起分享孩子的成长故事，然后再谈其他的事情。总之，当孩子取得成绩、有进步时，与家长沟通，家长也会像孩子一样受到鼓舞，增强信心，更乐意与老师积极配合。

5. 与家长建立信任的关系后

班主任通过平常的点点滴滴让家长感受到老师非常关心孩子，能发现孩子的优点，能引领孩子健康成长……。当家长觉得老师值得信任时，老师跟家长进行沟通交流应该会更畅通。家长都会信任关爱自己孩子的老师，愿意接受有爱心、有责任心的老师提出的建议。正所谓"亲其师，信其道"。

要取得家长的信任，首先要从内心深处真心实意地爱孩子，这是班主任与家长建立牢固的信任关系的基础。家长常常会从孩子对待老师的真切感情里体会出老师对孩子的爱，其效果远远胜过老师的自我表述。其次，班主任要靠坚持不懈、扎扎实实的工作赢得家长的信任。真情和爱心常常体现在具体的工作中，工作的质量往往体现在细微之处。哪怕是给孩子削个铅笔、系个红领巾、擦下鼻子等，看起来是鸡毛蒜皮的小事，却备受家长的关注，直接影响到家长对老师的评价。因此，班主任只有以高质量的工作为基础，面对家长时才会感到自信，也就更容易取得家长的信任。

6. 家长有合理需求时

家长都希望班主任能够对自己的孩子尽可能多地了解、关心。孩子在学校和在家里的表现可能很不一样，所有家长都希望班主任能及时反映孩子在学校的情况。所以，当家长主动提出要与班主任进行交流时，班主任一定要急家长之所急，及时地以短信、电话、电子邮件、约谈等方式做出回复，了解家长的心声，尽力解决家长提出的合理的问题。有学校规定：家长打来的电话必须在24小时内回复，家长提出的要求必须在一周内给予答复。这样的规定，可以看出学校对家长的尊重，对家长需求的重视。班主任及时给予回复，可以增进家校之间的理解、信任，可以尽可能避免家校之间产生误会和纠纷。

7. 家长冷静之后

班主任要逐步练就一双火眼金睛，能够明察秋毫。与家长见面时，能够从家长的面部神情和肢体动作当中读出他们内心的真实情绪。如果发现家长因为孩子、工作或生活而烦恼，特别是在气头上时，班主任可以暂且不跟家长谈孩子犯的错误、存在的问题。因为此时，不管你是严厉地批评，还是和风细雨地劝导，由于他们还没有从愤怒的情绪中摆脱出来，老师的话语他们根本听不进去，有的甚至还会和老师争执起来，产生对立情绪。此时，不妨多谈谈孩子的优点和取得的进步，让家长心情稍稍愉悦一些；也可以与他们聊聊其他轻松的话题，转移他们的注意力，留出一段时间让他们稳定情绪。当然，如果家长内心还是无法平静，老师不妨巧妙地结束本次谈话，下次再找合适的机会进行交流。

8. 开展亲子活动时

许多家长平时工作忙，和孩子共同学习、游戏的时间很少。学校、班级组织开展亲子活动可以让家长了解孩子学习、生活的环境，增进与孩子的交流，增强对孩子的关心。亲子活动还可以让孩子增长见识、体验快乐，同时也品味到父母、老师的关爱和集体生活的欢乐，让孩子在活动中充分感受到亲子情、师生情、家校情。现在许多学校都很重视开展亲子活动，亲子活动也受到家长、孩子的喜爱。班主任可以利用亲子活动之际，与家长进行沟通交流。比如，秋游时，老师可以邀请想与自己沟通交流的家长一起参加活动，在活动中找机会与家长自然地交流。和谐的气氛、特定的活动情境，十分有利于促成家长与老师的沟通。亲子活动为班主任与家庭共同教育好孩子搭建了平台，拉近了老师与家长的距离，增进了家长与孩子的情感，是家校沟通的契机。

9. 特殊的日子里

孩子的生日，儿童节、国庆节、元旦等节假日，家长开放日、家长会等，都是一些特殊的日子。在这些特殊的日子里，班主任可以跟家长聊一些相应的话题。比如，儿童节时，班主任与家长的沟通可以从指导孩子过一个有意义的节日开始；再如，孩子的生日那天，班主任可以指导家长给孩子备一份特殊的礼物，不一定要贵重，只要能表达心意，能起到教育作用即可。班主任还可以指导家长利用特殊的日子，让孩子改掉一些缺点，争取更大的进步。在特殊的日子，人的心境、情绪也是特别的，班主任与家长的交流往往会取得意想不到的效果。另外，学生入校、离校时，班主任与每位家长接触的时间虽然只有几分钟，但这也是老师直接接触家长、与家长沟通的好时机。

10. 在非正式的场合中

和家长谈话大多在教室、办公室等正式场合，有时也可以在教室外的走廊、操场、校园景观处等非正式场合。这些非正式场合会使彼此少了一份拘谨，多了一份放松、舒适。这样的场合适合交流一些不是很严肃的话题。

不管在什么场合谈话，要想谈得好、有收获，首先要选准交谈的突破口，从家长最熟悉、最感兴趣的话题入手，使他们能和自己畅所欲言。无论采取哪一种沟通方式，都必须注意沟通的方法，要针对不同类型的家长采取不同的沟通方法，使沟通取得预期的效果。

当然，班主任也不能仅仅满足于抓住或等待最佳沟通时机，还要善于了解家长内心的真正需求，创造交流契机。也就是说，家校合作既要讲究有时机的沟通，也要能在没有时机时创造时机进行沟通。这更是需要班主任用心去修炼，逐步提升的能力。

[推荐阅读]

1.中华人民共和国教育部，《中小学心理健康教育指导纲要（2012年修订）》，2012年
2.李占强，《成长路上的红绿灯》，辽海出版社，2012年

我的行动计划

上述关于如何加强学生心理健康教育的讨论和点评有没有给你一点启发呢？最近你需要对全班学生加强哪方面的心理健康教育，或者对某个学生采取怎样的个别心理辅导？请制订一份教育计划，在落实的过程中注意巧妙地把握教育契机。

三日谈 | 从孝亲敬老透视美德教育
——关注孩子传统美德[①] 的培养

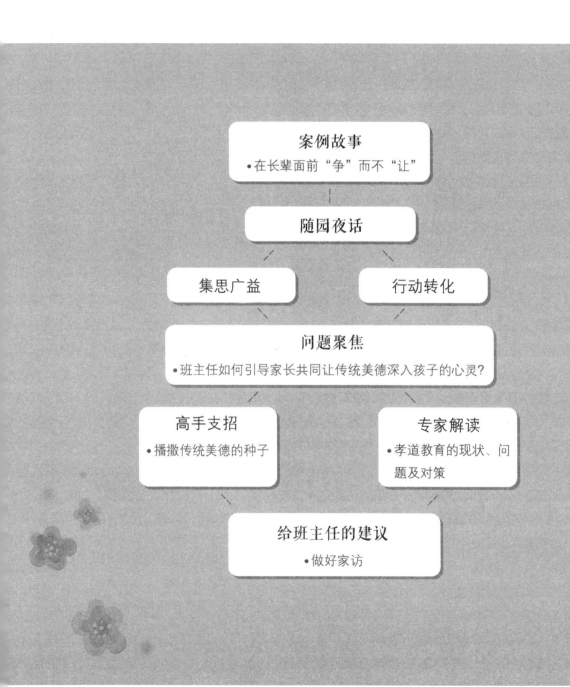

案例故事
•在长辈面前"争"而不"让"

随园夜话

集思广益

行动转化

问题聚焦
•班主任如何引导家长共同让传统美德深入孩子的心灵？

高手支招
•播撒传统美德的种子

专家解读
•孝道教育的现状、问题及对策

给班主任的建议
•做好家访

---

① 本书所讲的"传统美德"主要指向于个体，是个人自身，或个人表现出来的美好的道德品质，即"私德"，体现在个人修养、待人和处世等方面，比如尊老爱幼、自强不息、助人为乐、诚实守信等等。

[随园小语]

德行的实现是由行为，不是由文字。

——夸美纽斯

教育的唯一工作与全部工作可以总结在这一概念之中——道德。

——赫尔巴特

礼貌是儿童与青年所应该特别小心地养成习惯的第一件大事。

——洛　克

在长辈面前"争"而不"让" ①

[家长叙述]

[案例故事]

今天周六，上六年级的女儿写完作业便进了房间看她喜欢的动画片，奶奶在厨房忙着洗刚刚买回来的葡萄。过了一会儿，奶奶将洗好的葡萄端到了桌上，拿了一个先尝了尝。奶奶还没尝完，便赶紧招呼孙女："羊羊，快来吃葡萄，真甜啊！"

听了奶奶的话，女儿赶紧从房间里冲了出来，迫不及待地拣了一个大葡萄吃了起来。由于顾着房间里的电视，她还没吃完嘴里的葡萄就要将一盆葡萄全端走。这时，妻子见了，赶紧拦了下来："葡萄是买给奶奶吃的，她牙齿不好，喜欢吃这个，你拿几个吃，吃完了再来拿。你一个人全端走怎么行？"说着就将女儿手中装着葡萄的盆子拿到了奶奶面前。谁知，女儿却不依不饶，一把又夺回了盆子，气哼哼地说："不行，我要吃。你们要吃，你们不会再去买啊？"说着，头也不回，一路小跑地回到了房间，自顾自地一边看电视一边吃葡萄去了。奶奶无奈，只是又好笑又好气地望着。妻子急了，赶到房间，拿过葡萄，劈头盖脸地给了女儿一顿训斥："你怎么能这样，光顾着自己，一点都不为别人着想。奶奶年纪大了，你怎么能和奶奶争呢？"谁知女儿意想不到地顶了一句："我是小孩，你们是大人，大人应该让着小孩。"妻子听了，更是气得无语，端着葡萄，扔下女儿一个人就走了。女儿觉得妈妈不讲理，又哭又闹。

这时，站在一旁的奶奶看不下去了，赶紧从妻子手里拿回葡萄，又送到了女儿面前，哄道："羊羊吃，奶奶不吃。"看到这，妻子没好气地说："都是你们惯的，有一点好东西，她都要跟人抢，从来不晓得'让'大人，以后怎么得了？"听了这话，奶奶赶紧过来说："算了算了，让她吃吧，别又弄得哭哭啼啼的，心烦呢！"奶奶边说边把妻子

---

① 提供者：张伟，镇江市蒋乔小学校长，镇江市德育先进工作者。

拉出了房间。

女儿跟奶奶争葡萄的时候，我正在打扫房间，听着她们吵吵闹闹也没顾着来劝。当然，也是为了想个好辙，打打骂骂肯定是不行的。看着女儿含着眼泪，嗷着嘴，仍然自顾自地在那儿吃葡萄，我走到了她的身边。"羊羊，给爸爸吃个葡萄，好不好？"她不作声。"你不作声，就表示你同意啰。"说着，我拿起一个葡萄放到口中，边吃边说道："你看，一盆葡萄，你给别人吃，自己也还有的吃，为什么非要全抢在自己手中呢？这样多不礼貌啊！别人还会笑话你，说你小气，多不划算啊，对吧？"女儿听了我的话，望望我，还是不作声。我知道我的话已经有点打动她了，于是趁热打铁："如果你把好东西让给别人，和别人一起分享，别人就一定会快乐地朝你笑，还会谢谢你。因为，那个时候的你是最可爱、最讨人喜欢的，对吧？你现在愿不愿意和爸爸分享你的葡萄呢？"说完，我面带微笑地期待着女儿的行动。女儿想了想，主动地递给了我一个葡萄，我赶紧欣喜地从女儿手里接过葡萄，笑着说道："谢谢，我们羊羊真好，懂得和别人分享，是最可爱、最讨人喜欢的孩子了。"我一边嚼着葡萄，一边笑着对女儿说："你听说过'黄香温席'的故事吧。到了寒冷的冬天，为了让父母睡觉时觉得温暖，孝顺的小黄香就用自己的身体替父母暖被窝，所以大家都很佩服他，到现在人们都记得他。我们羊羊也能做得和黄香一样，对吧？"看着女儿被我说动了心，我又乘势引导："如果你把葡萄主动地拿给奶奶吃，拿给妈妈吃，她们一定会特别开心，会美美地夸你懂事、孝顺，那样我们羊羊就是最可爱、最讨人喜欢的'小黄香'了，试试看？"听了我的话，女儿赶紧端着葡萄送给了奶奶，又送给了妈妈。我就躲在房间里等她的好消息。过了一会儿，女儿回到房间，又蹦又跳，开心地说："我把葡萄送给奶奶、妈妈吃了，她们可高兴了，还对我说'谢谢'呢！"看着女儿一脸兴奋的样子，我立即"添油加醋"："我们又懂事又孝顺的'小黄香'羊羊一定会做得更好。"

想着刚才女儿在长辈面前"争"而不"让"的情景，再看看现在她因孝顺了一次而开心不已的样子，我感到，其实孩子真的很纯洁。后来，我把这件事告诉了孩子的班主任，他也有同感："人之初，性本善"，每一个孩子都是善良可爱的，他们喜欢与人分享，愿意为别人着想，只不过环境在影响着他们向好或向坏的方向发展。此时，父母的及时教育和引导特别重要。只要我们善于启发和激励，就一定能帮助他们懂得孝与爱，学会做人，学会做有道德的人。

[案例反思]

"百善孝为先"，在中华传统美德中，"孝"德为首，"孝"为仁之本。因此，教育孩子做有孝心、有孝行的人是培育孩子传统美德的头等大事。然而，受家庭结构的影响，现在的家庭往往四个大人甚至六个大人围着一个孩子转，什么好东西都给孩子，"孝"德在很多孩子身上看不到。从上面的案例中我们就可以看出，只要孩子想要，大人们都会尽量满足，孩子也习以为常地认为好东西都是自己的，都要让给自己，甚至根本不考虑长辈的需要，也不会去关心长辈，哪怕在长辈面前让一让，这些都做不到。他们更习惯去争、去要，而不去体谅长辈，更谈不上去孝敬长辈了。当然，这也与整个社会环境有关。因为社会物质的极大丰富，有些家长觉得什么都不缺，不需要孩子"让"，孩子也觉得家长什么都有，"没有机会"孝敬。家长片面地放纵孩子的物欲，也造成了孩子自我占有欲望的膨胀，使得孝道在孩子身上越来越缺失。因此，在现在这个传统美德缺失比较严重的时代，对正处于成长阶段的孩子进行"孝德"教育尤为迫切和必要，它将影响孩子品行的发展，影响家庭的长久和谐。

我的故事

孝亲敬老是最基本也是最重要的传统美德之一。作为班主任，你和班上的家长注重孩子孝亲敬老美德的培养吗？你有什么好的做法，与大家一起分享吧。

【随园夜话】

集思广益

> 主持人：在《在长辈面前"争"而不"让"》案例中，孩子光顾着自己，不为大人着想，争好东西而不懂得让着长辈，母亲是一番训斥，父亲是启发激励，最终孩子有了改变，把好东西与长辈分享。针对这类现象和做法，你是怎么看待的？

观点一：对于孩子不尊重、不孝敬长辈的情况应该及时制止，及时教育。

像案例中的孩子那样只想着自己、不考虑大人的现象普遍存在，而且趋于严重。大人对孩子不尊重、不孝敬长辈现象常常抱着忽视甚至纵容的态度，总觉得满足孩子就行，孩子高兴就行，自己看着孩子开心也觉得高兴，家里条件比较好，犯不着跟孩子计较尊不尊重、孝不孝敬。其实家长这样的思想要不得，对孩子这样的行为不能熟视无睹，看起来没有造成影响和伤害的行为，实际上在孩子的心灵留下了不良影响，对孩子的健康成长是极为不利的，一旦纵容，害的将是孩子，而且今后想矫正会难上加难。因此，一旦发现孩子不尊重、不孝敬长辈的行为，要及时制止和教育，这样对孩子的品德塑造才是有益的。

观点二：当班主任发现孩子言行上表现出对长辈不敬时，有必要引导家长严厉地对孩子予以教育。

班主任与家长进行交流时，经常会听到家长提到孩子对长辈"回嘴回舌"，显得"没大没小"。言者无意，作为听者的班主任应当格外留心——这说明孩子的"孝"德养成已经出现了问题，不良的行为开始在他们身上作祟。当然，即使在这样的情况下，很多家长还是会认为，孩子对长辈说了不敬的话并没有恶意，表现出的不敬行为也是要小孩子脾气，童言无忌，童真无知，说两句教育一下就行了，不要那么郑重其事地教训。作为班主任，面对这样的现象有必要引导家长认识到，孩子言行上的不敬，即使是稍有不敬都应当严厉制止并予以训诫。因为孩子越小越随性，教育的反复性越强。不痛不痒的说教反而会让孩子习惯性地认为做错了只是被说上一两句，没什么大不了的，久而久之，孩子会被我们的说教说"油"了。因此，在发现孩子不尊重、不孝敬长辈时，班主任有必要引导家长严厉地教育，好好地教训一番，尤其是在屡教不改的情况下更应如此。发生一次不敬不孝的情况就要严厉地教育，让孩子深刻地记住不该做什么，应该做什么。班主任要让家长明白，十次不痛不痒的说教不及一次刻骨铭心的教训，对孩子的教育很多时候要严格一些、严厉一些，因为这是原则性问题。

观点三：对于孩子的"孝"德教育，班主任要引导家长讲究方法、策略，创造良好环境，经常性地鼓励孩子孝敬长辈。

当然，面对孩子不尊重长辈、不孝敬长辈的言语和行为，最好的教育应当是在及时制止的情况下加以有效引导。因为孩子毕竟是孩子，在他们的成长过程中会受到这样或那样的不良影响，同时整个生活的环境也造成了他们以自我为中心的思想和行为。不懂得尊重长辈，不懂得孝敬长辈，不能完全怪罪孩子，主要还是家庭教育的问题。因此，班主任要主动通过家长会、家访等方式，积极引导家长给孩子创造一个能够影响他尊重长辈、孝敬长辈的良好环境，引导家长时时为孩子孝敬长辈的言行点个赞，鼓励孩子去尊重长辈，去孝敬长辈，让孩子逐步将这种观念内化为自身的习惯，内化为终身的美德。

行动转化

> 主持人：从大家的讨论来看，培养孩子孝亲敬老的美德应该从小抓起，从现在抓起，从孩子的一言一行抓起，这已经成了我们的共识。但是，关于怎样引导孩子养成孝亲敬老的美德，采取什么样的方式方法达到更好的教育效果，大家肯定还有各自的想法和做法，请各抒己见。

方法一：家访时鼓励家长言传身教。

"孝"德教育需班主任更多地走近家长，走进家庭。在家访的过程中首先要让家长明白：言传和身教对于孩子的"孝"德教育都很重要。班主任要引导家长认识到，教育孩子尊重长辈、孝敬长辈，需要父母以自己的言行为孩子树立良好的榜样，不仅要言教，更要身教，要率先垂范。孩子耳濡目染，体验会更深刻。一方面，家长要孝亲敬老，对孩子产生潜移默化的影响，这样，方能在行动上感化孩子。另一方面，家长的示范教育要一致。父母教育是一套，爷爷奶奶教育是另一套，这样只能使孩子感到这样做也行，那样做也行，没有了标准，反而造成适得其反的结果。

方法二：教育中引导家长注重针对性。

班主任要引导家长根据孩子不同时期的不同特点实施孝亲敬老教育，根据孩子的心理发展特征施以不同内容、不同层次的孝亲敬老教育。班主任和家长也要共同努力，实施有针对性的孝亲敬老教育，要全面观察分析孩子，并注意他的发展变化，准确地发现孩子身上的问题，从而有的放矢、对症下药。另外，班主任还要引导家长在进行孝亲敬老教育时考虑孩子的认知能力、接受能力，运用有趣、有力的教育方法。"孝"德的养成须经过长期的培养，班主任要鼓励家长持之以恒，对孩子的反复变化给予及时的帮助与矫正。

方法三：家庭教育与学校教育保持一致性。

家庭的孝亲敬老教育要与学校实施的教育内容保持一致，形成合力，从而达到效果的最优化。一是加强学校与家庭的密切联系。班主任要引导家长多向学校反映孩子在家孝亲敬老的表现，尤其是好的表现，使孩子在学校得到表扬和鼓励，从而放大教育效果。二是鼓励家长配合学校开展的孝亲敬老教育，积极参加家长学校活动，把孝亲敬老的教育内容引入家庭，对孩子进行再教育。三是要引导家长保持家庭成员教育的一致性，切莫在孩子面前争执，更不能各行其是。即使家长与孩子认识不一致，也要民主协商解决。这样既有助于家庭中孝亲敬老教育的顺利实施，又能达到孝亲敬老教育的最优效果。

我的观点

上述讨论主要围绕孩子孝亲敬老美德培养阐述了相关观点和做法。你还关注过孩子哪些传统美德的培养？在培养孩子传统美德方面，你和家长进行过怎样的沟通和合作？你可以和大家分享好的做法，也可以与大家交流困惑。

高手支招

播撒传统美德的种子 ①

引导孩子孝亲敬老是对孩子进行传统美德教育最重要的一部分，因为百善孝为先，培养孩子有孝心孝行将使孩子终身受益。当然，中华传统美德内涵丰富，还有很多方面需要我们去教育，需要孩子去养成。传承中华民族传统美德将在孩子心中播下爱与善，也将会造就孩子更美好的生活。那么，班主任如何引导家长共同对孩子进行传统美德教育呢？

1. 家长和老师共同关注孩子对待长辈的表现，一旦发现孩子有不孝顺长辈的言行，要及时进行教育

对孩子的教育是要讲究时机的，尤其是在孩子的行为不当甚至是犯了错误的时候，及时进行教育，既能防微杜渐，又能起到事半功倍的效果。因为一旦纵容了孩子不当甚至错误的言行，孩子就会形成不好的习惯，再去矫正就难上加难了，培养孩子"孝"德也是如此。除了上学，孩子跟长辈相处的时间是最多的，特别是在祖孙三代共同生活的家庭，孩子不仅与长辈相处的时间多，而且相处的长辈数量多。他几乎时时刻刻都在与长辈交流，这更容易看出他能不能尊重长辈、孝敬长辈。从目前家庭现实情况

---

① 提供者：张伟。

【问题聚焦】

班主任如何引导家长共同让传统美德深入孩子的心灵？

通过对上述典型案例的分析，以及大家的讨论和分享，我们认识到了培养孩子传统美德是教育孩子学会做人特别重要的方面。因为传统美德的传承不仅是在给孩子播种立身之本，也是在引导孩子传承中华文化，做"最美中国人"。然而，班主任如何引导家长共同使传统美德的教育更加务实，更有实效，真正让传统美德深入孩子的心灵，最终在孩子的心中生根开花呢？

_____

_____

_____

_____

_____

来看，很多家庭由于娇惯、纵容孩子，什么都答应孩子，什么好东西都给孩子，造成了孩子潜意识里以自我为中心的角色感，光想着父母长辈处处要为自己想，时时要围着自己转，有什么好吃的自己先吃，有什么好看的自己先看，有什么好玩的自己先玩，却从不懂得替长辈着想。父母长辈跟他商量都不行，只要一哭二闹什么都是自己优先，这样的情况是普遍存在的。面对孩子不尊重长辈，不为长辈着想的现象，做家长的千万不能熟视无睹。你今天当没看见，明天当没看见，后天当没看见，等孩子渐渐由偶尔的不孝行为形成不孝习惯，直至形成不孝恶习，到那时就晚了。到时候，他可能心里只有自己而没了长辈，更谈不上听长辈的话。他可能只会跟长辈争，跟长辈抢，跟长辈吵，全然不顾长辈的感受和想法，完全没了孝道。"千里之堤，毁于蚁穴"，孩子一点点不孝的言行如果不及时发现、及时教育，造成的可能就是孩子"孝"德的重度缺失。相反，如果班主任和家长密切地关注孩子的孝言孝行，及时地发现问题，及时地进行教育，将使孩子懂得孝道，成为最美孝心少年，使孩子受益终身。

2. 引导家长明白教育孩子懂得孝顺长辈，靠训斥是远远不行的，甚至会适得其反

班主任经常会听到家长反映，在日常生活中发现了孩子对长辈这样或那样不尊不孝的现象，有时候想想也很不满，很担忧，于是就会生气，对孩子动怒，往往会狠狠地训斥孩子一顿，告诉他"不应该不尊重长辈，要懂得为长辈着想，要关心长辈，好东西先要让给长辈"等，甚至还会夺过孩子的"好"东西给长辈，孩子要是哭闹得厉害还会打骂孩子。此时，班主任要明确地告诉家长不要打骂。如果说，家长发现了孩子不尊重长辈、不孝敬长辈的言行，严厉地制止是对的，这叫防微杜渐，但是家长过分训斥则会激起孩子的不满，甚至逆反，因为此时孩子也在"火"头上，他被这突如其来的训斥一激，既感到惶恐，又感到委屈。此时，他听不进大人的话，也不会去理解大人所说的道理，只会坚持自己的想法，只会感到自己受欺负，特别是在大人抢了他的东西，还打了他时，孩子更会认为大人是坏人，甚至可能发展成防着大人，跟大

人斗心眼，这就适得其反，与教育孩子懂得孝顺背道而驰了。因此，班主任要引导家长，在发现孩子不尊重长辈、不孝敬长辈时，要及时制止，但要保持冷静，不能病急乱投医，大训特训，哪怕等一等、冷一冷，想出好法子，再来进行教育也不迟。

3. 引导家长少用大道理说教，多用启发、激励的方法让孩子实实在在地行孝

面对孩子不尊重长辈、不懂得孝敬长辈的情况，我们往往会习惯说上一番大道理，其实收效甚微。因为大道理离孩子太远，孩子懂不了，只是老师、家长一厢情愿地说说而已。对孩子进行"孝"德教育，最终的目的是要让孩子学会如何去做。因此，只有引导孩子在做中学，他才会有切身的体会，才会形成习惯，最终形成美德。班主任要引导家长想方设法地启发孩子实践的兴趣和欲望，引导孩子去尝试孝敬长辈，去用实际行动孝敬长辈。比如，好东西要和长辈一起分享，先满足长辈的需要再考虑自己的需要等。每当孩子表现出孝敬长辈的言行时，老师和家长要及时地予以鼓励，说些鼓励的话，报以鼓励的微笑，给予鼓励的奖赏等。此时，再给孩子说上一两个孝亲敬老的美德故事予以肯定，说上一两个孝亲敬老的道理予以启发，使孩子在实践后品尝到孝敬长辈的快乐，感受到孝敬长辈的美好，感悟孝敬长辈的道理。得到赏识是孩子做得更好的动力。班主任还要引导家长趁热打铁，持之以恒地引导孩子将孝行进行到底，将"孝"德发扬光大，不能一阵热一阵冷。因为用行为启发和激励孩子养成"孝"德需要不断强化，否则也会前功尽弃。孩子无论是心理还是行为都是极其不稳定的，唯有坚持不懈地强化才能最终让他拥有受益终身的孝亲敬老的美德。

4. 引导家长营造家庭"孝"的环境，用环境培养孩子"孝"的美德

如果说启发与激励是一种有形的教育，那么，为孩子营造和创设一种"长幼有序，孝亲敬老"的家庭环境和家庭氛围则是一种无声的教育，它给孩子留下的是更深的印迹、更加深远的影响。因为它将"孝"德印到了孩子心灵上，会使孩子终生难忘。就像公益广告《给妈妈洗脚》所呈现的那样，孩子会不自觉地模仿大人的样子去为长辈行孝、尽

孝。因此，班主任要引导家长在孩子面前互敬互爱，不要动不动就争吵，也不要相互冷漠。只有这样，孩子始终处在温馨和睦、相敬相爱的家庭环境和氛围中，他才能感受到尊敬长辈、爱戴长辈是快乐和美好的，才能懂得和学会尊重、孝敬长辈。相反，如果孩子始终处在一个父母长辈争执不休的家庭中，他看到的是"争"，感受到的是"争"，学到的也只能是"争"而不"让"，尊重和孝敬长辈又从何学起呢？父母时时处处注意自己对待长辈的态度，哪怕一个笑容、一声问候、一句感谢，这都是给孩子最好的示范。班主任要鼓励家长经常在言行上表现出对长辈的尊重和孝敬，经常为长辈着想，懂得顺从长辈、孝敬长辈。这样春风化雨、润物无声的一言一行既是成人的孝道，更是对孩子的最鲜活、最深刻的"孝"德教育。相反，如果父母不孝敬长辈，留给孩子的负面影响要想去矫正是极其困难的。当然，班主任还要提醒家长克服当孩子对长辈不尊不孝时"见怪不怪"的思想，甚至孩子不孝，长辈放之任之，为孩子说情解围，这样的"宽容"环境只会害了孩子。因此，引导家长给孩子营造一个被"孝"德包围的环境，就好像用孝的阳光温暖孩子，用孝的雨露滋润孩子，这样才能让"孝"德在孩子心灵深处生根开花。

传统美德的内涵是丰富的，除了孝亲敬老外，还有很多美德是孩子需要培养的。我们要与家长共同努力，要采取多种措施，全面培养孩子的美好品德，让中华传统美德在我们孩子身上发扬光大。

一是引导家长培养孩子勤劳节俭、自强自立的道德品质。勤劳节俭教育在中华民族伦理道德教育中一直备受重视，有许多动人的故事流传至今。古代司马光独以俭朴为美德并写文《训俭示康》教育儿子司马康必须养成俭朴习惯。朱元璋称帝不忘俭，马皇后"富而节俭、贵而勤劳"。近代毛主席、周总理都是节俭的楷模。"由俭入奢易，由奢入俭难"，许多古训都给我们以启发。我们今天倡导勤劳节俭教育，更有现实意义。很多家长反映，现在孩子越来越差，学习不努力、不勤奋，自己的事情不愿做，服务他人的思想全没有，几乎成了衣来伸手、饭来张口的"小皇帝"。事实证明，这种对孩子的指责是不全面的，甚至是不正确的。这恰恰反映了我们家庭中实施的教育不对头、不得法，爱之有余，教之不够。如果孩子无生活自理能力，家长包办一切可以理解，而孩子已上了小学，甚至读到初中，仍是吃鸡蛋给剥皮，穿鞋帮着提，甚至出现80岁的老奶奶替8岁的小重孙扫地的现象，这是我们不能理解和接受的。所以说，一个人勤劳节俭美德品行的养成，关键在于教育与培养，懒是惯出来的。班主任要利用家长会、班级群，与家长个别交流，引导家长充分认识到，家庭中进行勤劳节俭教育的目的是培养一个自强自立的人，对孩子进行"勤劳节俭"教育既是对孩子进行热爱劳动的教育，也是进行艰苦朴素的教育，更是对他们意志品质的培养。班主任要引导家长在家庭生活中，有意识地激发孩子在家务劳动中的主人意识，让孩子勤于劳动。从力所能及的家务活开始，不断地提高孩子劳动的技巧与水平。在学会料理家务活的基础上，让孩子学会更好地照顾自己，养成不依赖别人的良好习惯。同时，不断强化孩子家庭"主人翁"的意识，不仅要学习照顾好自己，还要在力所能及的范围内学会照顾他人，比如为长辈们也做些力所能及的事。我们甚至可以指导家长，让孩子也了解家庭与自己的开支，从而培养他们计划开支、勤俭节约的良好习惯，进而培养他们完整而健康的生活习惯与能力。

二是引导家长培养孩子礼貌待人、诚实守信的道德品质。一个人在社会中表现得有礼貌、善待别人、诚实守信，是与他从小接受的家庭教育分不开的，这一品德的养成是从家庭教育开始的。班主任要引导家长在家庭生活中，善于结合生活实际，坚持择机而教、遇物则诲的训练。所谓"择机而教"就是选择合适的时机进行相应教育，"遇事则诲"就是遇到相关的事情进行相应的教育。这样"择机而教""遇事则诲"的自然而然教育，孩子们是乐意接受的。家长还要反复强化，使之形成稳定的行为习惯。比如家中来了客人，应告诉孩子主动称呼和接待；孩子做了错事，应该教育他诚实，敢于承认错误；发现孩子说谎或言行不一，应与孩子共同分析原因，晓以利害，及时纠正，切不可拳脚相加。另外，班主任要引导家长努力做到所有家庭成员统一要求、统一评价，共同监督检查，这样才能使孩子的良好行为成为习惯。

三是引导家长培养孩子宽厚仁慈、善心助人的道德品质。中华传统美德向来尊崇"仁者爱人""为善最乐"的思想和行为。然而，生活在现代激烈竞争社会的孩子，他们看到的、感受到的更多的是人与人之间的争斗，再加上他们是被包围着、宠爱着的一代，就会滋养出不少自私独我的心态和行为。因此，班主任特别有必要引导家长教育孩子在处理个人与他人关系时，多从别人的角度来考虑，关心他人，把他人利益放在前面，多为别人着想，多为他人服务，多为社会奉献。学雷锋做好事、捐款捐物、扶助困难的人等，都是宽厚仁慈、善心助人的表现，是仁者之所为，是崇高品格的表现。班主任要引导家长时时处处教育孩子怀有仁爱之心，在孩子心中播下善的种子。

四是引导家长培养孩子从小立志、不断进取的道德品质。志向就是奋斗目标，"有志无有不成者"说的就是志向对于成功的意义。青少年从小就要树立志向，有了志向就有了奋斗和前进的目标，这也是中华传统美德烙在每一个中华儿女身上的印迹。"志气"是指道德品质上的坚定性和坚持性。班主任要引导家长教育孩子树立自己成长的目标，短期和长远目标相结合，鼓励孩子朝着自己的目标去努力，一个一个地去实现，在不断进取中获得成功，收获喜悦。同时，当孩子遇到困难时，班主任更要引导家长鼓励和教育孩子要有乐观主义精神，艰苦奋斗，刻苦努力，用自己的汗水和智慧开辟新的天地，创造新的生活，而不能气馁、退缩甚至放弃，要以顽强的毅力和韧劲不断进取。"有志者事竟成"，这是中华传统美德给予我们的鼓舞，班主任要和家长共同努力，必须让它在孩子身上传承下去。

孝道教育的现状、问题及对策①

"孝"字，从字形上分析，是由一个"耂"（lián）和一个"子"构成的。其中"耂"是"老"字的省略形式，就是"老"的意思。从字形来看，"孝"就是孩子把老人放在自己的上面，这就像一幅图画，告诉我们如何处理两代人之间的关系。这幅图画所昭示的传统在我们这个民族的历史长河里代代传承：父辈对待祖辈的方式对于子辈是一种身教，所以这样的画面在我们的传统社会里，在城乡的各个家庭内部每时每刻都在展现，但是今天却很难再现了，究其原因，主要是我们的家庭结构随着社会结构的转型发生了根本的变化。

在传统社会，三代同堂是基本的家庭结构模式，四世同堂也是一种有可能实现的愿望。在巴金的小说《家》当中，高老太爷引以为豪的是"五世其昌"。孔子认为应子承父业，"父在，观其志；父没，观其行；三年无改于父之道，可谓孝矣"。这种由外而内的紧密的家庭结构使子辈有机会从父辈那里观摩沿袭孝道。但是今天普通的家庭中，父母双方都要承担家庭的责任，在家庭之外工作，所以孩子在入学之前，或者由祖父母、外祖父母照看，或者由保姆、幼托机构照看。如果是后一种情形，孩子就没有机会从父辈那里观摩沿袭孝道；如果是前一种情形，出现孝道方面问题的家庭也往往是父母辛苦工作一天，到家之后仍然需要祖父母或者外祖父母照料生活，所以子辈仍然无法从父辈那里观摩沿袭孝道。

更有甚者，一些家长或者因为工作繁忙，或者因为离婚的原因，把孩子的教育、生活等责任全部推给了孩子的祖父母或外祖父母，这些祖辈无可选择地成为全面照顾第三代的"现代父母"，这种由祖辈对孙辈的抚养和教育，我们称为"隔代教育"。

隔代教育中，因为父辈孝行的不在场，从而使子辈的观摩沿袭孝道

---

① 解读专家：尹湘江，南京明道学校教师。

成为一种不可能完成的任务，成为一个不可能实现的过程。从人类历史发展的角度来说，这是社会大分工的结果。不仅是孝行孝道，就连在传统社会里本应由父母传授的生存技能，也已经专业化地转交给了老师来传授，所以应该说是社会分工把原属于家庭教育的内容，历史地推到了老师尤其是班主任的面前。

简言之，孝道教育本应是祖辈传给父辈、父辈传给子辈的家庭内部代代传承，现在已经历史地演变为学校教育传递给家庭教育、家庭教育再转换为学校教育的一种社会范畴的代代传承。

案例中的班主任已经明确地意识到关注孝道的必要性，而且对家庭教育中孝道教育行为的存在、孝道教育本身都给予了充分的肯定，这既是对教育内涵时代变迁的敏感，也是对"还位"孝道教育于家庭教育的有益尝试。面对当下家庭内部普遍存在的对孝道教育的茫然无措，张伟老师在缜密的思考之后，组织起主题明确的"孝道教育"沙龙，而且还由此延伸探讨了对其他一些传统美德的继承问题。其间，见微知著，举一反三，以"点"的认识带动"面"的思考，这样的思维品质是值得肯定的；通过教育沙龙讨论，更多的同行意识到这个问题的重要性，初步地掌握一些基本的工作思路和工作方法，这样的工作智慧也是值得我们学习的。

通过上述分析，我们可以简略地勾勒出孝道教育问题的解决策略。

一是面对教育生活中遇到的问题时，都不妨先对核心概念做一个朴素的思考。比如，我们面对孝道问题时就思考一下"孝道问题是如何产生的"，或者是"孝道教育如何就成了一个问题"。这样的思路将会加深我们对各种教育问题的认识，把我们从纷繁复杂的教育现象中解脱出来，从而认识到问题的另一个层面——有的时候，也许就已经是本质层面了。

二是在对核心概念的深层认识、本质认识初步形成以后，我们就要进一步梳理：教育者，首先是班主任，面对这一问题时已经做了些什么，所做的一切是否有利于问题的解决。如果已经有利于问题的解决，那么我们就顺势理出一个思路来，以便日后的工作参考借鉴；如果尚未对问题的解决产生明显的积极作用，那我们就可以借鉴张伟老师的做法，组织一个教育沙龙，对这个问题做一次头脑风暴式的碰撞思考，以期激荡出思维的火花。这是对问题解决方法的探寻。

三是类似的问题可以参考类似的方法解决，即举一反三。对于教育的问题，也可以做一个田野式的调查，然后归类梳理，以类相从地寻求解决的方法。比如，这里的孝道是中华传统美德的一个部分，中华传统美德其他部分和孝道就有着类似的特点，所以我们在孝道教育方面的思路就可以迁移到其他传统美德教育上来。如果我们能够在方法上做好灵活的迁移与变通，那也就可期事半功倍了。

面对孝道问题，思考如何解决，属于临事而惧；如果能够举一反三，由此及彼地在其他问题尚未暴露出来之前，就对其加以思考分析，那就是未雨绸缪，可收防患未然之利。

做好家访 [1]

传统美德的教育养成必须要学校、家庭合力作为，因为家长对孩子传统美德教育的重视程度，以及日常的示范、影响和教育对孩子传统美德的教育起着至关重要的作用。家庭反映着孩子自然的生活状态，是孩子道

【给班主任的建议】

德行为真实存在的场地。很多时候我们说"学校五天的教育加上家庭两天的教育等于零"，指的就是家庭教育的无所作为和对孩子的负面影响造成的不良结果。就像一开始提到的案例一样，对于一年级女儿的孝亲敬老教育，家庭中也存在着两种声音、两种做法：一种是消极地宽容、放任，一种是积极地制止、引导。显然第一种做法对孩子孝亲敬老等传统美德的培养是极为不利的，第二种做法则有利于影响和训练孩子慢慢养成孝亲敬老等传统美德。应该说，好的家风和家训对孩子的影

---

① 提供者：张伟。

响和教育的积极意义是深远的，然而，不是每个家庭都能重视传统美德教育，尤其注重用恰当的方法给孩子以传统美德的熏陶、影响和训练。因此，做好孩子的传统美德教育必须要做好家访工作。

我曾经遇到过这样一个孩子，每天放学都由奶奶来接，她就像小公主一样每天理所当然地坐着奶奶的三轮车回家，不仅没有体谅奶奶的辛苦，甚至有时还会因为不高兴冲奶奶发脾气。我找到她交流，她虽然听了但还是没有什么改变。于是，我就和她的父母、奶奶约好了家访时间。走进她家一聊才知道，父母忙于工作，连孩子的学习都关注不多，更谈不上美德教育了。奶奶娇惯孙女，再加上家庭条件不错，所以基本是有求必应，孩子在家从不为家人做事。了解这一情况之后，我便同家长沟通，把我发现的孩子对待奶奶的情况说给家长听。通过交流，我们在孩子美德教育的重要性和迫切性上达成一致。接着，我和家长商定，首先拿出了孩子所要从事的家庭事务的任务单，一同和孩子交流，教育孩子对家人要有礼貌，同时商定共同激励孩子进步。家访后，我又趁热打铁，持续地和家长沟通、合作，不断地督促、激励孩子孝亲敬老。

当然，家访的形式可以灵活多样，要考虑到各种因素，比如家访目的、时间安排、家访对象、家访内容、家访效果等，根据不同的需要和目的，可以请家长到学校来，也可以电话交流，但最行之有效的就是到孩子的家里进行实访，因为那样可以身临其境地了解孩子的生活，能够设身处地地和家长进行沟通交流，共同探讨切实有效的教育方法和措施。老师在家访时要做到以下几点。

1. 有备而访，家访前要做好充分准备

班主任要备妥孩子在学校美德言行的表现，既要从表象上归类，又要从内在上做分析，做到了然于胸。比如孩子在学校的文明礼仪表现、对师长是否尊敬、对同学和集体的关心程度、参加劳动时的表现、遇到困难时的态度等，只要与孩子美德表现有关的情况都要做详细的搜集和具体的分析，能够在脑中给孩子画出一张校园生活美德图。这样一来，把孩子在学校的美德言行和家长交流，家长才会具体地感受和信服，而且能够感受到老师的热情和责任心，自然就会支持老师的教育工作。

除了备好孩子在学校的美德言行表现外，班主任还要提前了解孩子在家里的生活状态，通过和孩子的交谈，和家长的电话交流，以及其他老师、家长的反映，了解和摸清一些情况，特别是孩子在家庭的表现以及家庭教育存在的问题，这样才能做到家访时有的放矢、对症下药。

2.把握时机，家访要选择适当的时间和地点

人人都有心理障碍期，都有情绪化或心情不佳的时候，那么此时不是与他交流的适当时机。班主任不能以自我为中心，随意安排家访时间，应考虑到家长的客观实际状况。家访前就应间接地向孩子了解其家中情况，以便决定是否家访。最好的家访时机应选择在家长休息的时候，我们事先主动地与家长约好，不贸然"袭击"，以最真诚的态度走进家庭，这样就能使得家长主动地和老师沟通和交流，并且热情地接受老师提出的建议，努力地去改进家庭教育，做好孩子的传统美德教育。

另外，家访时，切忌在公共场合下向家长讲其子女的缺点，否则，家长会表现出极不合作的态度，问题就难解决了。试想，谁希望自己被人教训呢？所以，家访时要讲究时间和地点的选择艺术。

3.民主和谐，家访时要营造融洽的氛围

一提到家访，很多时候孩子会感到如临大敌，家长也会以为老师要上门告状，所以，要想取得好的家访效果，必须要营造一种融洽的氛围，让孩子喜欢，让家长欢迎。老师要以平等的身份出现在孩子的面前，和孩子交朋友，深入和孩子交流，帮助孩子排忧解难，能够引导孩子把心里话说出来，为家访打下良好的基础，让孩子感受到老师家访像是做客，是帮助他和家长去交流、去沟通，是帮助他解决问题的。同时，老师还要平等地和家长进行交流，把家长当作朋友，设身处地地替孩子着想，帮着家长出谋划策，而不是谈判或要求，更多的是聊一聊、叙一叙。围绕一个主题、一个目的，双方都来说，一起来想办法，始终是民主地交流、和谐地沟通。这样一来，孩子和家长就会乐意接受家访，甚至欢迎家访，效果也就显而易见了。

4.善用语言，家访要讲究谈话艺术

老师在家访时要设计好语言，注意用语的技巧和艺术，因为一句话

说不好会伤人，或者根本不会给人留下印象，更谈不上影响了。相反，如果我们注意谈话的策略，不仅会给家长留下深刻印象，甚至能够感动家长，以至于感染家长。有时候巧妙的一句话往往能改变家长的想法和做法，使家长获得启示。老师家访要以表扬为主、关爱为本。和家长的沟通交流要多讲孩子的闪光点，多讲增强孩子信心、激发孩子上进的话，这样也能给家长以信心和力量。千万不要告状式地贬低孩子，不要使他们的自尊心、进取心受到伤害，不然对于家长来说也是一种伤害。对孩子的弱点、缺点要尽量委婉、客观地指出来，让孩子有改正不足、发挥优点的余地，让家长看到教育孩子的希望，燃起家长教育的热情。客观地来看，孩子身上存在的传统美德缺失问题大多是受家长和家庭的影响，如果我们仅从负面去给家长分析，找出家长和家庭这样或那样的问题，家长肯定不愿意听，也不愿意接受，不管是尖锐的批评，还是委婉的建议，家长都不会心服口服。因此，对孩子的弱点、缺点要尽量委婉、客观地指出来，让孩子有改正不足、发挥优点的余地，让家长看到孩子教育的希望，这样势必会燃起家长教育的热情。总之，怎样既让家长看到自己的不足和问题，又让家长积极主动地去改变，进而支持配合传统美德教育，最后化为一种主动的行为，这需要我们善用语言，讲究谈话的艺术。家访时讲究语言艺术，可以拉近同家长的距离，赢得家长的支持和配合，为孩子的成长提供帮助。

5. 学会倾听，家访时不妨做个好听众

多数班主任在家访时，说很多，听得少，只顾自己痛快，一通数落，好像觉得难得一次家访，不说清楚了家长不知道利害，或者说给家长听就是家访的目的、家访的任务，也是对孩子负责，生怕自己说得不全面、不具体。实际上，老师的情绪发泄完了，自己累了，家长的耳朵也塞满了。这样的谈话，几乎没有什么效果，甚至会惹得家长不满，更谈不上主动配合了，尤其牵涉到孩子传统美德教育，其本身就存在着家长和家庭影响的问题，我们说得多，实际上也会影响家庭氛围。班主任去家访要讲究一个"诚"字，而这个"诚"字更多的是老师的倾听，听家长说，听孩子说。老师一旦来到孩子的家里，应该立即转换角色，不要把自己在学校里的威严带到孩子家里来，换个方式，做个听众，结果肯定要优于自己单方面的说教。倾听不仅可以营造平等的谈话气氛，也便于我们从中捕捉信息，顺着家长、孩子的思路去寻求解决传统美德教育问题的方法，引导家长树立传统美德教育意识，有效地开展家庭传统美德教育。可见家访有时多说不如少说，甚至做个听众也不错。

6. 孩子在场，家访时要给孩子机会

关于传统美德教育问题的家访，孩子在场效果最佳，因为孩子的问题就是要围绕孩子来解决，孩子应该成为家访活动中的主体，而不是被动的客体。我们在家访过程中给孩子以倾诉的机会，给孩子以沟通交流的机会，会促使孩子主动地去思考、去认识自身在传统美德方面的不足，能够主动地去努力做得更好。家访时让孩子在场，家长、老师、孩子在一种温和、平等、轻松的气氛中"三方对话"，既增强了师生之间、家长和孩子之间的信任，消除不必要的疑虑，同时也给了孩子表达和思考的机会，有利于消除消极因素，更好地保证家访的效果。

7. 常规持续，家访要注重长远的实际效果

孩子传统美德教育是一个长期的过程，学校的教育和老师的影响作用巨大，然而家庭教育才是根本。因此，传统美德教育必须不断加强学校和家庭、老师和家长之间的沟通、交流，全方位、多渠道地了解和把握孩子传统美德教育的动向，这要求我们每一个班主任都应经常性地进行家访。作为一项常规性的工作，家访可以打破时空限制，我们可以用快捷方便的网络、电话、书信等方式和孩子家庭保持联系，经常沟通，尽可能使家长投入工作的同时，不忽略对子女的教育。有效的家访还需注重实际，将家访的内容落实到实际工作中，真正实现学校教育与家庭教育的无缝对接、持续合作，使两者得以长期配合，长远地确保孩子传统美德教育稳定、健康地开展下去。

对于传统美德教育，班主任的家访应当成为一种工作常态，因为家庭教育是孩子传统美德教育最重要的途径和方式。只有做好了家访，我们才能更真实地了解孩子，更有效地介入家庭教育，更深刻地影响家长，最终改善传统美德教育的环境，创造更加适合孩子传统美德养成的条件。

[推荐阅读]

1.张润秀、孙如琨，《弟子规》，浙江少年儿童出版社，2010年
2.中华传统美德教育读本编写组，《蒙以养正 中华传统美德教育读本》，团结出版社，2016年

我的行动计划

  对于如何对孩子进行传统美德教育，上述的案例、讨论、分析和点评有没有给你一点启示呢？你觉得在以后的教育中可以做哪些尝试和探索呢？不妨列个简单的计划吧。

四日谈 | 做有公德心的合格公民
——关注孩子社会公德① 的培养

案例故事
• 责任是心中珍贵的种子

随园夜话

集思广益　　　　**行动转化**

问题聚焦
• 班主任如何引导家长共同将培养孩子公德心落到实处？

高手支招
• 关注公德，引导家长积极作为

专家解读
• 公德心培养的价值和途径

给班主任的建议
• 成功的家长会

---

① 本书所讲的"社会公德"主要指向于社会，是社会公民所表现出来的优良的公共道德品质，
即"公德"，体现为在社会群体和社会生活中应该做和不应该做的行为规范或道德准则，比
如责任担当、遵纪守法、公平公正、文明和谐等等。

责任就是对自己要求去做的事情有一种爱。

——歌　德

真正进步的人决不以"孤独""进步"为己足，必须负起责任，使大家都进步，至少使周围的人都进步。

——邹韬奋

每一个人都应该有这样的信心：人所能负的责任，我必能负；人所不能负的责任，我亦能负。如此，你才能磨炼自己，求得更高的知识而进入更高的境界。

——林　肯

责任是心中珍贵的种子①

【案例故事】

[家长叙述]

儿子今年12岁，上小学六年级。8月27日，我接到儿子班主任发来的一条手机短信："请住在学校附近的孩子今天上午10:00到校，协助老师做好开学准备——卫生打扫。放学时间为11:00。希望家长做好接送工作。"我心想：儿子30号就要报到了，报到之后就要投入到紧张的学习中，没多少玩的时间了；而且，天这么热，一劳动肯定浑身是汗，估计大多数家长都心疼孩子，不会让孩子去自找苦吃的，去学校打扫的孩子肯定多不到哪儿去；况且我家离学校并不近，孩子不去，应该没有什么问题。可是，我又想到了在孩子的家长会上班主任曾跟我们说过，任何事还是得看看孩子的意愿，而且应该从小就培养孩子为他人服务的意识，培养孩子的公益心。

于是，我把班主任发来的信息给儿子看，带着商量的口吻说："儿子，你愿意去吗？"谁知，儿子竟毫不犹豫地回答："当然得去了！"我有点诧异地问："你为什么愿意去？"儿子一本正经地回答："妈妈，我在班级里是班委，而且我经常被老师和同学推选为'三好学生''优秀班干部'，应该起到带头的作用。我能当上班委，取得这些荣誉，并不是我的成绩在班上数一数二，而是我做事很负责任，愿意为老师、同学服务，赢得了大家的喜爱和称赞。现在我可是干活的小能手呢！老师经常说，把事情交给我很放心，我一个人能抵十个人呢！今天又是我大显身手的时候！"儿子责任心之强令我感动。

我经常听到一些家长抱怨，说自己的孩子不懂事，很让人操心。例如，在家里不做家务，自己卧室的被子也不叠。玩过的玩具、看过的书本到处乱放，从不放回原处。在家里喝水、吃饭都得伺候着。吃饭时总

---

① 提供者：袁世萍，镇江实验学校魅力之城分校教师，镇江市润州区优秀班主任。

是把自己喜欢吃的菜端到自己面前，不会想着留给长辈吃。和他人发生冲突时总是把责任推给别人，认为自己永远是对的，从不反思自己。学习上，没有动力，没有目标，不明确为什么要学习、为谁学，对待学习是一种无所谓的态度。家庭作业也不是不会做，但是每天都要拖到父母下班后，督促着才去完成。作为父母，道理也讲了，甚至也打过，往往是打一次好几天，可没几天又是老样子。我觉得，以上孩子的行为，都是缺乏责任心的表现。

我的儿子却很懂事，自理能力特别强。可能是因为我们工作很忙，经常早出晚归，孩子常常自己一个人在家，很多时候没有人能照顾他的饮食起居，从小就学会了自己的事情自己做。现在，在家里，他不仅能完成学习任务，而且能够洗衣、拖地、整理房间、煮饭、炒菜。等我们回到家，吃上儿子为我们准备的饭菜，既心疼，又欣慰。

此刻，我又想起班主任告诉我们的一句话：孩子责任心的培养，在于家长的"放"，而不在于"管"。

[案例反思]

责任感也称责任心，是指个人对自己和他人、对家庭和集体、对国家和社会所负责任的认识、情感和信念，以及与之相应的遵守规范和履行义务的自觉态度。责任心是孩子健全人格的基础，是能力发展的催化剂，是一个人日后能够立足于社会、获得事业成功与家庭幸福至关重要的人格品质。

现在的孩子责任感缺乏与淡化主要表现为：自我责任意识不清；价值取向扭曲；不懂得感恩；缺乏合作意识；公德行为失范等。

孩子责任心的培养，是一个长期而系统的工程。培根认为，责任心是世界上最珍贵的种子，它若早早地播种在孩子的心田里，孩子将会收获一生一世的幸福。众所周知，花有果的责任，云有雨的责任，世间万物均有自己的责任，愿老师与家长一同承担起教育好孩子的责任，把他们培养成对自己负责、对他人负责、对社会负责的人！

我的故事

responsibility 责任意识是孩子成为合格的社会公民应具有的基础且必备的公德素养。作为班主任，你和家长注重孩子的责任意识培养吗？你有什么好的做法，请与大家一起分享。

 【随园夜话】

集思广益

主持人：在案例中，家长曾为孩子赶在开学前到学校参加大扫除活动而犹豫，但最终还是尊重了孩子的意见，让孩子提前到学校去打扫自己的教室。其实，班主任会经常安排学生去参加义务劳动和公益活动，让孩子担负起为他人、为集体服务的责任。对此，大家是怎么看的？

观点一：应当支持孩子参加义务劳动和公益活动，因为孩子正处于品德塑造阶段，培养孩子的责任意识要从小开始。

现在大多数孩子总被家人围着，接受的多是别人的关心和服务，很少去关注他人的需要，很少想到去为他人做些什么，更谈不上具体的行动，这不利于孩子良好品德的培养和塑造，尤其是责任意识的培养。多创造机会让孩子参加义务劳动和公益活动，支持孩子积极参与义务劳动和公益活动，有利于培养孩子为他人着想、为他人服务的责任意识，有利于塑造孩子的公德心。

观点二：孩子愿意参加义务劳动和公益活动，说明他已经有了服务他人的意识和能力，应当保护和鼓励这种热情。

无论是学校还是社会组织孩子参加义务劳动或社会公益活动，这都说明我们的孩子已经有了服务他人、服务社会的能力，此时，他们的公益意识也正在逐步地被唤醒。如果我们积极地保护好他们的这种热情，鼓励、支持他们积极地投入到义务劳动和公益活动中去，不仅会使他们感到服务他人、服务社会是快乐的，而且会使他们觉得自己在做一件所有人都支持的、有意义的事，这对他们的责任意识、公益精神的培养是非常有益的。

观点三：我们不仅要鼓励和支持孩子参加义务劳动和公益活动，还要给予适当的指导，在他心里种下责任的种子。

虽然孩子有了积极参与义务劳动和公益活动的意愿，但在过程中遇到的困难、挫折，很容易让他们打起退堂鼓。如果此时，我们加以恰当而有效地指导，特别是和孩子共同进行义务劳动，共同参加公益活动，这样不仅会增强他们服务的热情，还能锻炼他们服务他人、服务社会的能力，使他们在获得快乐体验的同时，收获更多的成长。在服务中学习服务，在服务中学会服务，在服务中看到自己服务的成果，这对他们将是莫大的鼓舞，也让他们懂得责任需要担当，担当责任需要付出努力，需要发挥才智。有了这样的理解和感受，责任的种子将会深深地埋在孩子的心中。

行动转化

主持人：从上述观点来看，大家都认为从小培养孩子的责任心很重要，这对孩子的成长和未来发展都有非常积极的意义，但在具体的安排、指导和落实上还需要考虑周全，毕竟是孩子，毕竟他们还有学习任务。那么，怎样更好地培养孩子的责任意识？请大家各抒己见。

方法一：责任感从小培养——树立正确的现代家庭教育观念。

　　班主任要通过家长会、家访等途径引导家长强化对孩子责任感的培养，使家长树立正确的现代家庭教育观念。在家庭生活和社会生活中，家长要鼓励孩子从小就要对自己所做的事负责。家长可以给孩子安排适当的任务，指导和督促孩子认真地去完成，带领孩子参与志愿服务和公益活动，鼓励和帮助孩子为别人服务，从而教育孩子主动分担、敢于担当，以此来培养孩子的责任感。

方法二：潜移默化，润物无声——创设良好的成长环境。

　　对于责任感及公德心的培养来说，正向的环境影响是很重要的。口头上的教是很少能起作用的，能起作用的往往是行为上的习染和精神上的感化，也就是习育与化育。只有当采用习育与化育方法时，孩子的责任感以及社会公德意识才有可能得到培养。班主任要主动引导家长积极为孩子创设良好的滋养公德的环境。一是要引导家长创设一个良好的生活氛围，与孩子为友，让孩子在平等、尊重、关爱的环境中形成良好的社会公德心。二是要引导家长为孩子创设俭朴的物质环境，培养孩子的平常心，让孩子明白做有道德的人是最可贵、最有价值、最被人欣赏的。不能一味地满足孩子物质上的要求而使孩子物欲膨胀，从而影响孩子自立、自强等道德素质的养成。

方法三：培养孩子的独立性——责任感随着独立性的增强而增强。

　　一个没有独立性的人是不会有良好的责任感的。不少家长往往忽略了对孩子独立性的培养，在生活中他们时时处处替孩子想好、做好。父母越这样做，孩子的依赖心理就越重，独立性就越差，就越不能承担他们的责任。因此，班主任要引导家长相信孩子有能力做好他想做的事。家长平时可以多给孩子一些处理事情和解决问题的机会，如洗自己的内衣、袜子以及自己洗漱、自己收拾作业本和书包等。随着孩子年龄的增长，独立学习、独立生活的能力会逐渐增强，对独立的愿望也就越来越强烈，他们的责任意识也会随着独立性的增强而增强。

方法四：鼓励孩子参与社交——让责任感在交往中形成和巩固。

　　一个人的责任感往往会在与人的交往过程中产生、形成和得到巩固。同时，在交往中为自己的选择和承诺承担责任，这是每个人都必须经历的过程。班主任要引导父母教孩子积极参与集体活动和社会活动的方法，只有这样，孩子才能有所发展。孩子在校当值日生，主动为其他伙伴服务，参与集体活动、社会实践等，家长应以赞许的态度鼓励孩子，千万不能以增加孩子的负担、怕孩子吃亏的狭隘思想来束缚孩子。只要孩子有能力去做，能够承担责任，就不要阻拦。家长可以传授一些做事的方法、技巧，甚至共同参与，与孩子一起合作完成，帮助孩子把事情做得更快、更好，让孩子承担责任、落实责任的过程体验更加丰富、更加愉快。

我的观点

上述的讨论是围绕培养孩子的责任感展开的。你还关注过孩子哪些公德的培养？作为班主任，你又是怎样和家长进行沟通与合作的？请与大家分享你的好的做法，也可以提出困惑与大家交流。

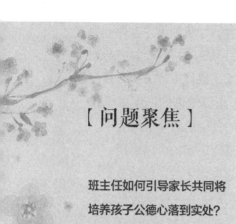

【问题聚焦】

班主任如何引导家长共同将培养孩子公德心落到实处？

通过对上述典型案例的分析，以及大家的讨论和分享，我们都认识到了培养孩子的公德心极其重要，教育孩子做有公德的社会公民也是我们必须密切关注和不懈努力的事。但是，在教育实践中，许多班主任都会遇到这样的实际问题：如何引导家长共同将培养孩子公德心落到实处？

_____

_____

_____

_____

_____

_____

_____

高手支招
关注公德，引导家长积极作为 ①

我们一直在关注孩子公德心的培养。公德心是现代社会公民重要的道德品质。培养孩子的公德心是为了让孩子成长为合格的社会公民，将来更好地立足于社会、贡献于社会。作为班主任，对于培养孩子的公德心，又该引导家长怎么去做呢？

1.引导家长做到言传与身教并重

父母是孩子社会行为的楷模。父母自身的道德修养影响着家庭教育的成效，因为父母的一言一行会直接成为孩子模仿的内容，孩子的一言一行也会成为父母的翻版。父母所表现的公德意识，是孩子最先获得的公德心体验。父母对孩子公德意识的影响不仅是深刻的，而且是终身的。班主任要引导家长在孩子公德心培养上做好表率和示范。让家长明白，如果自己长时间不讲公德，那么孩子也会以大人为模板，以大人不讲公德为理由，说话、做事也不讲公德。因此，班主任要引导家长加强自身修养，做一个有公德心的人，这也是为了能让孩子健康成长。

2.鼓励家长让孩子自己的事自己做

父母的包办行为会使孩子失去责任心。对于培养孩子的责任心，班主任要鼓励家长锻炼孩子自己的事情自己做的能力。做

_____

① 提供者：张伟。

之前提出要求，鼓励孩子认真完成。如果孩子遇到困难，家长可以给予指导，但是一定不要包办代替，要给孩子机会把事情做完。

3. 引导家长鼓励孩子做事情要有始有终、敢于承担责任

孩子好奇心强，什么都想去摸摸、去试试，但是随意性很强，做事情总是虎头蛇尾或有头无尾。所以，班主任要引导家长做到，交给孩子做的事情，哪怕是很小的事情，家长也要有检查、督促以及对结果的评价，以便培养孩子持之以恒、认真负责的好习惯。例如，当孩子要养些花草、动物时，家长在答应孩子的要求前，可以让孩子承诺定时给植物浇水或给小动物喂养等。当然，孩子在照顾的过程中，难免三天打鱼，两天晒网，这时候家长应该进行监督，并告诉孩子疏于照顾的后果，让孩子负起责任来。

4. 引导家长有意识地培养孩子的耐心

心理学家提出了用"等一下再享受"的原则来培养孩子的责任感。班主任要引导家长有意识地培养孩子的耐心。例如：轮流玩的儿童游戏，孩子如果让玩伴先玩，自己等到最后，一定能享受到没有人催促的乐趣；放学回家后要先完成作业再看电视或玩耍，就能享受那份轻松惬意。让孩子学会忍耐，先面对痛苦解决问题，再享受事成后的快乐。

5. 引导家长多让孩子体验成功的快乐

班主任要引导家长在孩子表现出良好的公德心时给予积极肯定。家长的表扬与肯定会让孩子体验到成功的喜悦，树立自信心，增强其成功感和自豪感，使孩子明白自己能成为一个有公德心的人，自己应该做很多有公德的事并且要把它们做好。

孩子公德心的培养是一个长期而系统的工程，把孩子培养成有公德的、合格的社会公民，我们还需要引导家长关注哪些方面呢？

一是引导家长教育孩子遵守规章制度。没有规矩不成方圆，无论何时何地都必须要有规则意识。因此，班主任要引导家长教育孩子遵守规章制度，明白遵守纪律应当成为我们参与各项活动的基本原则。班主任要引导家长让孩子在真实的社会生活环境中遵守规章制度，让孩子知道

违反规章制度就要受到一定的惩罚，承担一定的后果，遵守规章制度就会得到肯定和激励，从而培养孩子遵章守纪的社会公德心。

二是引导家长教育孩子参加集体活动，要有集体荣誉感。现在的孩子独处的时间远远大于和他人相处的时间，尤其是在家里，没有人陪，也没有人玩，所以，孩子到了集体中，就会有陌生感，参加集体活动时也比较被动。他们宁愿独自活动，也不愿意和大家一起活动，这极大地影响了孩子集体荣誉感的培养。因此，班主任要引导家长主动关注学校组织的集体活动，积极鼓励孩子参加活动。班主任要争取家长的大力支持和积极参与。在组织集体活动的过程中，班主任要充分发挥孩子的主动性和能动性，让孩子发挥自己的才能为集体服务，为集体争得荣誉，同时积极给予孩子褒奖，从而培养孩子的集体荣誉感。

三是引导家长教育孩子积极主动完成分配的任务。现在的孩子缺乏主动承担任务的自觉性，更谈不上积极地去争取任务，即使分配了任务，完成起来也显得比较被动。因此，班主任应当引导家长积极鼓励孩子去争取班级任务、担任班级职务，还要积极引导孩子争取参加各种校内校外的活动，承担起活动中的任务。同时，班主任还要引导和鼓励家长积极支持和帮助自己的孩子，指导他们积极、主动、认真地完成分配给自己的任务，同时给予精神上的鼓励和方法上的指导，从而培养孩子的服务精神，培育孩子的公德心。

四是引导家长教育孩子主动去帮助需要帮助的人。在别人困难时伸出援手是一种友爱，也是一种奉献。我们的孩子过着衣来伸手、饭来张口的生活，他们更多的是接受，很少去给予。因此，在我们的教育活动中，班主任应该带动家长一起去引导孩子关注别人的困难，关心别人的需要，伸出援手热情地帮助别人，而不是漠不关心。班主任要引导家长教育孩子心中有他人，能尽自己最大的努力去帮助他人，并给予孩子积极的鼓励，让孩子感受到帮助别人是快乐的，从而培养孩子助人为乐的公德心。

五是引导家长教育孩子诚实守信，不对他人撒谎。孩子撒谎往往是家庭环境和社会环境双重作用的结果，撒谎会让孩子养成投机取巧的不良习气，也会让孩子被群体疏远，得不到别人的信任，严重的甚至会造成孩子形成以欺骗得利的坏思想。因此，班主任有必要引导家长高度关注孩子的诚信品质，教育孩子不撒谎，做一个诚实、守信用的人：鼓励孩子做错事要主动承认，知错就改；教育孩子答应了别人的事要主动认真地完成，兑现自己的诺言；告诉孩子诚实做人、信守承诺才能赢得尊重、赢得信任，才能受到大家的欢迎。

六是引导家长教育孩子养成良好的公共卫生习惯。在公共场合讲究公共卫生是最起码的道德。我们的孩子往往会因为自控能力和自理能力比较差而缺乏讲究公共卫生的自觉性，没有养成良好的公共卫生习惯，当然，这也有成人不良的卫生习惯的影响。因此，班主任要引导家长关注和教育孩子讲究公共卫生，通过家长的示范影响，通过对孩子具体行为的矫正，通过正面行为的积极影响，训练和教育孩子养成良好的公共卫生习惯，遵守社会公德，创造美好的生活环境。

⦿专⦿家⦿解⦿读
公德心培养的价值和途径 ①

广义的责任心应该包括公德心，一个有责任心的人不仅要对自己和家人负责，还要对他人、集体和社会负责。生活中我们经常见到这样的例子，一个对自己的学习有目标、有计划、能落实的孩子未必有为他人和集体服务的意识。因此，这一专题以公德心的角度来立意非常必要。

接天莲叶无穷碧——培养公德心的价值

今天我们对公德心的认识虽然有了长足的进步，但很多人仍认为有公德心就是参加各种志愿者活动、学雷锋活动、义务劳动、社会公益活动等。在价值取向上，许多人认为这种行为和经历是一种资本，是出国

---

① 解读专家：谢晓虹，常州高级中学教师，常州市谢晓虹名班主任工作室领衔人，江苏省师德先进个人。

求学、求职或其他利益诉求得以实现的条件，而不是生而为人的责任和担当，所以培养公德心首先必须明确公德心的价值。

苏霍姆林斯基认为，只有心地善良的人才能易于接受道德的熏陶。谁要是没有受到过善良的教育，没有感受过与人为善的那种欢乐，谁就不感觉到自己是真实而美好的事物的坚强勇敢的卫士，他就不可能成为集体的志同道合者。

我们现在很多学生学习非常刻苦、勤奋，专业基础扎实，成绩优秀，聪明过人，但是不会待人接物，不会用眼睛与人交流，不会说"对不起"。有些学生在公共场合大声喧哗，不顾及他人感受。

这些现象让我们痛和怒的同时，其实也值得我们深思。

当然，在培养社会公德心方面这些年我们做过很多努力，下面介绍一个人和他的一篇文章。

高震东，创立了享誉台湾30年的以道德教育为本的忠信高级工商学校，学校及其"忠信教育法"让台湾数十万人受益。在台湾各大报纸的招聘广告上，经常出现"只招忠信毕业生"的字样。他有一篇非常著名的演讲，叫"天下兴亡，我的责任"。他认为，如果人人都能主动负责，天下哪有不兴盛的国家？哪有不团结的团体？校园不干净，就应该是大家的责任。如果大家都不破坏，它会脏吗？如果学校只指望几个工人做这个工作，认为这是他们的事，学生是来读书的，不是来扫地的，那么学生读书又有什么用？读书不是为国家服务吗？眼前的务学生都不服，还能为未来服务？

我们要知道读书绝对不是仅仅为了自己，我们要告诉孩子读书、做事要确定一个方向：先做自己应该做的事，再做自己喜欢做的事。很多人为兴趣而读书，读书有什么兴趣？读书真正的目标不应是兴趣，而是责任，在责任当中找到兴趣，但不能用兴趣代替责任。越在黑暗中越做光明的事，这就是道德教育。

由此可见，公德是孩子立身的根本，是社会发展的道德基石，是民族振兴的重要条件。

映日荷花别样红——培养公德心的途径

当然，责任心的养成、公德心的培养是一项具有挑战性的工作，班主任在严格地执行班级制度之外，要不断强化和提升孩子对自我的评价、要求和定位。

1.借助团队的力量提升孩子的自我评价

最好的力量来自团体的鼓励和认同。比如2010年进校的高一（9）班，通过观察，我发现班级的男生整体上责任心较强。因此，在组织各项活动时，我有意通过分组将男女生的界限打破，而且每次活动都重新分组。于是，男生在秋游爬山、励志拓展、研究性学习活动中都表现出了极强的集体观念和责任意识，得到了女生的一致认可，女生的表扬又进一步强化了男生的这种责任感。我们班的女生在励志拓展训练中是最坚强的。营地里，当教官命令我们原地坐下时，只有我们班的女生不顾及地上的露水和虫子，在第一时间和男生坐在一起，没有分割成两个性别的阵营。

2.借助亲情和友情的力量提升孩子的自我要求

在军训时，学校要求参加军训的高一孩子每人给父母写封信，汇报自己的军训感受，这给了我很大的启发。开学后，我先后组织孩子写了《给处于困境中的初中同学的一封信》《给未来子女的一封信》《新年给班级同学的祝福信》。这些信件使大部分孩子开始思考亲情、友谊和人生，尤其是《给未来子女的一封信》，大大提升了孩子的责任意识。未来的生活和子女的发展，都将不断提醒他们，为了向子女心目中的优秀父母迈进，在今天要付出怎样的努力。

3.借助过去和未来的力量提升孩子的自我定位

曾有位思想家说过：优秀是卓越的大敌。人们总是非常欣赏从失败走向成功的人，其实从成功走向更大的成功的人一样非常令人敬佩。从某种角度来说，因为成功人士有着退路，所以他比从失败走向成功更困难。我希望孩子借着过去的优秀打造今天的卓越。所以，在期中考试后，请全班学生写下自己十六年的生命历程中至少五件值得骄傲的事情；家长会上又请家长按同样的要求写下至少五件事情。这些辉煌的过去会激发孩子的信心，明确自己的责任。既然写了过去，当然也不妨写写未来，写下至少五个未来希望自己能实现的值得骄傲的梦想。

在过去和未来之间，孩子自然会明白自己应该做什么样的事、成为什么样的人。

最后，以马丁·尼莫拉牧师的墓志铭与大家共勉。

> 起初他们追杀共产主义者，我没有说话，因为我不是共产主义者；
> 接着他们追杀犹太人，我没有说话，因为我不是犹太人；
> 后来他们追杀工会成员，我没有说话，因为我不是工会成员；
> 此后，他们追杀天主教徒，我没有说话，因为我是新教教徒；
> 最后，他们奔我而来，却再也没有人站起来为我说话了。

成功的家长会 [1]

【给班主任的建议】

培养孩子的公德意识需要家长形成共识，并予以支持、配合和跟进教育。指导家长在家庭做好孩子的公德教育，召开家长会是非常好的途径和方法，因为家长会既可以集中对家长进行指导，又可以组织家长进行交流，互相启发，互相激励。那么，如何开好家长会，交流培育孩子公德意识的有效方法，引导家长在互相交流和启发中去积极行动，产生有益的效果？这是值得我们思考的。大多家长会是家长济济一堂，然后各位老师讲话、总结汇报、具体指导、畅谈未来，最后老师和家长都像完

---

① 提供者：张伟。

成了任务一样各回各家。家长会的意义不能仅限于此，它应该是一次有意义的共育过程。

理想而有效的家长会应该是孩子、家长、老师三方共同期待的家校互动平台，绝不能以一面赞颂一面批评的模式，让家长会成为部分孩子的"噩梦"、部分家长的"痛楚"，甚至连老师自己也对它失去了信心。要让父母、老师的殷切期望在家长会上得到融会贯通和延伸，最终落实到孩子的公德教育上，而不是加重孩子与家长的心理负担。这就要在家长会筹划、组织的思路和召开的形式上突破传统、与时俱进，让家长会更受孩子、家长的青睐，让孩子欢迎家长来学校，让家长开心而来、满载而归，实现家长会教育效应的最大化。

1. "同搭台、共唱戏"，家长会上孩子、家长、老师共组织同展示

传统的家长会往往是班主任一个人单枪匹马地组织，从头到尾就好像是班主任设计的一项家长、孩子的教育活动。由于主题是班主任定，内容是班主任定，形式是班主任定，因此，班主任也没有精力和心思细细筹划、好好设计，大多是班主任讲讲，家长听听，孩子等等，讲完听完，孩子也就跟着回家，基本没有什么效果。再加上家长没有主体地位和作用，只是被动地来接受教育，孩子更没有参与的机会，甚至是忧心忡忡地等待家长回家传达，所以，家长会几乎成了老师一厢情愿的事，并没有起到多大的作用。更让人遗憾的是，班主任一人组织的家长会往往会开成评价会议，在老师这种评价的语言环境下，许多表现平平的孩子家长更是灰心丧气，甚至连头也不好意思抬，试想下一次他还愿意参加家长会吗？

如果我们换一种方式，让家长、孩子和老师一起来设计和组织家长会，使家长、孩子和老师共同成为家长会的主角，设计出新颖的家长会，就会使得家长的需求在家长会上实实在在地体现出来。孩子能通过家长会用真诚的语言、质朴的表演表达他们的心声，抒发他们对父母的情感；家长把平时不一定愿意在家里同孩子说的话，利用家长会的平台进行表达。更重要的是，让家长成为家长会的主体，可以让家长全面关注和了解孩子公德教育的情况，增强公德教育的意识，转变公德教育的

观念，有机会倾听其他家长的经验与困惑，还可以与孩子面对面地交流，评价班级的公德教育工作。形式新颖的家长会既可以加强亲子交流，还可以改变家长会沉闷的氛围，让家长在会上真正受到尊重，有所感动、有所提升，自然他们也就会喜欢家长会，主动在家长会上寻求公德教育的良方。

同时，家长会的会场布置应该体现和谐的气氛，应有别于平时的课堂，可以让家长、孩子和老师围成一圈，相邻而坐，使三角关系上的各方相互间增进了解和沟通；也可以把课桌摆成一个圆形，家长和老师围着课桌坐，可以安排孩子自己动手布置教室，让家长一进来便可感受到颇具亲情的氛围。

2."巧点拨、妙引导"，家长会上的言语激励要有温度、有效果

家长会上，针对孩子公德意识的培养，老师要巧妙地利用语言去唤醒、去激励家长，既让家长认识到公德心培育的重要性，又能深刻地影响家长在家庭教育过程中的主动性和积极性。即使我们的目的在于提醒家长关注自己孩子公德培育中出现的问题，也不能过于直接地表述。直白的语言有时会让家长从心理上拒绝接受孩子的问题。因此，要想在家长会上真正得到家长的理解，得到家长的配合，得到家长情感上的共鸣，积极主动地支持、参与孩子的公德心培养，而不是引起家长内心的反感，老师就要善用语言，巧点拨、妙引导，同样意思的话，用不同的语言去表述，其效果可能差别很大。

比如，针对孩子公德教育中的家庭教育问题，我们可以把其他家长或家庭正面、反面的具体案例说给家长听，启发在座家长思考现实存在的公德教育现象和问题，引导家长从别人的案例中得到启发或收获，引起家长对同样问题的警醒和反思，得到成功做法的有益启示。这样的迂回谈话、侧面教育会使得家长深受感触和启发。

再比如，家长会上我们会经常评价孩子的公德意识现状，如果我们巧用语言激励和鼓舞，多肯定和表扬每个孩子的优点，再反过来谈哪些地方需要改进，需要家长做什么，语言中多为家长提供指导，找对策、找方法，并且始终在言语中饱含对孩子的信心和期待，这样的教育效果

就容易突出，因为每个家长对自己的孩子总是充满着希望和期待的，你的言语给了家长信心和力量，他自然会从心底里支持和配合对孩子进行公德教育，并能积极主动地付诸行动。因此，家长会上老师的语言会深深地影响家长会的效果。在家长会上，让老师的语言成为温暖的和风，在无形之中解决公德教育中常见的难题，最终影响家庭公德教育，促进孩子公德意识的树立和公德行为的养成，这样，我们的家长会就算是实实在在有效了。

3.“重培训、多充电”，家长会要让家长受到教育并成长

家长毕竟不是专业的教育者，对于孩子，他们可能只关心物质需求以及学习成绩。他们会忙碌于工作、事业，没有精力和意识去思考，去实践孩子的公德教育，再加上公德教育的隐性化和长期性，一时还看不出问题和效果来，家长大多也就漠不关心或者感到无能为力了。很多情况下，家长在家长会上最关注的也就是孩子在校的表现、学习的成绩，其他的并不关注。其实，家长会最应该成为家长的培训会，培训家长树立全人教育的意识和具备全人教育的能力，尤其是孩子的公德教育，因为孩子的公德心都源于家庭和社会，归于家庭和社会，它是在家庭和社会中成长和存在的，而家庭和社会教育时空中的主导者必定是家长。由于现在的家长都忙于自己的工作，且不说学习充电的机会很少，就连同孩子沟通交流的时间都不多，所以，班主任要抓住家长会这个难得的机会，对家长进行培训、充电，给予家长更全面的家庭教育知识和方法，引导家长全面关注和培养孩子的社会公德心。

首先，老师在筹划家长会时就要准备好孩子公德教育方面的知识，多与家长交流孩子公德教育的问题，共同寻找解决孩子出现的公德问题的办法。其次，安排具有一定文化素养、家庭公德教育成效好的家长交流发言。让家长讲自己家庭的公德教育故事给其他家长听，这样更能引发其他家长对孩子公德教育的关注和共鸣。再次，引导家长主动提出家庭教育中出现的棘手问题，尤其是孩子公德教育方面，选择其中有代表性的问题，班主任组织大家共同思考，共同寻找原因，共同出谋划策。即使遇到一时难以解决的问题，也可以采用会后交流的方式解决，或者

在长期的沟通中寻求良策。最后，学校邀请有一定影响力的家庭教育专家，根据孩子特点、家庭教育特点，抓住共同性的突出问题，开展公德教育的专题培训，让家长尽可能多地掌握教育孩子的理论工具与策略方法，充好家庭教育的电，培育孩子的公德心。

苏霍姆林斯基认为，学校和家庭是一对教育者。家长会是学校教育的有机组成部分，是学校教育的延伸，它是一座沟通的桥梁，更是一方教育的阵地。我们同搭台、共唱戏，巧点拨、妙引导，重培训、多充电，从细节入手，用情感投入，使家长在会后真正有所启迪、有所收获、有所提高，达到在情感上共鸣、思想上触动、行为上启动，最终形成学校、家庭公德教育的无缝对接，将孩子的公德教育落到实处。

［推荐阅读］

1.《中共中央 国务院关于进一步加强和改进未成年人思想道德建设的若干意见》，2004年

2. 李丹，《青少年核心价值观教育读本：公德卷》，北京工业大学出版社，2012年

我的行动计划

对于如何培养孩子的公德心，上述的案例、讨论、分析和点评有没有给你一点启发呢？你觉得在以后的教育中可以做哪些尝试和探索呢？不妨列个简单的计划吧。

案例故事

•放手

随园夜话

集思广益

行动转化

问题聚焦

•班主任和家长如何共同培养孩子良好的生活习惯?

高手支招

•学会自理，做生活的主人

专家解读

•家校携手，共建学生生活习惯培养同盟

给班主任的建议

•指导家长有效地开展亲子活动

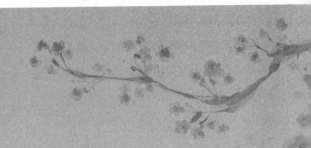

[随园小语]

习惯真是一种顽强而巨大的力量，它可以主宰人的一生，因此，人从幼年起就应该通过教育培养一种良好的习惯。

——培　根

手脑双全，是创造教育的目的。中国教育革命的对策是使手脑联盟。

——陶行知

只有人的劳动才是神圣的。

——高尔基

劳动是社会中每个人不可避免的义务。

——卢　梭

放　手 ①

[案例故事]

［家长叙述］

　　孩子的外婆是个非常勤快的人，特别会照顾家人。儿子也很喜欢外婆。

　　儿子已经三年级了，早晨刚起床，外婆就来到儿子房间，让儿子快点去洗脸刷牙，自己帮儿子叠起被子来。我们见此情景，便说："妈，您别忙了，让微微自己叠。"外婆一边动作麻利地叠被子，一边说："早晨时间紧张，孩子哪来得及，别烦了，让他快点洗脸刷牙吃早饭吧。"儿子见此情景，理所当然地走出了房间。我说："妈，让微微自己叠吧，要不然孩子越来越懒，长大了什么事都不会做。"外婆说："叠被子有什么难的，孩子大了自然就会了。我能帮他做就帮他做一点，免得他早上时间来不及。"哎，我这勤快的老妈，怎么办呢？还是对儿子说吧："儿子，你都三年级了，被子还要外婆叠，真不像话，老师不是一直跟你们说，自己的事情自己做吗？你自己做了什么呢？"儿子说："我来不及，没时间叠被子。"儿子不是来不及，是有了依靠，就什么事情也不想做了。

　　外婆回老家了，儿子没有了保护伞，早上仍然不肯叠被子，起床磨蹭，我忍不住对他大声训斥。儿子听了，敷衍地把被子叠起来。看着被子像一个泄了气的气球一样搭在床上，我更是气不打一处来，把儿子又是一顿训斥。无奈时间紧张，我只好动作麻利地帮他把被子又重新叠了一遍。

　　就这样，在家里，孩子就是饭来张口、衣来伸手，什么事都不会干，什么事情都要大人帮忙，让他自己做就一个劲儿地磨蹭，惹得我不时火冒三丈。我越是着急，他动作越慢，真不知怎么办才好。于是，我求助了孩子的班主任。班主任老师对我说，对孩子要有耐心，光一味地

---

①　提供者：谢莉，镇江实验学校教师，镇江市骨干教师，镇江市优秀班主任。

训斥是没有用的，一定要给孩子动手劳动的机会，要身体力行地引导，指导孩子学会自理。

听了老师的一席话，我不禁反思了自己的日常育娃行为，发现我们家或是对孩子包办代替，或是对孩子进行训斥教育，并没有耐下心来教过他该怎么做。于是，我将老师的话告诉了孩子外婆，让她不要事事都帮孩子做，得给孩子自己劳动的机会。我也改变自己，看到孩子笨拙的动作，不再大声训斥，而是耐心地等待他，甚至手把手地教他怎么做。我们努力营造温馨、和谐、宽松的家庭氛围，耐心地指导孩子学习做简单的家务劳动。

周末时间宽裕，我手把手地教儿子叠被子。叠不好，我就鼓励他拆了重叠。期间，我还不时夸他有进步。当他终于能把被子叠得整整齐齐、方方正正时，我为他鼓掌，儿子信心大增，也十分开心，劳动积极性顿时高涨。我趁势教孩子洗碗、煮饭，让他从简单的家务劳动开始学起。当儿子吃上了自己煮的饭时，特别自豪，饭吃得都比往常香。周末，照例要打扫卫生，以前都是我和儿子爸爸两个人忙，现在我们把儿子也拉进来一起忙。我负责扫地，儿子负责拖地，爸爸负责擦桌子。虽然儿子拖的地有点像大花脸，但我还是按捺住批评的话语，鼓励他："拖得再仔细一些就更好了。"我发现，我自己的态度转变了，儿子的劳动意愿也比以前强多了，他的动手能力也增强了。

我们将孩子的转变告诉了班主任老师，老师又指导我们设计家务劳动的记录表，强化孩子的劳动习惯的培养。于是，我们给孩子设计了家务劳动记录卡。孩子每做完一项家务劳动，我们就做一次记录，每积累到5项就奖励孩子一次。就这样，孩子渐渐学会了很多家务劳动，甚至都会下面条、下馄饨给我们吃了。外婆看到孩子现在的改变，也特别开心，她也知道了原来大人要适时地放手，只有放手，孩子才会拥有劳动的机会，孩子才会变得越来越能干。

看着孩子因劳动变得更加自信阳光，我们感觉家里也充满着因劳动而散发的芬芳甜蜜的味道。祝愿孩子用勤劳的双手，创造自己的美好未来。

[案例反思]

　　劳动是生活的重要组成部分，人的一生都离不开劳动。无论老师还是家长都要从小树立孩子"劳动光荣"的观念，从小培养孩子劳动的积极性和劳动的技能。非常高兴看到微微同学的转变，他由衣来伸手、饭来张口的状态变得勤劳能干。这得益于家长、老师对他的良好的劳动习惯的培养。通过家务劳动，我们可以培养孩子热爱劳动的好品质，提高孩子劳动的技能，增强孩子的自信心和责任感，为孩子将来独立生活、成功走向社会打下基础。孩子从3岁开始，便有了自己做一些简单事情的想法。因此，只要是孩子力所能及的事，我们都应该尽量让他自己去做，如果总是不给孩子自己做的机会，那他永远都不会做，孩子还很有可能形成懒惰、依赖性强、自私自利的不良品质，不利于孩子的成长。就像文中的外婆，她爱外孙，但是她不知道这样的爱不是真正的爱，幸好孩子妈妈的家庭教育意识比较强，改变了家庭原有的教育方式，让孩子一步步成长。因此，从小培养孩子学做力所能及的家务劳动是十分有必要的，这是孩子养成良好的生活习惯的重要一环。

我的故事

　　你们班的孩子学做家务的情况怎么样？你指导家长开展过家庭劳动教育吗？有什么好方法？和我们分享一下吧。

集思广益

主持人：针对案例中这位家长培养孩子做家务的做法，你有什么看法？

【随园夜话】

观点一：重视劳动教育，通过劳动教育培养孩子的自理能力。

劳动习惯，是一项从小就应该培养的行为习惯。现在，父母常常会过度保护孩子。像案例中的外婆，总认为孩子小，又心疼孩子忙、学习时间紧张，就事事包办代替，并认为孩子长大了自然就会做事了。这样看似只帮他做了一点小事，其实已经让孩子失去了许多动手的机会，孩子自然而然就难以爱上劳动，不会自理。

其实劳动不仅是为了学会干活、减轻父母负担，而是通过劳动，使得孩子增强参与家庭建设的意识，培养孩子的责任感、独立性、自信心，不断地提高孩子的自理能力。文中的这位妈妈就十分重视孩子自理能力的培养，她发现孩子自理能力差、什么都不会做时，就通过教孩子做家务劳动来培养孩子的动手能力，提高孩子的自理能力。显然，这个方法是有效果的，孩子不光增强了自理能力，促进了自己的成长，还服务了家庭，给家人带来了惊喜。

观点二：宽松的家庭氛围有助于激发孩子的劳动热情，点燃孩子的劳动欲望。

严厉紧张的气氛，不利于大脑的思考。如果大脑长期处于恐惧和惊慌之中，是不可能积极思考的。紧张的氛围会扰乱孩子的思绪，影响孩子的正常学习。案例中的这位妈妈之前经常对孩子大声训斥，令孩子手足无措。在这种情形之下，孩子更加做不好事情。孩子越做不好，妈妈又更加生气，进而继续训斥孩子，陷入了恶性循环的怪圈。这样的育儿方式让孩子的大脑一直处于紧张焦虑之中，只会让孩子更加紧张，越发手足无措。好在这位妈妈及时调整了自己的育儿方式，变得有耐心了，能够静心等待孩子的进步，家庭氛围也由紧张变得宽松和谐。孩子的劳动欲望也变得越来越强烈，体会到成功的喜悦而更加乐于参与劳动，不用说，孩子的动手能力、自理能力也变得越来越强。

观点三：教师要指导家长学会反思自己的育儿方法，从而懂得如何科学合理地开展家庭教育。

家庭是孩子的第一所学校，父母是孩子的第一任教师。但是怎样教育孩子，对大多数的家长来说却是个难题。美国心理学家哈里森说："帮助孩子的最佳途径是帮助父母。"班主任既是孩子的教育者，又是沟通学校与家庭的桥梁。班主任要对家长的教育思想、教育方法给予必要指导，使家庭和学校的教育形成合力，让每个孩子都能健康成长。

案例中的这位老师在家长的家庭教育出现困难时能够及时帮助，指点她如何开展家庭教育。在这位老师的多次帮助下，一家人转变了家庭教育观念，创设和谐宽松的家庭教育氛围，教会孩子做家务的方法，让孩子体验到劳动的乐趣，也增进了一家人的感情。这位老师的做法值得肯定。

行动转化

> 主持人：现今生活中，有不少孩子在家中确实像"小皇帝""小公主"，不爱劳动，自理能力薄弱。遇到这样的情况，你会怎么做？作为班主任，你又有哪些指导家长培养孩子良好的劳动习惯的好方法？

方法一：统一观念，教育孩子尊重劳动者。

"劳动最光荣，劳动人最可敬"，孩子心中只有形成这样的观念，才会有积极的劳动行动。所以，班主任要让家长认识到，在家中每个成人都要统一观念，形成正确的劳动价值观。首先，家长教育孩子尊敬劳动。家长可带孩子走进社会去了解各行各业劳动者的工作价值、工作内容，让孩子认识到每个劳动者的社会价值，进而懂得要尊重每个劳动者，不能歧视普通的劳动者。其次，家长要教育孩子珍惜劳动果实。在日常生活中，从小处着眼，让孩子知道自己吃的、穿的、用的、玩的都是劳动者辛勤劳动的成果，因而都要好好珍惜。再次，家长要教育孩子勤俭节约。要求孩子吃饭不掉饭菜、不剩饭，随手关灯、节约用水、爱护书本和自己的衣物，对家里的各种用品和校内、公共场所的物品都要爱惜。要让孩子懂得这些用品、物件是经过许多人的劳动才制成的，绝不能随意浪费。

方法二：学会放手，给孩子动手劳动的机会。

我国的孩子每日家务劳动时间少，与家长认为"现在孩子小，等他长大了自然就会劳动""孩子学习负担重、回家作业多，没有时间做家务"这两种思想不无关系。从小使孩子养成良好的劳动习惯，有助于孩子良好品格的形成。有研究表明，从小做家务的人比不做家务的人生活要充实、幸福得多。

苏霍姆林斯基曾说过："每一个人，从童年时，特别是从青少年时起，应该理解自己精神生活完满、劳动愉快和创造的幸福。"只有当劳动成为儿童精神生活的需要时，它才能发挥巨大的教育作用。因此，应当让孩子从童年开始就领略到劳动的乐趣。家长们凡事不要包办代替，我们做多了，孩子就做少了，要学会放手，给孩子们锻炼的舞台。

班主任可以指导家长让孩子进行以下劳动：

1. 自我服务

一般来说，如果从孩子二三岁起就开始慢慢教他学做自己的事情，那么孩子五六岁时就可能做到日常生活基本自理了。我们要让孩子知道自己的事情自己应该主动地去做。比如，自己穿脱衣服、系鞋带，铺床叠被、洗头洗澡，收拾玩具、整理自己的小书桌等。孩子能够学会自己的事情自己做，就具有了初步独立生活的能力。这对于孩子的成长非常有帮助，能够使他们变得独立自主，更加自信。

2. 做家务

虽然孩子年龄小，但是可以让孩子做些力所能及的家务劳动。例如，去超市、拿快递时，可以让孩子帮忙提取物品；全家人吃饭时，可以让孩子帮忙拿餐具、摆碗筷，饭后将碗碟送进厨房，抹桌子；打扫卫生时，可以和孩子分工合作，让他一同参与打扫……，这些事情可以使孩子感觉到自己长大了，能帮助爸爸妈妈做事情了。他们会因此拥有自豪感，获得自信心。

3. 参加公益劳动

带孩子或让孩子随集体参加公益劳动也是培养孩子劳动习惯的途径之一。家长可以带孩子参加校内外组织的公益劳动，例如，参加全校大扫除活动，假日卖报纸公益活动，为社区服务清除杂物、美化环境，去敬老院为老人打扫卫生、整理房间等。这些公益劳动不仅可以激发孩子劳动的热情，还能培养他们乐于服务的精神。

方法三：言传身教，教会孩子劳动的技能。

班主任在与家长的交谈中，一定会发现有些年轻父母在家中也是什么事都不做的。有些孩子也会对老师说，自己的爸爸妈妈在家中喜欢玩手机，家务活也干得很少，活儿多是爷爷奶奶干。当老师听到这样的话时，就要引起重视了，就应及时与孩子的父母取得联系。通过交谈，老师要让家长认识到，父母的一言一行都会对孩子起着潜移默化的作用。父母应以身作则做好家务，并让孩子觉得做家务是家庭生活的一部分，是每个家庭成员应该承担的义务。当孩子看到爸爸妈妈也热衷于做家务时，那孩子也就会乐于参加家务劳动。只有当孩子参与其中时，他们才会更多地理解父母，感到父母为家付出的不易。

班主任可以指导家长用以下方法耐心地指导孩子学会各项劳动技能。

1. 大人先做一次示范，让孩子在旁边仔细观察，记住家长是如何做的。家长先干了什么，接着干了什么，最后干了什么，孩子对做事情的方法步骤要熟记于心。

2. 家长和孩子再一起做一遍这件事。家长发现孩子做得不对时要及时予以纠正，一定要有耐心，必要时需要手把手地教孩子做这件事。比如扫地时两只手怎么握扫把，拖地时两脚怎么前后站立，双手握住拖把的什么位置，如何用力拖地等，这些在我们看来很简单的事情对于年龄小的孩子来说，其实是很复杂的。很多孩子到了三四年级仍然不会正确地使用笤帚扫地，原因就是从小没有好好地学习扫地的方法。因此，在指导孩子掌握劳动技能的过程中，家长要耐心地指导。

3. 放手让孩子独立做一遍，家长在一旁观察指导。经历了前面两步细致的指导，现在可以放手让孩子自己完整地做一遍。但是家长要有心理准备，虽然前面我们进行了细致的指导，孩子仍有可能做不好。家长切不可性急，更不能谩骂或挖苦，要以鼓励为主，肯定他做得好的方面，在此基础上指出其不足之处，使孩子感到自己再加把劲儿就可以做好了。如果孩子兴趣浓厚，可以让孩子反复多做几遍，巩固学到的劳动方法。这样的教育方法，不仅可以提高孩子的劳动能力，而且可以极大地增强孩子的自信心，对促进孩子身心健康发展将产生积极的作用。

方法四：及时鼓励，激发孩子劳动的热情。

我们发现呵斥和指责往往不会带来好的教育结果，因为当一个孩子处于不快乐的情绪中时，他的智力活动就会受到抑制，潜能发挥就会大大降低。孩子刚会走路，就想拿着扫把扫地，就想要帮奶奶择菜，虽然他的小手会把菜弄得一团糟，但这些行为恰恰表明孩子具有强烈的好奇心、极强的模仿能力和极大的尝试欲。我们要正确引导，及时鼓励、激发，这样才能呵护孩子劳动的热情。

人都有一种想要获得别人肯定和赞许的心理，因此在孩子参加劳动时，我们不要过分苛责孩子，对孩子做的家务，要及时肯定，并给予表扬。在家长的鼓励声中，孩子的劳动热情会更加高涨，并且会更加积极地向着你表扬他、鼓励他的方向努力。

方法五：劳动家规，保障孩子持续参加劳动。

在平时的家庭教育中，家长们最会喋喋不休地对孩子说话，很多话已经翻来覆去不知道说了多少遍。家长说得虽累，但孩子听多了也就不入心了。这样的说教，往往效果不佳。家规作为家庭成员共同遵守的生活规范和行为准则，常常是无声的命令，是潜在的强大教育力量。它可以约束、帮助和教育孩子在家庭中形成良好的行为习惯。家庭成员可以共同制订家规。只有大家意见一致，这样制订出来的家规才真正有意义。

　　"劳动"是家规的重要内容之一。劳动方面的家规内容应该包括家庭所有成员的劳动工作，而不仅仅只是规定孩子该做什么。这样的家规，孩子才愿意遵守，他们也能感受到自己和父母拥有同等的地位，觉得自己也是家庭的主人翁，才会愿意按制订好的家规来做。每个家庭的情况不一样，老师要指导家长根据自家的情况将"劳动"这项家规的条例写清楚。每天，家庭成员除了做好自己个人的事务外，分别需要为家庭做哪些事。可以仔细梳理一下，然后再进行合理的分工。当然，家规还应该写清奖惩内容。孩子按家规完成各项事务可以得到相应的奖励，如果没有完成要接受相应的处罚。奖励和处罚不一定都是物质上的，还可以是孩子最想做的事情，比如，奖励看电影一次，和父母去游乐场玩等孩子感兴趣的事。惩罚也可以是限制或暂停孩子最喜欢做的一件事情。这样赏罚分明，对孩子参与劳动也是一个约束，可以让孩子持之以恒地参加劳动，让孩子从小就担当责任、履行职责，让他们在劳动锻炼中日益成熟起来。

我的观点

　　看了上述讨论中提到的观点，你有什么想法呢？在和家长共同培养孩子良好的劳动习惯的过程中，你还有什么补充或不同的观点吗？请和我们一起分享吧！

高手支招

学会自理，做生活的主人①

生活习惯涵盖的范围很广，它充盈于孩子生活的每一个方面。拥有良好的生活习惯能够使孩子的生活更有规律，使孩子健康成长。孩子身体健康了，学习、生活都会劲头儿十足，从而能够用自己勤劳的双手创造幸福美好的生活。

自理能力是一个人应该具备的最基本的生活能力，简单地说，就是自我服务，自己照顾自己的能力。孩子在习得自理能力的过程中势必会养成诸多良好的生活习惯，促进自身的健康成长。希望每一个孩子都能学会自理，做生活的主人。

俗话说："望子成龙，望女成凤"，这是我们每位家长的希望，也是自古以来每位父母的希望。在许多大人眼里，孩子就是"小皇帝、小公主"，颇受宠爱。"包办、代替"几乎成了孩子们的"护身符"，因此孩子的生活自理能力得不到提升，反而下降，严重的甚至丧失基本的自理能力。比如，本来孩子可以自由自在地玩滑滑梯，而我们却非要在一旁搀扶他小心翼翼地滑上滑下。孩子都有一颗好奇

① 提供者：谢莉。

【问题聚焦】

班主任和家长如何共同培养孩子良好的生活习惯？

在孩子的成长过程中，养成良好的生活习惯会让孩子受益终身。通过以上的讨论和分析，我们都认识到了培养孩子良好的劳动习惯的重要性。然而，劳动习惯只是孩子生活习惯培养的一个重要方面，那么班主任和家长该如何配合，培养孩子其他的良好的生活习惯呢？

_____

_____

_____

_____

_____

_____

_____

心，他们喜欢尝试新事物，但成人做的往往是给孩子更多的束缚。我们不可否认"安全第一"的重要性，的确，孩子的生命安全是第一位的。但是，过度的保护可能就会成为孩子的束缚。

有些家长错误地认为孩子还小，需要的是呵护，因此对孩子生活能力的培养观念很淡漠。有时，当孩子自己穿衣服的时候，我们只要一看到孩子自己穿不好就会迫不及待地说："穿错了，穿反了，别穿了，我来帮你穿。"可想而知，这样培养出来的孩子怎能得到正常的成长？其实，过度保护不但低估了孩子的能力，还伤了孩子的自尊心，也大大抑制了孩子自理能力的形成和发展，使孩子从小就有了一种不良的意识：我什么也不会干，我什么也干不好；有大人帮我就行了，我不需要干这些，这些等到以后再做。因此"衣来伸手、饭来张口"成了现代家庭里的一个普遍现象。所以，不要让过度保护成为孩子生活能力提升、自理能力培养的拦路虎。

一、培养孩子生活自理能力的重要性

对孩子来说，拥有良好的生活自理能力十分重要，它是孩子今后独立生活的基础，关乎他一生的幸福。培养孩子良好的生活自理能力是老师、家长必须重视的工作。孩子在学会自理的同时能促进自身各方面更好的发展。

1. 肯探索，乐钻研

自我探索，是一种求知的能力，也是一种宝贵的能力。懂得自我探索的孩子，不仅具备钻研的品质，而且还是勤劳的孩子，具有较强的解决问题的能力。儿童心理学家让·皮亚杰说，儿童早期的认知来自生活实践。意大利教育学家蒙台梭利更是建议父母排除危险后，应允许孩子自由探索环境。一般来说，生活自理能力强的孩子，对自己的掌控度更高，对自己的认识也更加清晰，这些孩子的自我探索能力会更强，在学习上也乐于钻研和坚持；相比之下，那些缺乏生活自理能力的孩子，在学习上遇到困难时也更容易放弃。

2. 勤动手，更灵活

一个孩子的生活自理能力跟动手能力是正相关的，勤动手能促进孩子大脑的发育。德国心理学家法寇·莱贝格说，很多孩子被父母宠坏而失去"自己动手做"的能力，这会成为孩子成长的"遗憾"。孩子的手指动作越多越娴熟，在动手能力方面的大脑区域越发达，大脑皮层神经元相关的连接越牢固，孩子的大脑也会越灵活。因此，我们在培养孩子生活自理能力的同时，也促进了孩子大脑的发育。

3. 会自理，更自信

生活自理能力是基本的，就像一座房子的地基。美国家庭教育学家马蒂·罗斯曼说，孩子越早做家务，越早具有生活自理能力，孩子成年后社会适应能力越强，也更容易获得成功。孩子的生活自理能力跟孩子成年后的成就有密切的关系。生活自理能力，实际上是父母让孩子从小学会自己的事情自己做，饭自己吃、衣服自己穿、玩具自己收拾，稍大后做家务、收拾床被，为自己负责……。能够自理的孩子，他们遇到事情时会尽快找到解决办法，更加自信勇敢。

二、中小学生到底应该具备哪些生活自理能力，成为生活的主人呢？

让我们先来看一下良好的生活习惯主要包括哪些内容：

1. 生活有规律

人处在一个有规律的环境中，心灵是安定的，也有助于身体健康。班主任要指导家长尽量保持孩子的生活起居在所有时间里的一致性。这样有助于孩子学会时间管理，有条理地安排自己的生活，增强独立性。

2. 事情自己做

自己的事情自己做，是孩子成长过程中要学习的重要内容。班主任要指导家长放手让孩子做自己力所能及的事情，不要事事包办代替，剥夺孩子锻炼自己的机会。学习做事的同时，也是在培养孩子的动手能力、思维能力、责任感、自信心等，因为这些都是健康人格的基础。当孩子在生活中养成了自己的事情自己做的习惯时，孩子的独立意识与自我服务的责任感就已增强了很多。

3. 节俭不浪费

静以修身，俭以养德。勤俭一直是我们中华民族的传统美德。在生活中，培养孩子节俭的生活习惯非常重要。现在我们的生活水平相比以往有了很大的提高，孩子们不愁吃穿，浪费现象却时有发生，比如吃饭时剩饭剩菜，花钱大手大脚，看到喜欢的东西就要买，买来用几次就不用了，造成各种资源的浪费，这样的生活习惯不利于孩子的成长。因此，老师和家长都要使孩子从小就养成节俭的良好习惯，传承中华美德，将节俭内化为自己良好的品德。

4. 知礼更守礼

孔子有云：不学礼，无以立。礼貌反映了一个人的修养，待人有礼，会使你受人尊敬。在一个缺乏教养的人身上，勇敢就会成为粗暴，机智就会成为狡猾。不要以为孩子大了就知礼了。如果他小时候就养成了不讲礼貌的坏习惯，那么他就会把这种坏习惯当成正常的事情，不会去改正。班主任指导家长在培养孩子待人有礼时可以从小事做起，比如，教育孩子到别人家做客时先敲门，不乱动他人的物品；在家接待客人时，学会让座、请茶、送客，且不影响大人之间的交谈；在公共场所要爱护环境卫生，自觉遵守公共秩序；尊敬老人、师长等。

了解了中小学生该具备的生活习惯，我们再来看一看他们该拥有的生活自理能力又有哪些：

《小学生日常行为规范（修订）》第二条中指出"尊敬父母，关心父母身体健康，主动为家庭做力所能及的事。"第九条规定"衣着整洁，经常洗澡，勤剪指甲，勤洗头，早晚刷牙，饭前便后要洗手。自己能做的事自己做，衣物用品摆放整齐，学会收拾房间、洗衣服、洗餐具等家务劳动。"

从《小学生日常行为规范（修订）》可以看出，小学生的生活自理能力主要是指：自我服务性劳动和家庭生活服务性劳动。自我服务性劳动包括，梳头、洗脸、洗脚、洗澡、剪指甲，穿衣、裤，系红领巾，整理书包，刨铅笔、包书皮，铺床单、叠被子、折衣物等；家庭生活服务性劳动主要包括，扫地、拖地、擦桌、椅、柜，洗锅、碗、盆，择菜、切菜，烧开水、煮面，削果皮，洗衣物等。

《中学生日常行为规范（修订）》中第四部分"勤劳俭朴，孝敬父母"中规定：学会料理个人生活，自己的衣物用品收放整齐。体贴帮助父母长辈，主动承担力所能及的家务劳动。

在日常生活中，我们的孩子完全有能力做这些事，关键是孩子们真正动手做了多少。我们要重视培养孩子的生活自理能力，放手让孩子去做这些事，在自我服务中学会自理，养成良好的生活习惯。

三、我们该怎样培养孩子的生活自理能力，养成良好的生活习惯呢？

1. 要求要明确

大人们都希望孩子能自己完成各种事情，而让我们少操心。但现实情况总会和我们的预期有差距。比如，当有些家长看到孩子的房间混乱不堪时，往往会生气发火、指责孩子，让他把房间收拾干净。孩子收拾完后家长一看，还不满意，因为各种物品未能有序摆放。

这里其实有个问题，那就是家长和孩子对"收拾干净"的内涵标准理解不一样，由此导致家长和孩子的矛盾。产生这一问题的原因是：家长只是让孩子把房间收拾干净，具体要求不明确，没有说明如何收拾干净，怎样才叫收拾干净。

针对以上问题，班主任就要与家长沟通，先分析其中的原因，然后建议他们在训练孩子整理房间时可以根据自家情况明确要求。比如：把被子叠好了放在床头，枕头放在被子上，再把床单四周拉平整；床头柜上除了台灯、纸巾，就放一两本最爱看的书，其余东西都拿走；书桌上的书每天整理好，不常用的放在书柜最高层，常用的放在下面方便拿取的几层。这样明确要求后，孩子就知道该怎样做，房间收拾完后基本能达到预期效果，避免了家长和孩子矛盾的发生。孩子的自理行为也能得到有效培养，从而养成良好的生活习惯。

2. 态度要温和

要想让孩子学会自理，就要花时间训练他们，教会他们自理的方法。在训练孩子时，班主任就要让家长明白要有正确的儿童观，懂得孩子毕竟是孩子，他们不可能一下子就达到我们预期的目标，其中很有可能出现差错，把事情弄砸。我们要有耐心，包容孩子的错误，态度要温和，让孩子在一个宽松、温馨的环境中学习自理，这样才更有利于孩子的成长进步。比如，当孩子学习洗碗时，想快点完成而失手打碎了碗，我们不要因此大声呵斥，而是可以这样说："我知道你想快点完成，以后拿碗时抓牢点，洗完的碗按大小分类摆放，就不容易打碎了。" 孩子在家长的理解、宽容下，一定会吸取教训，下次做得更好。

3. 生活有计划

很多孩子生活缺乏条理，做事没有头绪，经常丢三落四，不记得重要的事情，影响每天的学习生活。班主任可以指导家长帮助孩子制订各种计划表，以此帮助他们改正不良的生活习惯，培养好习惯。比如有的孩子不能有效利用晚上的时间，早上急着找衣服、找当天上学要带的东西，每天忙忙碌碌、充满焦虑。要改变这一现状，我们可以让孩子制订一个晚间计划表。先让孩子将晚上要做的事罗列出来，比如写作业、吃晚饭、锻炼、洗澡、看课外书、练琴、练书法、收拾书包、准备第二天的衣服等。然后让孩子按实际情况排序，再细致一点的话可以写上每项事情完成的时间点。这样孩子每天晚上按照这个计划表来做，就不需要像之前那样动脑筋想下面该做什么，或者忘了做什么。只要看一下计划表就会知道下一步要做什么，这样不仅节省了时间，也提高了效率。小学高年级和初中的孩子可以自己制订并写下详细的、带时间节点的计划表。小学中年级的孩子可以将上面的事项做成小卡片，按自己的生活方式排序，再贴在计划表上，这样的方式可能更容易引起他们的兴趣。小学低年级的孩子识字量还比较少，可以用写字加写拼音的方式制订计划，也可以采用画画的方式来进行，将每件事画出来再排序。这样，在孩子自己的参与下，制订出的计划就更有执行力，孩子的生活也会变得从容有序。

4. 奖励须得当

当孩子做得好的时候，老师、家长都可以适当地奖励孩子，这样孩子会更加有热情地做事。有的家长喜欢给孩子物质奖励，如果总是这样做是不合适的，因为这样会让孩子形成功利心，为得到奖励而做事，一旦没有奖励，或者奖励的东西对他没有吸引力时他就会懈怠。我们要让孩子知道学会自理是他应该做的，并且是为他自己服务的，而不是为了得到某种物质奖励。我们可以对孩子进行精神奖励，口头鼓励孩子，给孩子一个大大的拥抱，比如当孩子学会某种家务劳动时给他颁发一枚小奖章等。

蒙台梭利曾说：我们习惯服侍小孩，这对他们来说不仅是一种奴化，而且也是危险的。所以，如果想让孩子健康的发展，就要让他们自己动手做事。学会自理，做生活的小主人，这会让他们终身受益。

（专家解读）
家校携手，共建学生生活习惯培养同盟[1]

我们经常会听到班主任们的小"抱怨"：在学校教孩子整理书包、使用劳动工具，但是往往收效甚微。很多孩子的书包、书柜总是乱糟糟的，孩子打扫教室卫生总有需要返工的地方，有的时候孩子甚至连一些最基本的生活技能都不能很好地掌握等。抱怨之余，还会不自觉地说到现在的家长对孩子的生活包办太多，这也不让做、那也不让做，导致现在的孩子劳动意识淡薄，生活技能缺乏……。而作为家长，也有一肚子

---

[1] 提供者：沙莎，镇江市润州区德育研训员，江苏省教育学会小学教育专业委员会第二届理事，镇江市教育学会德育专业委员会会员，镇江市中小学德育先进工作者，润州区优秀教育工作者。

的苦水：和老人居住的，祖辈的溺爱让父母无法正确及时地对孩子进行劳动、生活技能教育，有时稍微让孩子做点事情，老人家就会立刻包办代替，一如案例中微微的外婆，还会责备孩子的父母不能体谅孩子学习辛苦。作为从小也是"衣来伸手、饭来张口"长大的部分家长，自己还在父母的照顾之下，也不太可能有意识主动地对孩子进行各种生活能力的培养了。因此，在现实生活中，对于很多班主任而言，学生劳动习惯、生活技能的培养，难点在于如何与家长形成合力，共同做好孩子良好劳动意识和生活技能的培养。对此，笔者想就这点谈谈自己的看法。

一、树立合作意识，习惯养成有惊喜

其实，越来越多的班主任已经深刻地体会到，孩子的习惯养成、综合素质的提高，一定是学校和家庭合力的结果，良好的生活技能和习惯也不例外。当发现有孩了在这方面没有达到预期的时候，我们可以先与孩了仔细分析原因，然后与家长进行个别沟通。我们要牢记教师与家长都是为了孩子养成良好生活习惯和技能这一共同目标而努力的，彼此之间是合作者关系。孩子的习惯养成暂时没有达成，不仅仅是家庭单方面的原因，而是需要老师与家长共同分析去寻找原因。当我们以这样的心态去面对家长时，沟通会更加地顺畅。在这样一种非指责的氛围下，家长也会更愿意与我们进行交流。在这种情况下，老师再温和地提出培养孩子习惯的重要性和必要性，家长才会更加乐于接受老师的观点，开启对生活习惯教育的思考和认识之门。实践证明，一旦家长的积极性被充分调动，家长的智慧便会让我们刮目相看。

二、找准孩子兴趣点，习惯养成有方法

在生活习惯的养成过程中，我们成人可能都会有一种固有的观念，那就是习惯的培养是一件枯燥无味的"苦差事"；有人还会认为习惯培养并没有那么重要，一家人的意见也常会出现不一致的情况。就像案例中谈到的"劳动教育"，有些家长可能在平时做家务劳动时也会不耐烦，甚至为了家务分工还会发生一些争执，这些消极的情绪都会影响孩子形成正确的劳动观念。针对以上的问题，作为班主任，我们可以与家长一起开动脑筋，从孩子感兴趣的游戏或者活动入手，设计一些亲子游戏或者活动，将生活习惯培养的活动变成有趣的游戏，让孩子在玩中学。例如一年级的学生特别喜欢当家里的"小司令"，我们就可以请他把一日家务作为攻克的一个个关卡，安排给家庭所有成员，每个人都要服从他的安排。同时，"小司令"必须带头"冲锋陷阵"，完成不了的可以请爸爸妈妈从旁协助。这样把枯燥的家务变成孩子们喜欢的游戏，在游戏的场景中进行，能够有效地提高孩子参与家务劳动的热情。

三、学会静静守候，习惯养成有过程

"21天养成一种习惯"是一种速成成功学的说法。实际上，任何一种习惯都不可能在短短的21天中就能够牢固形成，我们都要有做好"长期抗战"的思想准备。孩子的生活习惯养成必然会有反复，当游戏激情消退，面对每天同样的任务，孩子们会逃避、会抵抗，这是非常正常的表现。我们要允许孩子有情绪，不能以成人的要求来对待孩子。越是在孩子出现难以坚持的时候，班主任越是要与家长一起在旁边不断鼓励孩子坚持，及时肯定孩子的进步，安抚他们因为想放弃而产生的种种小情绪，温柔而坚定地告诉孩子"每一个习惯的养成都要经过这样的过程"，学会坚持很重要。家长千万不能将孩子一时的退却当成不能容忍的过错，从而责怪孩子，甚至上升到对孩子能力的不信任，打击孩子的积极性，增加孩子的挫败感。在习惯养成的漫长过程中，家长可以和孩子有一个小小的约定，当他们觉得习惯养成难以坚持的时候可以寻求爸爸妈妈等亲近人员的帮助。家长在接收到求助时要允诺控制好自己的脾气，以宽容平和的态度陪孩子坚持做好当天的养成任务，孩子们在感受到父母的支持时才能有更大的动力去坚持。

四、设计展示活动，习惯养成有舞台

从心理学角度来说，每一个人都有自我实现的需要，如果在生活习惯培养的过程中家校携手共同为孩子们提供自我展示、获得认同的舞台，那么孩子们就会不断地获得成就感，提升自信心，从而更能坚持生

活习惯的养成。对于班主任来说，利用好班会课，开展邀请家长参加的
"生活习惯养成我来晒"的主题活动。活动中请孩子们上台演示在学
校、家庭中养成的良好生活习惯和技能，说一说习惯养成过程中的小故
事，听一听老师、家长对他们生活习惯养成的评价，这些对孩子来说会
是一种非常大的肯定和鼓励。我们的班主任和家长们也会在这样的过程
中发现孩子身上被掩盖的闪光点，看到他们的努力，会更加全面清晰地
认识孩子，反思自己的教育观念，从而更加积极地用心去培养孩子良好
的生活习惯。

我们有理由相信，当班主任和家长向着培养孩子成为具有正确劳动
意识、养成良好的生活习惯的独立自主的人这一共同的目标形成同盟，
分工协作，共同努力营造一个亲和的养育氛围时，我们的孩子一定会在
师长的言传身教中努力朝这个方向不断前行。

指导家长有效地开展亲子活动

【给班主任的建议】

现代著名教育家叶圣陶先生说："教育
是什么，往简单方面说，只需一句话，就是
要养成良好的习惯。"家庭是孩子的第一所
学校，父母是孩子的第一任老师。中小学生
正处在身心迅速发展又极具可塑性的阶段，
这是施教的最佳时期，我们要紧紧抓住这个时期，培养他们良好的生活
习惯，使他们终身受益。亲子活动是连接家长和孩子情感的纽带，在和
谐的亲子活动中孩子更易习得技能、养成良好的生活习惯。因此，班主
任如何指导家长利用好亲子活动这一形式，将会对孩子的教育起到重
要作用。

一、家庭亲子活动的现状

亲子活动是家长和孩子共同参与，相互合作进行的活动。从广义上
讲，在每个家庭里，父母和孩子每天都在进行亲子活动，父母的教养方

式决定了亲子活动的类型和效果。

有的家长出于工作原因或者能力不足无法有效开展亲子活动。他们的亲子活动基本停留在养育层面，主要满足孩子生活上的物质需要，而没有顾及对孩子的知识传授、精神引领、习惯养成，教育功能明显不足。有的家长以自我为中心，觉得孩子小，什么都不懂，在家里比较强势，什么事都要孩子根据自己的安排去做，这样的亲子教育会造成孩子胆小、缺乏主见、压抑自己的性格等不良后果，不利于孩子成长。有的家长正好相反，他们对孩子特别溺爱，完全以孩子为中心，孩子要什么给什么，有什么事都抢着帮孩子做，这样的亲子教育只能培养出一个动手能力差、自私任性的孩子。因此，教师要指导家长开展有效的家庭亲子教育，给孩子创设一个良好的家庭育人环境。

二、亲子活动的特点

1. 目的性

孩子的成长离不开父母对其进行的培养教育。在设计家庭亲子活动时，首先要有一个明确的目标：这个亲子活动是为了解决什么问题。有了目标，在设计亲子活动时就会有的放矢。比如，想要培养孩子生活节俭的好品质，我们可以设计一个田间采摘或种植的亲子活动。家长和孩子一同去田间参与劳动，让孩子感受到食物来之不易，从而培养孩子节俭的好品质。

2. 互动性

亲子活动是家长和孩子共同参与的家庭活动。在开展亲子活动时，如果只是家长给孩子布置了任务，由孩子单独完成，这样的活动就缺乏互动性，实际效果会不尽如人意。家长们在进行亲子活动时，要积极主动地参与，营造和谐融洽的家庭氛围，和孩子真情互动。这样，亲子活动不仅能培养孩子各方面的能力、好习惯，还能增进亲子关系。在活动中，家长和孩子互动时要做孩子的榜样，你希望孩子做到的，自己要先做到。最好的教育就是不要让孩子感觉到是在受教育，家长良好的行为能潜移默化地影响孩子，使孩子在不知不觉中获得成长。

3. 指导性

进行亲子活动时，我们很大程度上是要指导孩子学会一些技能、养成好习惯。指导要注意时机。当孩子不会某种技能时，我们要教给他们方法；当孩子遇到困难时，我们要立刻给予帮助；当孩子渐渐能自己做时，我们要减少帮助，在关键的时候对孩子加以点拨。

指导还要注意方式方法。如果孩子自己能够完成这项活动，家长就不要过多指导，以免使孩子失去锻炼的机会；如果这件事比较复杂，家长只是口头指导，孩子可能就不能领会，这时就需要家长亲力亲为，动手示范指导。

4. 趣味性

孩子、家长之所以都乐于参加亲子活动，就是因为亲子活动具有趣味性。孩子大多活泼好动，丰富多彩的活动既能满足教育的需求，又符合孩子的天性。家长在开展亲子活动时要遵循趣味性原则，让孩子保持参与的热情。比如，家长在举行亲子活动时可设计各种小竞赛、大展示、走访、参观、情景模拟等形式。

三、亲子活动的基础

家长们虽然每天都和孩子在一起，但育儿知识不一定丰富。教师担负着教书育人的职责，指导家长开展有效的亲子活动能够促进儿童的发展。"建立科学的育儿观"是亲子活动的基础。为了亲子活动能顺利开展，尽量达到教师们的预期，帮助家长建立科学的育儿观就显得至关重要，它能使家长们对孩子更加了解，同时改变自己不良的育儿方式。

1. 建立民主平等的亲子关系

著名教育家苏霍姆林斯基曾说："父母善良和睦，互敬互爱，互谅互让；父母尊重孩子，理解孩子，与孩子成为朋友，这种民主的家庭拥有天下最大的幸福。"这句话道出了"民主型家长"的内涵。孩子虽然小，但他们也和我们一样是一个个独立的生命个体。家长在养育孩子的过程中，要明确孩子也是一个独立的人，要尊重孩子，倾听孩子心底的声音，给孩子表达情感的机会，不要把自己放在高高在上的位置和孩子说话，这样指挥式的家庭教养方式不利于孩子自主性的培养。儿童的自尊是在父母对他的尊重中培养出来的。即使孩子的成长与你的设想并不完全一致，甚至他的有些表现很难让你满意，你也应尊重他的特点。家长要尊重孩子的想法，可以提意见，但是不要事事都替他做主。孩子拥有独立思考的能力非常重要，作为家长，要鼓励他独立思考，勇于尝试，让他拥有自信，从而能够安排好自己的生活。家长不是放任不管，而是在背后默默关注，做他成长的坚强后盾。

当孩子犯错时，家长不要先指责孩子，而是可以问问孩子犯错的原因。如果是孩子的问题，那就要引导孩子思考，比如再遇到这个问题该怎么做。也有可能我们因此了解到意想不到的原因，原来孩子是想做一件好事，谁知好心办坏事导致出错。如果出现这样的情况，我们不管三七二十一，把孩子一顿臭骂，那孩子的委屈会使他小小的心灵更加难受，家长对他的不理解将会化成一道鸿沟阻碍亲子关系的发展。相反，我们像朋友似的，和孩子平等对话，理解孩子、帮助孩子，孩子会更愿意接受父母的意见，敞开心扉诉说心底的声音，这样家长就会真正走进孩子的内心，今后家长对孩子的教育将会变得更加顺畅、有效。

心灵相通的亲子关系、温馨和谐的家庭氛围不正是我们想看到的吗？民主平等的亲子关系会给孩子营造安全感，使他们能在轻松、愉悦的氛围中学习。

2. 了解孩子的年龄特点

每个孩子在不同年龄段都有各自的年龄特点。家长和孩子生活在一起，但对孩子的年龄特点可能并不知晓。教师要指导家长了解孩子的年龄特点，这样就能有针对性地开展亲子教育。

根据皮亚杰的认知发展理论，孩子的发展阶段有：感觉运动阶段（从出生到2岁）、前运算阶段（2—7岁）、具体运算阶段（7—11岁）、形式运算阶段（11岁以后）。每个阶段有其相应的年龄特点。前运算阶段：孩子的思维是自我中心的，一直到这个阶段的后期，儿童才能考虑到他人的观点。具体运算阶段：逻辑思维在这个时期出现了，但仍主要与具体实践而不是抽象概念相联系。形式运算阶段：儿童不必经过实际操作就能想出大量的解决方案，他们有能力在完全假定的情境中解决问题。儿童达到这些关键阶段的年龄各不相同，不是所有人都会达到最后阶段，然而，发展的次序却是不间断的，儿童不可能越过前面的阶段进行到更高的阶段。[①]家长们了解了孩子的年龄特点后，对于孩子出现的行为就能更好地理解，从而更加有针对性地开展亲子活动。

比如低年级的孩子，在亲子活动时，他只按照自己的想法去行事，自己认为对的哪怕错了也不管。如果不了解孩子的年龄特点，家长们肯定觉得这个孩子非常固执，很自我，听不进别人的意见。其实，这很有可能就是他的年龄特点导致的。出现这样的问题，家长就要耐心地教育，帮助孩子明辨是非，而不是武断地批评。

四、如何指导家长开展亲子活动？

1. 邀请家长走进学校，在亲子活动中体验学习

为了家长们能够更好地开展亲子活动，学校可以通过家长会、家长学校对家长进行相关指导，还可以邀请家长和孩子到校共同开展亲子活动，让家长对开展亲子活动的整个流程有清晰的了解。

比如：学校组织家长开展亲子运动会，在筹备期间，就邀请部分家长参与进来，对运动会的实施献计献策，协助学校共同做好运动会的各项准备工作；在活动中，让家长也参与组织管理；活动结束后，请这部分家长将自己参与活动的感受和体会与全体家长分享。这样就在班级中培养了一批骨干家长，由他们将亲子活动的注意事项、相关要求辐射给所有家长。对于家长们来说，这也是一个学习的机会。因为大家身份一样，都担负着共同育儿的责任，由家长培训家长，更能引起大家的共鸣。其余参与亲子活动的家长也能在活动中亲身感受如何与孩子互动，孩子碰到问题后该如何指导。

2. 提供家庭亲子活动的方法指导

可根据每个家长的实际情况来定家庭亲子活动的内容，可以将家庭亲子活动分为技能习得型亲子活动、日常事务型亲子活动（家务劳动分工、周末娱乐生活安排等）两类。

---

① 谢弗．儿童心理学 [M]．北京：电子工业出版社，2016：158．

（1）对技能习得型亲子活动的指导

中小学生因为年龄特点的缘故，生活中的许多事情都需要后天习得，家长们的指导传授就是孩子学习的绝好机会。比如如何整理房间、如何做简单的饭菜、如何打扫卫生，如何使用家里的电器等。学会做这些事情将会给孩子的未来成长提供帮助，家长在指导孩子学做这些事情时要有耐心，有时需要手把手地指导。

家长们可以制订一个计划，将生活中孩子需要习得的技能列一个计划，每周学习一项，这样既能保证孩子学会每项技能，又能培养孩子持之以恒的精神。我们可以给每次亲子活动起一个有趣的名字，比如"整理小能手""小小厨诞生记""清洁小达人""电器宝贝"。接下来，家长们要事先设计好此次亲子活动的内容，做到有的放矢。下面笔者以"整理小能手"为例进行活动指导。

①确立亲子活动目的：在亲子活动中培养孩子学会整理自己房间的技能；养成孩子爱整洁、有条理的生活习惯。

②落实亲子活动过程：

A.确定要整理的部分：如果一段时间不整理，孩子房间里的书桌、书柜、台面、玩具角、衣柜等地方可能就会被各样东西占满，看上去很混乱。想要把房间整理得清清爽爽，需要把每一块地方整理好，这需要花费很长的时间，而且对于孩子来说，他会因为到处都是东西而无从下手。因此，我们可以每次教会孩子整理一处地方。这样缩小范围，孩子整理起来难度会降低，时间也不会太长。时间过长，孩子会缺乏耐心。我们最好在孩子还没有开始嫌烦之前结束整理。父母要让孩子观察自己的房间，当前最想整理的地方是哪里，是书桌、书柜、衣柜，还是玩具角？这个选择必须由孩子自己确定，大人不要代替他回答。因为这会影响他接下来的活动积极性。

B.动手学习分类整理：当孩子确定了自己想要整理的地方之后，家长可以指导孩子进行整理。家长最好用启发式的谈话方式指导孩子，不要用指令式的语气。指令式语气会让孩子丧失独立思考的能力，他只要按照家长的指令去做即可。这样孩子虽然在整理房间，但其实就是一个操作工，并没有真正学会整理房间的方法。而启发式谈话是根据孩子的表现，在孩子需要帮助的时候提供帮助，促成孩子学会房间整理的方法，家长就像是一个梯子，助力孩子成长。

如果孩子选择学习整理书桌、书柜。那问问孩子准备怎样整理？然后指导孩子动手操作。如果孩子将桌面上的东西一股脑地放进抽屉，桌面看似干净整洁了，那我们要问问孩子：表面上桌面是清爽了，那抽屉里呢？拿取东西方便吗？抽屉的作用之一就是可以把东西分类摆放。在家长的提示下，孩子会学着将自己的物品进行分类摆放。

在分类摆放前，将一张大垫子放在地板上，让孩子把桌面上、抽屉里所有的物品拿出来，放在大垫子上。这样，所有的物品都能看得清清楚楚。然后，孩子决定要留下什么，将不需要的东西摆放在一起，最后处理。

决定要留下什么东西，说起来容易，可操作过程中也许有难度。在这些小物件中，一定有很多是孩子舍不得扔的，那可以让孩子留下一两样做纪念。那些很长时间都不用的，放在那里也不会再用的，可以让孩子问问自己：我真的还需要它吗？如果不需要就直接放到一边，没有必要把每一件不用的东西都保存在那里，那样只会占用空间，让房间显得更加凌乱。

学习整理的过程，其实也培养了孩子的生活态度。物质生活不追求多，太多无用的东西其实也是浪费，只要能满足我们当下的生活需要即可。不用的东西堆放在那里，还会将重要的、有用的东西淹没掉，给我们的生活带来不便。家长要鼓励孩子，让他留下最值得留下的东西，这样对于接下来的整理会大有益处。

经过筛选后，留下的都是孩子需要的东西，这时让孩子将物品进行分类。一定要让孩子自己动脑筋，想出适合自己的分类方法，分门别类地将物品放进抽屉里。

③完工后及时总结：

当孩子将所有物品分类整理好后，举行一个完工仪式：

A.用相机为孩子在干净整洁的书桌前留个影。

B.请孩子说一说今天的劳动感受。

C.家长说出孩子在今天整理过程中的优点，为孩子送上掌声，并颁发一张整理卡，对孩子的劳动予以肯定。

④商定后续活动：在下周末可以继续用这样的方法整理房间的衣柜或玩具角，直到将房间彻底整理好。

技能习得性的亲子活动要靠家长耐心、细致地引导，在和谐融洽的家庭氛围中使孩子学会做生活的小主人。

（2）对日常事务型亲子活动的指导

家庭生活中有很多家庭事务需要我们处理，比如家务劳动分工，周末娱乐生活安排，早、晚餐计划安排等。孩子是家庭的一员，他们也应该参与到这些家庭事务的工作中来，在家庭这个特殊的学校里学会生活。作为家长，我们要树立让孩子参与家庭事务的观念，不要将孩子排斥在外，在一家人共同的努力下，家庭这叶小舟会航行得更加平稳，亲子关系也会更加和谐，家庭也会变得更幸福。

孩子天性活泼好动，不喜欢死板、僵化的生活方式，家长们要动脑筋将程式化的事情变得有意思，让孩子乐在其中，这样孩子参与亲子活动的积极性就会更高，更加利于孩子的成长。笔者用以下两个例子来说明。

劳动转转乐

在培养孩子参与家庭事务这件事上，我们要思考：怎样才能让孩子一直有热情参与家庭事务呢？根据孩子的年龄特点，将家务劳动寓于游戏之中是一种不错的方法。

家长和孩子共同动手，制作一个家务劳动幸运大转盘，将家里要做的家务劳动分别写在大转盘上，孩子和爸爸妈妈轮流转动转盘，指针指向哪个家务劳动，本周就完成这个家务劳动。如果家里有多个孩子，这样的形式更加可以提高孩子们共同参与家庭事务的热情。如果孩子转动到的那项家务劳动还无法完成，比如做饭，那就由孩子指定是爸爸做还是妈妈做。这样的亲子活动充满趣味，就算孩子转到了一个他不想做的家务时，他也会乐于承担，因为这是游戏结果决定的，他必须遵守。

经过一段时间后，孩子也许对这项"转转乐"的游戏渐渐失去兴趣，家长们就可以再动脑筋，想出其他有趣的形式继续开展亲子活动，甚至可以让孩子想出一种好办法。别小看孩子的脑筋，他们的小脑瓜里充满着各种奇思妙想，说不定他们想出的办法就非常有意思，由他们自己设计的亲子游戏一定会更精彩。通过这样的亲子活动，孩子学会自己的事情自己做，寓教于乐，生活充满乐趣。

周末的亲子娱乐时光

忙碌了一周，不管是孩子还是家长都会感到一丝疲惫吧，利用周末时间，一家人在一起放松休闲一下，会给疲惫的心灵一个温暖的拥抱。家长们也许在周末会有亲朋好友的聚会活动，但是一家人聚在一起和亲朋好友的聚会是不一样的。因为，亲子活动只属于你们一家人，孩子会更真切地感受到和父母在一起的放松心情。如果是单亲家庭，这样的时光更是必不可少。

如何安排周末的亲子娱乐时光呢？首先，一家人要商定一个具体的时间，然后再确定可以进行的活动：开家庭联欢会、共看一部电影、玩一个游戏、亲子阅读、手工制作、外出参观游玩等。在周末到来之前，一家人就可以商定好本周亲子娱乐的内容，在这周亲子娱乐时间结束时确定好下周的内容。如果爸爸或者妈妈确实有事，需要上班或加班，那就不参加活动，活动由在家的成员按期进行。固定的亲子娱乐时光，可以给家庭成员一个小小的期待，能够化解一周繁忙的工作、学习压力，为下周的工作、学习蓄力。

通过亲子娱乐时光，可以增进家人间的感情，培养孩子热爱生活、积极向上的心态。在各种娱乐活动中，家长们也要抓住时机引导孩子，培养他们与人交往时的知礼守礼，游戏活动时的规则意识，动手动脑时攻坚克难的品质，从生活中来，到生活中去，在快乐的亲子时光中培养良好的生活习惯。

3. 利用家长会、家长课堂分享亲子活动的经验

每位家长实施亲子活动一段时间后，一定都有各自的心得体会，或成功或失败的经历，这些都是家长们在育儿之路上的宝贵财富，家长们有必要进行总结。利用家长会、家长课堂时间，各位家长分享自己亲子教育的小故事、得失体会，这些思想的碰撞，一定能给家长们启发，取长补短，在育儿之路上行稳致远。

雨果曾说，慈母的胳膊是由慈爱构成的，孩子睡在那里，怎能不甜？亲子教育是家长培养孩子良好生活习惯的通道，希望所有的家长都能为孩子创造一个如慈母般温馨、美好的家的港湾，呵护孩子健康成长。

[推荐阅读]

1. 杨霞，《培养孩子从做家务开始》，朝华出版社，2018年
2. 樊登，《陪孩子终身成长》，中国友谊出版公司，2020年

我的行动计划

对于如何培养学生的良好的生活习惯，上述的讨论和点评有没有给你一点启发呢？你有其他培养孩子良好生活习惯的好方法吗？心动不如行动，不妨先从一次亲子活动开始吧！

六日谈 | 好习惯，好学习
——培养孩子良好的学习习惯

案例故事
• 不让孩子做"老赖"

随园夜话

集思广益

行动转化

问题聚焦
• 班主任如何指导家长共同培养孩子良好的学习习惯？

高手支招
• 成功教育，从好习惯开始

专家解读
• 家校合力，共治"拖延症"

给班主任的建议
• 指导家长和孩子一起制订学习计划

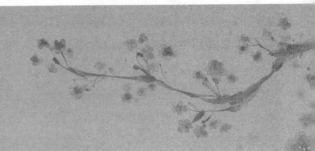

[随园小语]

　　人类的动作十分之八九是习惯，而这种习惯又大部分是在幼年养成的，所以在幼年时代应当特别注重习惯的养成。但是习惯不是一律的，有好有坏。习惯养得好，终身受其福；习惯养得不好，则终身受其累。

——陈鹤琴

孩子成功教育从好习惯培养开始。

——巴　金

少成若天性，习惯如自然。

——《汉书·贾谊传》

不让孩子做"老赖"[①]

［家长叙述］

【案例故事】

时间过得真快，转眼间儿子小泽已经上五年级了，进入了小学高年级的门槛。同事们都说，孩子慢慢长大了，应该越来越懂事了，我这个"陪读"妈妈也该松口气了，可我却没有什么明显的感受。

小泽是个温顺的孩子，就是动作慢。上幼儿园时，每天早晨的刷牙、洗脸，我只有盯着他，不停催促，他的动作才会快一些。上小学后，为了孩子的学习，我就彻底地成了"陪读"妈妈。

小泽放学回家第一件事，总是问我："今天晚上的家庭作业是什么啊？"我先把老师的信息一一说给他听，然后趁着他吃点心的功夫，把书桌收拾好，作业本全部给拿出来，最后坐在他旁边，陪着他一起做作业。一、二年级，作业量非常少，那时还比较轻松，我只要不停催促他，让他快一点，他总能在吃晚饭前完成作业。等吃完晚饭了，我再一题题帮他检查，有错的就让他及时改正。那时候，小泽的成绩能保持在班级中等水平。后来，我换了工作岗位，空余的时间没那么多了，无法天天陪小泽写作业，我就瞅准了他放学回家的时间打电话给他，叮嘱他一定要快写。小泽总是满口答应，可等我6点多回到家，他的作业才完成了三分之一。我忍不住了，只好在旁边拼命地催："快！快！快！"他的速度是快了一点，可字立刻龙飞凤舞起来了。这样的作业交上去，明天哪能过关？我只好让他重写，唉，又花了好多时间。

就这样，到了四年级，问题来了。有一天，班主任吴老师打电话给我，说小泽的语文练习卷不及格。我吓了一跳，怎么会这样！吴老师说，练习的时间是一个小时，她巡视时，发现大家一开始的速度都差不多。过了半小时，她提醒大家要写作文了，那时她正好站在小泽面前，

---

① 提供者：魏菲。

瞄了一眼他的试卷，发现他做得比别人慢多了，于是赶紧催小泽加快速度。等交卷时，吴老师问小泽是否完成了，小泽红着脸没说话。老师第一个批改了小泽的试卷，基础部分倒还好，到了阅读理解就有大片空白了，作文居然写了两三行就没有了。吴老师在电话里表示在学校里她会多关注小泽，提醒他抓紧时间，也叮嘱我们在家一定要让小泽加快速度，还说这孩子性子太慢了。唉！这个慢性子可愁死人了！

没法子，我只好再次"陪读"。小学中高年级的作业比一、二年级会多些，小泽几乎天天都做到很晚。有时，我也会假装有事离开一会儿，偷偷透过门缝观察他，发现他写着写着就抓着笔不动了，或者做一会儿作业玩一会儿橡皮、小尺。只要我出现，他就会埋头苦干。就这样紧赶慢赶，有时一个小时的作业量他也会花三个小时来完成。睡得晚又影响了第二天上课，课堂上打盹成了经常的事情。老师叫到他，他总是一副睡眼惺忪的样子，一提问，他常常不知道老师在讲什么，显然是太困了。班主任吴老师不时打来电话，让我们一定要注意提升他写作业的速度。所以，我只能端坐桌前，跟他"死磕"了。

现在，小泽五年级了，我这"陪读"生涯什么时候才能结束呢？

[案例反思]

相信很多家长和小泽的妈妈一样，有过同样的困惑：每天都看见孩子规规矩矩地坐在桌前学习，好像十分努力的样子，可为什么每天的作业总要拖很长时间才能完成，成绩也总是上不去呢？这个问题困扰着家长，也让老师陷入深思。我们有没有认真观察这些孩子的表现，并去探究现象背后的原因呢？

其实案例中的小泽，最重要的问题是对时间利用没有规划，写作业时不够专注，对完成作业缺乏计划性。一个晚上，看起来忙忙碌碌，学习了三个小时，其实真正的有效学习时间也就是一个小时左右，大部分时间都浪费在一些无足轻重的事情上了。

孩子不会规划的原因在于缺乏自主意识。其实，儿童的自主意识从出生18个月后就开始逐步发展起来了，但在这个过程中，如果教育方法不当，就很可能产生偏差，如隔代溺爱、父母的包办代替等，都可能造成孩子自主意识不够，需要父母或他人耳提面命才行。案例中的小泽妈妈就是典型的包办代替型家长，因为看着孩子速度慢，就干脆亲自上阵，帮小泽记作业、整理书桌、拿学习用具等，几乎把需要小泽自理的部分全部代劳了。表面看来，节省了孩子完成作业的时间，实际上延误了小泽自理能力的建构过程。随着时间的推移，错过了孩子独立意识的培养、专注力和学习效率训练的关键期，导致后来孩子累，家长累，大家都苦不堪言。

我的故事

你关注过孩子的作业习惯问题吗？你有什么好的做法可以与大家一起分享？如果你是案例中的老师，你会怎么做？

【随园夜话】

集思广益

主持人：不让孩子做"老赖"，这是个让很多家长深有感触的话题。对于案例中的家长和老师在对待孩子拖拉问题上的做法，你有什么看法？

观点一：孩子在学校出现了拖拉问题，老师要及时与家长取得联系。

家庭是儿童与世界最早的接触点，是一切教育的开端，更是儿童接受教育和影响最持久、最广泛的地方。国内外的教育专家普遍认为：在当今时代，教师已经不能独立解决许多复杂的教育问题！现代的学校教育迫切需要家长的积极参与。因此，家校合育就成为教育工作的重要组成部分，做好与家长的沟通工作是身为教师义不容辞的责任。

案例中的吴老师发现小泽出现作业速度慢的问题后，第一时间和小泽的家长取得联系，建立了良好的合作基础。在希望家长对孩子加以督促的同时，老师也表示在学校里也会关注孩子存在的问题，并帮其改正。这样的做法传递出老师进行家校沟通不仅仅是传达要求，而是切实的合作。在教育实践中，许多案例也表明，学校与家庭配合密切协调，学生的进步就比较显著，也能得到更好的发展。

观点二：在孩子成长的过程中，家长需要花时间陪伴在孩子的身边。

不少父母为了给子女创造优越的物质资源，提供良好的环境，会忙于工作，疏于陪伴，将孩子的教育都丢给学校，他们往往忽视了一点：良好的亲子关系是其他关系的前提，父母是孩子的第一任老师，父母的陪伴是无价的。

父母对于子女来说是无可替代的，孩子能从亲子互动中获得安全感并诱发良性情绪。案例中，小泽的妈妈能够坚持多年的陪伴，并能够积极面对小泽在成长中出现的问题，想办法帮助其解决，在孩子最需要关怀的时候能花时间陪在他身边。"陪伴"是帮助孩子的前提条件。

观点三：面对"慢"的问题，家长、老师仅关注了"慢"的表象，没有追究"慢"的原因。

试想一下，如果不是小泽的测验不及格，老师和家长是否会觉得小泽的"慢"是个大问题？也许不会。其实，"冰冻三尺非一日之寒"，当小泽在测验中显示出磨蹭的严重后果时，这个坏习惯的扭转已经到了刻不容缓的地步了。

案例中的老师将小泽的磨蹭简单地归为"性子慢"，似乎这是性格上的问题。妈妈更是觉得"慢性子"是天生的。事实真的如此吗？其实，每一个现象的发生，追根溯源，都有其本质的原因。

很少有孩子天生就是慢性子的，孩子的磨蹭都是有原因的，只有找到了原因，才能找准对策。也许孩子的磨蹭是出自对学习困难的逃避；也许孩子的磨蹭是缺乏自信，总觉得自己做得不好，总想精益求精；也许孩子的磨蹭是做事缺乏责任感和条理性；也许孩子的磨蹭是注意力不能集中。甚至孩子视力和思维发育不完全，也会造成磨蹭的现象。只有找到了原因，才能找准对策。

孩子的学习生涯很长，学习的过程也不会是一帆风顺的，各种情况都有可能遇到，所以，孩子的磨蹭很可能是由不同原因造成的。因此，遇到问题时，先不要着急指责孩子，而是要去寻找问题的根源，想办法帮孩子解决问题，相信孩子一定会改正不良学习习惯，取得进步的。

观点四：案例中的老师并没有给予家长教育方法方面的指导。

作为一名优秀的班主任，不仅要研究学校教育，更要研究家庭教育，要努力成为家长教育子女的良师益友，指导家长正确地教育自己的孩子。在孩子的成长过程中，老师还应该根据孩子的变化，帮助家长去不断地发现新方法，总结教育的规律，用良好的家庭教育照亮孩子的成长道路。

在案例中，我们发现老师对于如何解决"慢"的问题没有提供有效的方法，甚至仅仅将"慢"归结为"性子慢"。仅提出问题而无方法的指导，只会让家长更加焦虑。没有提供有力的技术支持的家校沟通，长久以往会让家长感到厌烦，给家长传递的信息仅仅为"老师又来告状了"，而不是"老师很关心我的孩子，会和我一起想办法解决问题"。如果老师能利用多种形式，如面谈，教给家长训练速度的方法；用电话、QQ或微信和家长交流实施情况，反馈效果；推荐一些家庭教育论坛、家庭教育公众号等，积极鼓励家长以各种方式学习家庭教育的理论和方法。提高家长学习家庭教育知识的积极性，让家长学会"学习"，学会教育孩子，将是家庭教育指导的最佳境界，也是家庭教育指导孜孜以求的目的。

主持人：面对孩子的作业磨蹭问题，无论在校、在家，都有需要注意的地方，如果你是案例中的班主任，你会怎么办？

方法一：创设安静的作业环境。

良好的作业环境是孩子学习的保障。一方面，固定的桌椅会让孩子容易形成专心学习的心理定式，只要孩子进入这个环境，脑子就会进入学习状态。班主任可以指导家长，在家庭中给孩子设计一块用于学习的固定位置，比如书房的写字桌或者家里固定的桌子等。另一方面，这个地方必须安静，远离电视，远离电话，远离其他孩子玩耍的地方。孩子做作业时家里最好保持安静，家长要能坚持不看电视，不看手机。如果实在要看，可以在不同的房间，但要把声音调到不打扰孩子的音量。家庭成员彼此说话不要大声，给孩子营造一处没有干扰但又不过于安静或孤立的学习环境。

方法二：安排最佳作业时间。

班主任要指导家长合理地安排孩子作业的时间，孩子每天的作业时间需要相对统一。通过日复一日的适应，孩子的自觉性也会增强。最佳时间因人而异，它取决于孩子的性格、家庭日常安排以及孩子业余活动的安排。

最佳的作业时间一般为：放学回家，稍做休息后就让孩子开始写家庭作业，尽量让他在吃饭前把要写的作业写完。如果没能写完，吃过晚饭稍加休息后就让他赶紧去写。不要把最佳时间设定在临睡前，因为这时大脑没有白天敏捷，注意力也不容易集中；也不要设定在上学前，因为这段时间很匆忙，孩子只能敷衍了事。当然，建议家长给孩子安排作业时间要前紧后松。放学回家，稍事休息几分钟就要抓紧完成当天的家庭作业。

方法三：写作业前做好各项准备工作。

时间、地点和作业记录单都准备妥了，班主任就要指导家长给孩子制订写作业的规矩了。第一，在写作业之前可以吃东西、喝水以及上厕所等，将这些容易分心的事情处理完以后，写作业的过程中不允许随意离开桌位。第二，将需要用到的书本和文具全部拿好，分别放在桌子的两侧，如在左侧放所有要用到的文具，右侧按作业先后顺序摆放好各类书和作业本。这样就避免了因杂乱而致使拿取书本、文具浪费时间，也能督促自己按事先列好的顺序依次完成作业。第三，做完一类作业，可以稍事休息。比如英语作业全部完成了，可以趁着勾画作业记录和整理的时候，休息几分钟，换换脑子，以便思维清晰地投入下一项作业。

方法四：学会核对作业记录单。

一般老师会将当天作业以短信、QQ群或微信群消息的方式发送给父母，父母每天可以让孩子对照老师的消息核对自己的作业，也可以让孩子将当天的作业抄写在作业记录本上，写完作业后对照作业记录本进行核对。安排作业顺序时，也有几个小技巧：笔头作业先做，口头作业后做；简单的作业先做，有难度的作业后做；如遇到一时想不明白的难题，留到最后解决。根据先易后难、先少后多、先笔头再口头的原则将当天作业进行分类，标注上顺序，做完一项勾画一项。这样，既不会漏掉当天的作业，而且当看到作业一项项依次完成时，还会获得成就感。

方法五：辅导作业应当引导，但不要过度帮助。

在上文中，我们也分析过，孩子作业磨蹭有一个很大的原因，可能是学业上遇到了困难。遇到这样的情况，该怎么办？班主任可以给家长提出一些建议。

叮嘱孩子按制订的写作业的计划完成作业，遇到难题，实在思考不出来，可以先放在那里，等作业全部完成了再进行思考。在二度思考时，如果还有难度，可以向家长请教。家长可以根据具体的题目，给予提示，切不可替代完成。当孩子经过提示，努力动脑筋，能够做出来的时候，要充分肯定孩子这种趋于独立的行为。如果孩子比较依赖家长，敷衍了事，就应该坚持让他独立完成。如果遇到家长也难以解答的问题，就要主动与老师联系，一起解决这个问题，一来请老师帮孩子解决难题，二来也可以请老师在学校多鼓励孩子主动提问、积极思考。

方法六：写完作业后获得的特权要有度。

为了让孩子明白只有认真完成作业才能得到奖励，家长可以先和孩子约定好特权的内容和必须完成作业后才能获取的规定。看一会儿电视、外出玩耍、和朋友聚会等都可以用来奖励孩子，比如，孩子在规定时间里完成了作业，经过自查和家长检查，发现作业质量也不错，那么孩子就可以玩一会儿玩具、看半小时电视，或者周末邀请好朋友来聚会，或者做其他喜欢的事情。但每一项特权的实行，家长要把握好尺度，在众多特权中只能选择一到两项，玩的时间不能影响学习和睡觉。建议家长将写完作业可获得的特权制度化，以条目的形式列下来，全家讨论通过后，贴在墙上，对孩子行使特权予以指导。这样明确要求后，孩子就能享受规则下的自由了。

我的观点

你关注孩子的学习习惯吗？培养良好的学习习惯是一个长期的过程。教育的过程肯定不会一帆风顺，将你积累的成功经验以及遇到的困惑提出来与身边的老师、家长一起探讨吧。

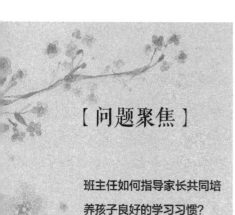

【问题聚焦】

班主任如何指导家长共同培养孩子良好的学习习惯?

通过上述讨论和分析,我们认识到培养孩子良好的学习习惯是非常重要的,可是许多家长、老师都会遇到好习惯难养成的问题,班主任如何指导家长共同培养孩子良好的学习习惯呢?

_____

_____

_____

_____

_____

_____

_____

_____

_____

_____

高手支招

成功教育,从好习惯开始 ①

学习习惯是在学习过程中经过反复练习形成的一种满足个体需要的自动化学习行为方式。良好的学习习惯,有利于激发学生学习的积极性和主动性,有利于形成学习策略,提高学习效率,有利于培养自主学习能力,有利于培养学生的创新精神和创造能力,使学生终身受益。

由孩子的作业磨蹭,自然会想到孩子的学习习惯问题,那么在孩子学习习惯培养过程中,需要重点关注哪些方面呢?

1. 按计划学习的习惯

学生的主要任务是学习,让学生养成按计划学习的习惯将有力地促进其学习效率的提升。计划应该包括每天的时间安排、考试复习安排和双休日、寒暑假安排。计划要简明,什么时间干什么,达到什么标准以及有什么注意事项等,都要有简洁明了的要求,这样的学习才会有的放矢。

结合具体情况,班主任可以指导家长帮助孩子制订常规计划:每天早晨20分钟锻炼;当天作业完成后安排半小时复习、预习;周五、周六分时间段有序地完成作业,周日上午将本周学习内容做个梳理,周日下午将作业和学习用品再次检查一遍

---

① 提供者:魏菲。

以免遗漏等。周末也要适当地安排聚会、郊游等娱乐活动，让孩子的身心得到放松。

到了复习迎考的时候，还要指导孩子根据自己的学习实际，制订相应的复习计划。可以将复习时间分成三个阶段：第一阶段疏通内容，按顺序将知识点初步复习一遍；第二阶段突破难点，对上阶段中印象不深刻或者仍不理解的知识点，重点进行复习；第三阶段练习强化，针对自己复习中出现的易错点以及本学期的重点知识等，用相应的练习形式来进行巩固。

假期则是孩子和家长最容易放松的时间，老师也可以指导家长对孩子的假期生活进行科学规划、合理安排，使假期成为锻炼身体、进行实践活动和对以往学习进行查漏补缺的好时机。

2. 专时专用、讲求效益的习惯

有些学生在学习上"磨洋工"磨得厉害，平时看书写作业，心不在焉。算算时间倒是耗得很多，就是效益不佳，其原因就是没有形成专时专用、讲求效益的习惯。

学习，应该速度、质量并重，在规定时间内，按要求完成一定数量的任务。这个道理大家都明白，但真正要做到，并不是一件容易的事。班主任要让家长认识到一旦孩子坐到书桌前，就应该进入适度紧张的学习状态。完成作业后，方可离开书桌。每次学习之后，家长可以和孩子一起检查作业，指导孩子学会评价自己的作业效果。如果孩子能做到及时完成作业且正确率较高，就可以多奖励他一些自由活动时间；反之，如果孩子作业磨蹭且错误率高，也要进行批评。这样坚持下去，孩子就能形成专时专用的好习惯，做到该学时学、该玩时玩。

3. 合理把握学习过程的习惯

学习过程包括预习、听课、复习、做作业等多个环节，只有合理把握，才能收到良好的效果。班主任可以利用家长会这样的集体交流活动，进行专题指导，让家长认识到各个学习环节的重要性，掌握一些科学的指导方法。课前预习可以扫除课堂学习的知识障碍，提高听课效率，还可以改变学习的被动局面。集中注意力听课是非常重要的，回家指导孩子口头复述课堂学习过程，把老师在讲课时运用的思维形式、思维规律和思维方法理解清楚。这样做的目的是让孩子向老师学习如何科学地思考问题，以便使孩子思维能力的发展建立在科学的基础上，使其对知识的领会进入更高级的境界。及时复习的优点在于巩固和加深对学习内容的理解，防止通常在学习后发生的急速遗忘。根据艾宾浩斯遗忘曲线，识记后的两三天，遗忘速度最快，然后逐渐缓慢下来。因此，对刚学过的知识应及时复习。做作业是为了及时检查学习的效果，知识有没有记住，记到什么程度，能否会应用，应用的能力有多强。这些学习效果问题单凭自我感觉是不准确的，要在做作业时通过对知识的应用才能得到及时的检验。

无论家长还是老师，首先自身要清楚学习的过程像链条一样环环相扣、缺一不可。在培养孩子养成好习惯的时候，任何一个环节都不能草率带过。拿语文来说，预习时要自学生字，读通课文，想想课文写了什么；课堂学习时要重点听自己不理解的地方；复习时则要熟练书写本课生词，理解重点词语的意思、课文中心思想、人物品质等；如果这课作业能轻松完成，就证明走实了学习的全过程。

4. 自学的习惯

自学是获取知识的主要途径。就学习过程而言，老师只是引路人，学生才是学习的真正主体，学习中的大量问题要靠学生自己去解决。阅读是自学的一种形式，通过阅读教科书，主动查阅工具书和资料，独立领会知识，把握概念本质内涵，分析知识前后联系；反复推敲、理解教材，可深化知识，形成能力。

班主任要指导家长采用多种方法鼓励孩子提高自学意识。家长可以在假期准备好下学期的教材，鼓励孩子自己阅读，看看能有多少内容是看得懂的。如果遇到有难度的内容，鼓励孩子跟家长、老师进行讨论。家长可以不进行专门的讲解，但是一旦孩子能提出有价值的问题，就要进行表扬、肯定。班主任也可以将每学期开学的第一周作为孩子独立阅读教科书周，用一周的时间通读教科书，培养孩子主动学习的意识。

5.独立钻研、善于思考的习惯

学习最忌死记硬背，所以不论学习什么内容，都要问为什么，这样学到的知识才似有源之水、有本之木。激发求知欲、好奇心，往往是培养孩子学习兴趣的重要途径，更重要的是有助于培养其良好的思考习惯，是对思维品质的训练。在学习过程中，班主任要指导家长有意识地培养孩子注意新旧知识之间、学科之间、所学内容与生活实际之间的联系，不要孤立地对待知识，要养成多角度地思考问题的习惯，主动地去训练思维的流畅性、灵活性及独创性。知识的学习主要通过思维活动来实现，学习的核心就是思维，只有拥有了良好的学习习惯，才能取得理想的学习成绩，为今后的美好人生奠定良好的基础。因此，为了让孩子爱上学习，取得好成绩，班主任和家长应齐心从"培养孩子的良好习惯"开始。

专家解读
家校合力，共治"拖延症"①

本案例中的主人公小泽在生活、学习中拖拖拉拉，每天被妈妈催促，在妈妈的监督下学习，日复一日生活在焦虑、恐慌之中，在心理上已经对学习产生很大的厌倦。主人公这种拖拉的现象就是现在社会上俗称的"拖延症"。

拖延症，意味着"将之前的事情放置明天"。拖延症总是表现在各种小事上，但经过日积月累，特别影响个人发展。脍炙人口的《明日歌》——"明日复明日，明日何其多。我生待明日，万事成蹉跎"，也说明了拖拉造成的影响之大。

面对案例中小泽的拖拉现象，家长和老师可以携起手来，尝试从以下几个方面进行合作教育，以改善小泽的现状。

1.家校会诊，寻根问源

---

① 解读专家：张萍，常州市花园中学教师，常州市学科带头人，常州市特级教师后备人才，常州市初中德育活动策划名教师工作室领衔人。

有计划地学习，确实是家长和老师都希望看到的结果，但现实中，有了学习计划却不能实施的现象为数不少。要真正做到制订好学习计划并坚持予以落实，就一定要先找到孩子不能按计划学习的原因，这需要家庭和学校之间的通力合作。建议家长和老师约好时间见个面，互相交流一下日常生活中对小泽的观察结果，努力从孩子作业拖拉的现象背后找到真实原因。一般来说，作业拖拉的孩子会存在这样一些问题：一是人生理想模糊，导致学习动力缺乏；二是责任意识淡薄，导致学习目标不清晰；三是自理能力较差，导致学习自主性不够；四是家庭教育越位，导致学习习惯培养不到位。有的孩子身上也许存在一个问题，有的孩子也许有两三个甚至更多的问题。通过家校会诊，对孩子的问题进行准确分析，可以为解决问题提供科学依据。

2. 双管齐下，对症下药

找到孩子拖拉的根本原因后，我们就要制订相应的解决方案并付诸实施。四个问题中，首先要解决的是第一个，即"人生理想模糊，导致学习动力缺乏"。它是最深层次的问题，也是最根本的问题。下面主要针对第一个问题谈谈具体措施。

"人生理想模糊，导致学习动力缺乏"，一般表现为孩子对未来没有自己的打算和追求，学习比较被动，对学习成绩不是很在乎。他们往往会因为父母的责备、老师的批评而难受，却较少因为学习本身的不如意而不开心。因此，这些孩子的学习动机是为了父母、为了老师。解决这一问题，家长和老师要通力合作、共同行动。班主任要在班内以主题班会等形式进行理想教育，引导每一个学生树立远大的人生理想。对于小学阶段的理想教育，班主任可多树立各行各业的英雄人物形象，让学生在模糊的人物崇拜中树立最初的人生理想。美好而幼稚的理想，可以让童年更加丰富多彩，让孩子的学习充满活力。对于中学阶段的理想教育，班主任可以结合职业生涯规划课程，帮助学生了解各行各业对社会的贡献，以及各种职业对于从业人员专业品质的要求，让学生确立更清晰、更实际的人生理想。作为家长，在家庭教育中，要通过谈话等方式对孩子进行人生理想的引导，做到既尊重和鼓励孩子的选择，又能提供方法上的建议。如果孩子的理想很高很大，家长不要打击、干涉，要鼓励孩子的选择，并鼓励孩子为之而努力奋斗。如果孩子的理想很平凡很一般，家长不要着急、不要否定，要听听孩子的想法，并让孩子明白平凡的岗位一样可以做出出色的成绩。其实，理想不是一成不变的，理想往往会随着孩子的成长而变得越来越合理。如果孩子对未来完全没有设想，不知道该树立什么样的理想，家长可以和孩子一起寻找理想。具体做法是：让孩子拿出一张白纸，在纸的左侧写上10项自己的兴趣爱好，在纸的右侧写上自己能够接受的10项职业，然后家长和孩子一起寻找左侧和右侧内容的共同之处，以期寻找到与孩子兴趣特长相关的理想。如果孩子对未来持无所谓、无追求的态度，家长要特别关注孩子的精神世界，多带孩子感受学校、家庭以外的生活，多陪孩子外出旅游，甚至走出国门，开阔孩子视野，让孩子体验到生活的丰富多彩，激起孩子对未来生活的渴望；同时，家长要有意识地培养孩子阅读书报的习惯，关心国家大事，了解名人故事和民族历史，引导孩子认识到人生价值所在，激起孩子为民族、为人类造福的抱负。其实，树立什么样的理想并不是最重要的，最重要的是两点：一是人一定要有理想，二是树立理想时应以自己能为社会作多大的贡献为主要出发点。

解决了第一个问题，其他问题都可以通过相关训练依次解决。如责任意识淡薄、自理能力较差的问题，可以通过设立班级岗位、家庭劳动责任承包等方式培养其责任意识，通过寻找竞争对手、制订学习计划、寻找同伴互助等方式树立学习目标，加强学习自主性。又如"家庭教育越位，导致学习习惯培养不到位"问题，家长可通过注意力训练法提高孩子学习时的注意力。家长要有意识地减少对孩子学习的干预，在孩子遇到学习困难的时候，不要包办解决，多鼓励孩子通过回忆课堂所学找到思路，引导孩子总结学习方法，教会孩子独立学习、独立思考，让孩子在克服困难的过程中找到成就感。

3.三方同心，贵在坚持

习惯的养成需要一个周期，孩子、家长和老师都应该知道这一道理。没有一蹴而就的速成法，成功需要持之以恒的努力。

　　有这样一个故事，苏格拉底的学生问苏格拉底如何才能像他那样伟大博学，成为一个广受尊敬和赞誉的人。苏格拉底听后没有直接回答，只是说："今天我们来做一件最简单也是最容易的事，每人把胳膊尽量往前甩，然后再尽量往后甩。"苏格拉底示范一遍后说："从今天起，每天做300下，大家能做到吗？"学生都笑了，这么简单的事，还有什么不能做到的呢？一个月后，苏格拉底问他的学生："每天甩手300下，都有哪些同学坚持了？"有九成的学生骄傲地举起了手。又一个月后，苏格拉底再次问学生时，有八成的学生举手。一年后，苏格拉底再次问大家："请告诉我，最简单的甩手动作，还有哪个同学坚持了？"这时，只有一个学生举了手，这个学生便是柏拉图。柏拉图继承了苏格拉底的哲学思想并创建了自己的哲学体系，同时，他也培养出了另一位伟大的哲人亚里士多德。

　　这个故事告诉我们，如果你想成功，实现自己的目标，最大的敌人就是自己的惰性。培养一个好习惯最难的就是坚持，很多孩子在刚开始培养习惯的时候都雄心壮志，但一段时间之后就感到枯燥、乏味，包括很多家长在习惯培养初期比较关注孩子这方面的情况，但一段时间之后就放松了要求，往往使得学习习惯的培养前功尽弃。心理学家研究指出，一项看似简单的行动，如果你能坚持重复21天以上，你就会形成习惯；如果坚持重复90天以上，就会形成稳定习惯；如果能坚持重复365天以上，你想改变都很困难。当你把一个习惯培养成自己的自觉行为之后，那么这个习惯就成了让你终身难舍的伴侣。

　　培养一个新习惯的最初，家长和老师可以帮助孩子确立一个阶段性的目标，鼓励孩子自我评价目标达成情况，并给予自己相应奖惩。如果需要家长和老师的外力督促，孩子可以向家长和老师寻求帮助。家长和老师对孩子的点滴进步予以及时表扬和激励，并坚持为孩子加油鼓劲。及时的评价反馈在同一个习惯培养的一周以后显得尤为重要，这是孩子、家长和老师都容易放松的时候，也是坏习惯周期性反弹的时期。只要孩子、家长和老师三方一起努力，朝着一个共同的目标，以强大的耐心和意志力，坚持不懈地付出，好习惯一定会养成。

指导家长和孩子一起制订学习计划①

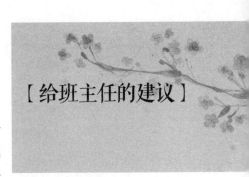

【给班主任的建议】

从本专题开篇的家庭教育案例中可以看出，老师和家长都明白磨蹭带来的害处，但是如何从根本上改变磨蹭，培养孩子良好的学习习惯，说再多的理论，也不如先做起来。案例中的老师希望通过指导家长和孩子一起制订学习计划的方式，帮助孩子逐步养成良好的学习习惯。

有了计划之后，孩子就知道自己要做什么、如何做、如何分配自己的时间，就可以做到有条不紊、应对自如了。

老师先指导小泽列作业清单。

作业记录表

年级：　　　　　　　　　　　　　　　　第（　　）周

时间	项目	语文作业	数学作业	英语作业	其他作业
周一	家庭作业				
	参考用时				
	完成情况				
周二	家庭作业				
	参考用时				
	完成情况				
周三	家庭作业				
	参考用时				
	完成情况				

---

① 提供者：魏菲。

续表

时间	项目	语文作业	数学作业	英语作业	其他作业
周四	家庭作业				
	参考用时				
	完成情况				
周五	家庭作业				
	参考用时				
	完成情况				
周末	家庭作业				
	参考用时				
	完成情况				

每天放学回家后，将作业前的所有准备工作都做好，就开始计时完成作业。用这样的方法，既可以了解孩子完成每项作业需要的时间，也可以为提高速度寻求依据。比如同样是默写20个词语，周一用时30分钟，周二用时28分钟，依次记下周三到周五的时间，进行比较。用数据告诉孩子他的作业速度是加快了还是减慢了。通过一段时间的监督以及跟孩子一起分析数据，可以帮助孩子找到自己学习中的难点，找到造成做作业拖拉的最大问题，进一步共同分析出产生问题的真正原因。

妈妈由坐在孩子身边读书、看报或者做其他安静的工作开始，逐渐过渡到离开孩子身边，适时地来关注一下孩子的写字姿势、有没有分神等，真正用督促帮助孩子改掉磨蹭的不良习惯。

一个月以后，小泽做作业时分神的时候少了，做作业的速度与以前相比快了很多。小泽跟妈妈都尝到了作业清单的甜头。

作业清单是学习计划的一种形式，除了作业清单，老师也可以建议家长来制订一个月甚至一学期的学习计划。

制订一个合理的学期计划，需要老师、家长和孩子考虑以下几个方面的内容。

第一，确定本学期所要达到的学习目标。给自己各门学科的学习都确定一个目标，比如学科成绩大约达到什么等级、与之前比取得多大的进步等。确立奋斗的方向，对促进孩子主动掌握知识、培养能力和提高学习成绩是大有帮助的。当然，目标的设立要合理，不要超出孩子的实际水平，让孩子以小步子稳步前进。

第二，要进行合理的时间安排。时间安排主要涉及以下三项内容。

一是学习目标与任务的分解与时间安排。时间安排应以学习目标层层分解的情况和学习任务量的大小做出具体的安排。应注意：时间安排要具体到每一天的某时段，而且每天的时段最好能固定下来。还要大体地做好分期、分阶段的学习目标与任务的分解与时间安排。每天学习任务量的安排要合适，既不能过大，也不能过小，每天任务量的大小应是孩子踮起脚尖能够得着的，不能过于勉强。

二是对各学习科目的时间分配做好统筹安排。一个学生在同一时间段内常常会面临多项学习任务，不可能为了一个学习目标把其他学习科目放弃。这就有一个按学习任务的大小、主次进行时间的先后、区段、长短的合理分配问题，不仅如此，在时间的分配上还要尽可能地有利于各学习任务的实现及避免相互之间的干扰。

三是作息时间的安排。劳逸结合可以促进学习。每个孩子都应有正常的休息、运动和娱乐时间，这是必需的。这就存在一个作息时间的合理安排问题。

第三，计划中要体现奖惩内容。一个好习惯的养成需要顽强的毅力，有的孩子就难以坚持，这就需要老师指导家长从孩子的兴趣入手，制订合理的奖惩措施，帮助他、监督他完成各种计划，使之形成习惯。奖惩的方法可以和孩子商量制订，家长一方面做孩子计划执行的陪伴者，一方面要做信守诺言、奖罚分明的评判者。

下面来看一个案例，一位家长从孩子的学习习惯、生活习惯和行为习惯抓起，给孩子制订了如下学期计划。

一、常规计划表

6：30起床，起床时间为10分钟。

6:40开始洗漱,争取10分钟内完成。

6:50开始练习跳绳,首先跳1分钟,测试跳绳速度,第二次则是跳满2分钟,训练耐力。

7:00开始吃早饭。

7:30离开家去上学。

16:30放学回家后,洗手、上厕所、喝水等。

16:45开始写作业。根据作业清单完成作业,并记录作业时间。所有作业完成后,用半小时自己回顾一天的学习内容。

晚饭后,练习羽毛球颠球、挥拍,共30分钟,然后是自主安排阅读和玩耍时间。

20:20开始洗漱,10分钟内完成。

20:50准时睡觉。

二、周末计划表

1. 双休日的作业必须利用周五晚上和周六白天的时间完成。

2. 周六、周日的起床时间推迟到7点半,但跳绳仍要进行。

3. 周日早晨8点半开始回顾一周学习内容,掌握错题对应的知识点,然后整理好自己的书本、学习用具。

4. 根据一周表现,可自由安排周末的其他时间。看电视、玩电脑时间为周六、周日各一小时。

三、家庭星星榜

1. "坚持星":每天按照作息时间表作息得一颗星。每天坚持跳绳、练习羽毛球得一颗星。

2. "学习星":每天认真独立完成家庭作业,自己先检查,然后妈妈检查没有错误可以得一颗星。作业整齐干净,字体工整,得一颗星。准备一个错题本,能主动把每次做错的题抄到错题本上,及时改正,可以得一颗星。

3. "阅读星":每天自己阅读达30分钟得一颗星。

4. "劳动星":帮妈妈做家务,早起自己叠被子,晚上自己整理书包得一颗星。

5. "表现星"：上课时能主动回答老师提出的问题一次得一颗星，主动和别人打招呼或交谈得一颗星。

四、奖罚办法

1. 每得到10颗"学习星"（包括"阅读星""表现星"），可以奖励一本喜欢的书或者看一部喜欢的电影。

2. 每得到10颗"坚持星"或是"劳动星"，可以邀请同学来家做客一次或者出去游玩一次。

在计划的执行阶段，原则上应该严格执行，但如果实际情况需要，也不要太过于拘泥。要注意及时鼓励孩子向老师请教学习方法，和同学交流学习心得，合理地调整学习计划，培养执行计划的主动性。

在帮助孩子制订学习计划时，一定要注意"四忌"。

第一忌是"忌空洞"。在制订学习计划的时候，一定要注意把孩子学习中的具体任务列出来，然后把学习任务具体分配到每一周、每一天去，这样才有实际意义，避免"假、大、空"。

第二忌是"忌拖欠"。现在的孩子大多娇生惯养，意志不坚强。有些孩子，一听到学习计划能够提高自己的成绩，就高高兴兴地制订了。可是，一到具体执行的时候，就会觉得："怎么这么累啊？"结果，早上起不来，晚上坚持不下去。家长一督促，他就嚷："急什么，不还有时间嘛！"父母出于疼爱孩子的心理，对孩子的"拖欠"常常睁一只眼闭一只眼，即使批评，也是不痛不痒地说几句，孩子听了当作耳边风。结果，计划也得不到执行，而且助长了孩子懒惰、拖拉的恶习。所以，一旦制订了计划，除非遇到生病等特殊情况，父母就一定要督促孩子坚持下去，对于孩子"明天再做"的行为，一定要及时地进行批评教育。这样，不仅有助于保证学习计划的实施，也有助于培养孩子的坚强意志，培养他们的恒心和毅力。

第三忌是"忌太满"。有些父母面对孩子"欠账"的行为没有办法，还有一些父母则认为："一旦制订了学习计划，那就必须执行，即使你今天晚上没事做，坐也要坐到10点！"这是对孩子要求非常苛刻的父母。有些父母出于望子成龙、望女成凤的爱子之心，还会给孩子布置大量的课外功课，每天早上要求孩子早早起来，背诵英语；晚上回到家，又给孩子布置大量的习题，做不完就不许睡觉；每周一、三、五晚上给孩子请数学家庭教师，二、四、六晚上给孩子请英语家庭教师；周末也不闲着，参加补习班、提高班……。孩子的每一天都被安排得满满的，他们像一根绷紧的橡皮筋一样，很是紧张。

对于这样过紧的安排，孩子会觉得很累。而且，面对父母的严格控制，孩子渐渐地就任由家长摆布，失去了学习的积极性，没有了学习兴趣。他们渐渐地学会逆来顺受："反正是你让我参加这个班那个班，让我每天晚上学到10点的，那好，我就听你的，你让我怎样做我就怎样做。"每天消极地坐在那里，无精打采，看上去像在看书，其实心早就不知道到哪里去了，当然也就不会取得好的效果。

所以，要根据孩子的承受能力、在实际学习中遇到的问题来设定每天的学习内容，不要超出孩子的能力范围，"太满"不仅不会取得好的学习效果，反而会损害他们的身心健康。此外，还要正确处理学习与休息、娱乐、体育锻炼的关系，只有如此，才能提高学习效率，起到事半功倍的作用。

第四忌是"忌僵化"。不少父母有这样的经历，一开学，自己的孩子就高高兴兴地制订了一份计划，每天做什么，复习什么，都清清楚楚地列在上面，父母看了很高兴。其实，在学习过程中会发生许多的事情，只用一份一成不变的计划，怎么能够适应变化的学习生活呢？制订一份适合自己的并能及时调整的计划对孩子的学习非常重要。

所以，班主任应该指导家长在教孩子制订计划的时候，一定要引导孩子注意思考，要根据自身的实际情况来适时调整计划。切忌一份计划用一学期，以不变应万变，这样的话，计划就会流于形式，起不到引导、督促孩子学习的作用。

在引导孩子做计划的时候，既要做长期计划，又要做近期计划。长期计划可以和孩子长期的发展目标、个人理想结合起来，可以笼统一些；近期计划则要和孩子短期内的学习任务结合起来，一定要具体，不能模糊。

父母在指导孩子做学习计划的时候，对于长期计划，要高瞻远瞩，统筹安排；对于近期计划，目标制订得既不能过高，也不能过低，要根据孩子的能力量力而为。如果目标制订得过高，经过努力仍难以达到，就会挫伤孩子的积极性；目标制订得过低，很容易做到，也起不到促进学习的作用。还应该让孩子明白，理想中的目标并不是一伸手就可以摘到的果子，而是必须找到合适的梯子攀登上去才能够着的果实。无论是长期计划还是短期计划，都是帮助孩子实现自己目标的办法，只有把两者统一起来，才能帮助他们逐步地实现心中的梦想。

[推荐阅读]

1.木紫，《小学生学习习惯关键培养》，中国妇女出版社，2017年
2.蔡万刚，《如何培养小学生的高效学习态度》，辽宁人民出版社，2019年

我的行动计划

对于如何养成孩子良好的学习习惯，上述讨论和点评有没有给你一点启发呢？当家长需要方法指导的时候，班主任不妨先试着与家长一起指导孩子制订一份学习计划，然后去积极尝试。

七日谈 | 适合的才是最好的
——指导孩子培养兴趣爱好

案例故事
- 画出自由天空

随园夜话

集思广益

行动转化

问题聚焦
- 班主任和家长如何共同努力培养孩子的兴趣爱好？

高手支招
- 为孩子选择合适的兴趣班

专家解读
- 成长是终身的

给班主任的建议
- 用好班会课，搭建兴趣发展的平台

［随园小语］

兴趣是最好的老师。

——爱因斯坦

知之者不如好之者，好之者不如乐之者。

——《论语》

理想的书籍是智慧的钥匙。

——列夫·托尔斯泰

书籍是全人类的营养品，生活里没有书籍，就好像没有阳光；智慧里没有书籍，就好像鸟儿没有翅膀。

——莎士比亚

画出自由天空 ①

[案例故事]

[家长叙述]

两年前的那个周末，跟往常一样，我吃过早饭，便匆忙骑车带孩子去上钢琴课。在外凑合解决午饭后，下午再送孩子去绘画班学绘画。

从绘画班出来，天色已暗，细雨连绵。我们回到家，时钟已经指到了"7"。等候已久的父母立即从厨房里端出早已准备好的热腾腾的饭菜。看着孩子的无精打采，看着父母的欲言又止，所有的委屈霎时涌上心头：我知道孩子在埋怨我，学的东西太多；我知道父母在埋怨我，给孩子的担子太重。可这些我又何尝不知？

"不能让孩子输在起跑线上。"我家是个女儿，我希望她能学舞蹈，练体形；学钢琴，练气质；学书法，练好字；学奥数，练思维……。在举棋不定中，我最终替孩子报了钢琴、舞蹈和绘画班。才一年级的女儿已经有了一年的课外学习生涯。父母年事已高，孩子他爸工作繁忙，这一年都是我一个人接送、陪伴孩子。风里来，雨里去，从不停歇，整个人就好似一个旋转的陀螺，不停地转啊，转啊。

忍住内心的委屈，我们一起吃完了饭。孩子照例"被"坐在钢琴前，有一下没一下地敲击着琴键。听着那断断续续、不成音调的琴声，我终于爆发了："你能不能好好练？究竟还学不学？"女儿"哇"的一声哭了起来，抽泣道："我不喜欢钢琴，不喜欢！""我带你去乐器店的时候，不是你自己选的吗？"孩子只低着头流着泪，烦躁的我扭头回到房间。几次拿起电话，又放下，最终我还是拨通了孩子班主任的电话。

"我正准备这两天找你聊聊。前些天校园艺术节时，小琪坐在我旁边。台上有个高年级孩子表演钢琴独奏，我就拉拉她的手对她说：'听说你也学钢琴，下次你也弹一首曲子给我们听？'原来还像麻雀一样开

---

① 提供者：赵婷，镇江实验学校教师，镇江市骨干教师，镇江市润州区德育先进个人。

心的小琪沉默了好久才对我说：'老师，我不喜欢钢琴！上课前，我就紧张得想上厕所，不愿意看见那些令人讨厌的小蝌蚪。'可能我们在给孩子选择兴趣班时，更多的还要尊重孩子的意愿……"

老师的一席话让情绪激动的我冷静了下来：在培养孩子的兴趣爱好方面，我尊重孩子了吗？当初选择乐器的时候，我故意把孩子带到钢琴面前，什么也不明白的小家伙在我的诱导下选择了钢琴。为了让孩子学习钢琴，我已经投入了不少资金和精力，当初买一架钢琴就花了一万多，坚持己见还是现在放弃？我心中总有不甘，此刻进退两难。

一周后，情绪有些平复的我终于跟孩子聊了钢琴这个话题。空荡荡的客厅里，孩子坐在钢琴凳上噘着嘴，看着我，我在她的眼里看不见兴奋。相反，聊起绘画时，她那双黑豆般的眼睛闪着光。这一刻，我知道自己真的错了，心中那微弱的希冀瞬间湮灭。

为了女儿，我忍痛割爱，放弃了我一厢情愿、苦苦追寻的钢琴梦。因为喜欢绘画，又少了钢琴课，孩子学得兴致勃勃。每次下课，她都拿着自己的绘画作品向我介绍。听着她滔滔不绝地讲着，看着她神采飞扬的样子，我不禁暗自庆幸。没多久，她就被老师推荐代表学校参加绘画比赛，还取得了优异的成绩。

但很快我又发现了问题：因为活动多、学习难度越来越大，孩子每天拿起作业就无精打采的，作业的正确率很低，甚至我发现她的课本上竟然多了一个个小人。她跟我说了好几次："妈妈，我上课听不进去，就想画画！"我看着很是心疼，又为她学习成绩的退步而着急，准备减少她上绘画课的次数或者停掉，孩子也同意了。孩子的班主任找到并劝导我说："这孩子在绘画上很有天赋，既然是学习就肯定要吃苦，孩子已经选择了绘画，你应该支持她、鼓励她，迎难而上！在课堂上我们也会多关注她，不让她掉队。"

我听了有些心动，就又和女儿商量如何把时间安排得更加合理。孩子有了我的支持，学习绘画更加积极，而更让我欣慰的是，她的学习成绩也稳步提高了。

［案例反思］

听了小琪妈妈的叙述，我沉思良久。

作为一名家长，我深深地理解她，因为我也曾像她这样进退两难。"不能让孩子输在起跑线上"激励着我们每个家长投入大量的精力与财力培养孩子的兴趣爱好。为了让孩子超越别人，家长或者逼迫孩子选择与升学有关的兴趣班，或者盲目跟风，选择时尚高雅的兴趣班，忽略了孩子内心真正的兴趣与爱好，结果事与愿违。

作为一名班主任，我很高兴地看到小琪在兴趣发展方面的点滴进步。进入小学后，孩子的学习任务会越来越多，每个人的精力是有限的。作为班主任，我不仅关注孩子对每门功课是否有兴趣，还关注他们的个性化发展。培养孩子广泛的兴趣，有助于培养其学习能动性以及创造性。法国著名的昆虫学家法布尔正因为从小对昆虫产生了浓厚的兴趣，并坚持一生研究昆虫，最终写下了巨著《昆虫记》，为昆虫学作出了巨大的贡献。同时，我主动与家长沟通交流，结合自己的专业知识与家长分享关于孩子兴趣培养的看法与做法。当发现学生身上的闪光点时，不吝啬鼓励赞美的语言；当发现学生身上的问题时，也及时地告诉家长。我和家长通过沟通交流，最终达成了共识：尊重孩子的选择，适合的才是最好的。

小琪的经历深深地触动了我。在今后的教育教学中，我会继续与家长密切配合，共同努力培养孩子的兴趣爱好，让孩子享受其中的乐趣，让孩子的梦想之花尽情绽放。

我的故事

如果你是案例中的老师，你会怎么做？平时你关注过孩子的兴趣爱好吗？为了培养孩子的兴趣爱好，你做过哪些尝试？请与大家一起分享吧。

主持人："适合的才是最好的"，这是一个有关兴趣爱好的话题，我们或多或少从案例中捕捉到了自己的身影。那么，对于案例中的家长和老师在对待孩子兴趣培养时的做法，你有什么看法？

【随园夜话】

观点一：尊重孩子的选择，帮助孩子积极地发展自己的兴趣。

有一天，听到同事向我们抱怨："唉！我儿子对葫芦丝的热情已经消失了，今天不肯上兴趣班了。又要换吗？"听了他的话，我不禁想到：在现实生活中，不是所有的孩子都像小琪那么幸运，有理解她的老师和家长；同样，不是所有的家长都像小琪妈妈那么幸运，第二次选择的就是孩子的最爱。事实是，有的家长和孩子一直匆匆地奔波在寻找兴趣的路上。今天儿子喜欢钢琴，去报钢琴兴趣班；练习一个月后，发现枯燥乏味，于是转向书法；练习几天后，发现书写太累太单调，于是转向……。家长完全尊重孩子的选择，可是，事与愿违，孩子总是在抱怨、放弃。其实，孩子的注意力往往是短暂的，兴趣容易转移，"朝三暮四"是正常现象。发现一项兴趣不易，巩固一项兴趣更不易。那么，家长就要有一双抓住兴趣的手，全面、客观地了解各种兴趣班，结合孩子自身的实际状况，冷静对待孩子的选择。一旦选定兴趣班，家长要有一份培养孩子兴趣的耐心，以积极乐观的心态来享受孩子的兴趣发展过程，同时要掌握一些兴趣引导的技巧，巧妙地变换方法，以延续孩子的兴趣，直到孩子能自觉发展自己的兴趣爱好。

观点二：面对学习成绩与兴趣培养的矛盾，家校合作，不抛弃、不放弃，共同守护孩子的梦想。

从家长的叙述中，我们发现，面对学习成绩与兴趣培养的矛盾时，家长一开始选择了向学习成绩妥协，为了不影响孩子的学习，减少甚至放弃绘画的时间。因为当今的学校，分数是衡量一名学生的重要标准。

特别是进入初中，这样的心理会导致很多家长和孩子忍痛放弃小学期间发展多年的兴趣爱好。不过可喜的是，案例中的班主任更看重的是孩子的能力，及时与家长沟通并给予帮助，鼓励孩子迎难而上。幸运的小琪因为有这样的老师，才能画出一片属于自己的天空，能够充分地展示自我。因此，当学习成绩与兴趣培养产生矛盾时，我们不能唯"分数论"，而是应该仔细分析实际情况，家校合作，不抛弃、不放弃，尽可能做到学习成绩与兴趣发展两不误，共同守护孩子的梦想。

观点三：明确目标，转换角度，让学习成绩与兴趣培养和谐统一。

案例中的小琪在妈妈的支持下放弃了钢琴，继续学习自己最喜爱的绘画，并为此付出了努力。每个人的精力是有限的，小琪的学习成绩逐步下降，在妈妈和老师的鼓励支持下，她没有放弃，而是调整时间、改进方法，做到学校学习与课后绘画两不误。然而，许多孩子不管怎么调整改进，学习成绩就是没有起色，对兴趣培养的热情也大打折扣，甚至因此而放弃。其实，学习成绩与兴趣培养是可以和谐统一的。兴趣爱好广泛，可以使自己知识更丰富、能力更强。如果把学习当作其中的一项兴趣爱好来培养，成绩怎么可能不提高？因此，就需要明确目标，弄清楚两者的关系，把握好兴趣培养的度。老师和家长要指导孩子分清主次，合理安排时间。

行动转化

> 主持人：面对孩子兴趣爱好的培养，你会怎么办？作为班主任，你有哪些与家长合作共同引导孩子发展兴趣爱好的做法？

方法一：构建良好的发展平台。

在兴趣的选择上，我们倡导尊重儿童，理解儿童，支持儿童。没有适当的刺激或良好环境支持的时候，兴趣会像转瞬即逝的火花一样消失。作为老师，我们要为学生搭建良好的平台，更好地为他们服务。比如：运动会是体育爱好者的天堂，同学们的呐喊助威就是给体育爱好者最好的奖励；班会课是每个人的舞台，每个人可以尽情展示自己的兴趣爱好；语文课前三分钟演讲，也许会成就一个个未来的演说家；社团活动也是个很好的平台，让学生根据自己的兴趣爱好选择课程，老师进行适当的方法指导，引导他们的兴趣之路越走越宽……。有了这些平台，学生不仅能很好地发展自己的兴趣爱好，而且能促使自己以饱满的热情投入到学习中去。

尊重学生的兴趣选择，不是盲目尊重。我们要指导学生选择有益的兴趣。比如，现在的学生喜欢使用电脑、手机等电子产品，对这一爱好的支持应该是有条件的，如使用范围、使用时间的确定等，都要对他们提出约束性要求。班主任要指导家长为孩子制订电子产品使用公约，这样才能更好地发展孩子的兴趣。

又如，现在人人都很重视阅读，在培养孩子阅读兴趣和阅读习惯过程中，老师和家长的教育和引导起着至关重要的作用。老师和家长可以共同指导孩子：定下书单，制订阅读计划，确立一个个小的阅读目标，然后逐步去完成；做做批注，圈点勾画，用喜欢的符号在文章的空白处记录下自己的阅读心得；写写笔记，或摘抄文章中的语言优美、富有哲理情思的精彩语段，或编写阅读提纲、撰写阅读体会，也可以设计自己喜欢的风格和样式的读书卡片；尝试创作，展开联想和想象，可以续写、扩写、缩写或改写，培养阅读兴趣，锻炼创作思维。

当兴趣培养与课内学习发生冲突时，我们要采取适当的措施尊重每个孩子的兴趣发展。比如小周同学，他特别喜欢折纸，我们经常在他的课桌里发现折叠好的菠萝、小船等。有段时间他的成绩有所下降，面对这种情况，我没有阻止他，而是和他"约法三章"：上课认真听，不折纸；下课时间短，不折纸；回家完成学习任务后可折纸半小时作为休息；负责班级布置的折纸任务。这样做，既没有扼杀他对折纸的兴趣，又防止了成绩下降，一举两得。现在他是班级公认的折纸大王，而且学习成绩也在不断上升。

方法二：开展丰富多彩的亲子活动。

亲子活动是由家长和孩子共同参与、相互合作进行的一项活动。它可以让家长有足够的时间与孩子交流，通过与孩子的正面接触，了解孩子的兴趣爱好与内心想法，鼓励孩子培养自己真正喜欢的兴趣爱好，增强孩子的自信心。这样做还可以促进亲子关系的健康发展，为家长、学校、孩子之间架起一座沟通的桥梁。

亲子活动的内容是丰富多彩的，形式可以是多种多样的。在校内，举办艺术节、体艺节、入学仪式、青春仪式、庆祝国庆节等大型活动时，可以邀请家长参与，布置教室、排练节目、共同表演，甚至一起竞技。这样既为学生创建了展示平台，又让父母看见自己的成果。亲子同乐，家长更容易了解自己的孩子，更深入地了解自己孩子的喜好，从而更有针对性地指导孩子的兴趣发展，为孩子今后更好的兴趣发展作铺垫。还可以邀请不同的家长参加小论坛，设计话题，讨论交流，在智慧的碰撞中产生新的火花。

在校外，孩子与家长可以共同参加志愿者活动，走进社区，过年写春联送给他人，参加小区活动才艺展示，既给别人带去欢乐，又能展示自己的兴趣特长，为社会贡献自己的力量。老师精心设计寒暑假的亲子活动，如"小鬼当家""我和父母谈名著""写给父母的一封信"等，让父母和孩子共同完成任务，提供亲子相处的机会，开学后评选出表现最优秀的家庭并给予全校表扬。

这些亲子活动能让家长积极参与到学校教育中来，使家长有机会更了解自己的孩子，更有利于帮助孩子找到和发展自己的兴趣爱好。同时，也可以密切亲子关系，为家庭、学校教育创造良好的条件。

方法三：建立多样化家校联系机制。

现在有一部分家长虽有望子成龙之心，却无科学的教育子女的方法，这就需要老师主动了解家长对孩子兴趣培养的目标和方法，尊重和理解各位家长的实际做法。在此基础上结合孩子实际，与家长共同就孩子的身体健康、智力潜能、习惯爱好、学习情况等方面进行讨论，取得共识，然后找出孩子目前在兴趣发展方面的问题，再讨论具体的教育方法，共同研究，共同指导。

（1）开展专题讲座

针对不同年级孩子的身心发展特点，针对家长在培养孩子兴趣方面的疑难或误区开展专题讲座，指导家长科学地培养孩子的兴趣。

比如，针对阅读兴趣培养的话题，组织召开家长会，并邀请专家开展讲座。讲座不仅要让家长知其然，还要知其所以然，这样家长对孩子阅读兴趣的培养，就不会带有很强的功利性。首先，要向各位家长阐释清楚中小学开设阅读课的主要目的是什么。学校开展阅读课是为了培养学生的阅读兴趣和良好的阅读习惯，使他们逐步学会阅读，获得智慧，陶冶情操，为其他功课的学习奠定扎实的基础。其次，要告诉家长必读书目仅仅是孩子阅读书单中的一部分，孩子要在中小学生时代博览群书。最后，就家长在培养孩子阅读兴趣方面的困惑进行互动交流，请具有成功经验的家长现身说法，给予家长们具体的方法。

再如，要选择适合自己孩子的书。书的选择很重要，必读书目、选读书目必须精读，在此基础上，扩大阅读范围，文学、科学等都要涉及。关注阅读过程的控制，不拘泥于每天必须完成多少阅读量，但每天至少要有固定的读书时间，保证每天都有阅读，坚持很重要。

又如，要选择适合自己孩子的阅读形式。为了培养孩子的阅读兴趣，家长可以采取以下方式指导孩子阅读：

①聊一聊

建议家长和孩子一起聊书。家长自己先了解孩子读的书，与孩子开心地聊一聊，帮助孩子去发现以前可能没有注意到的东西、有意思的东西。孩子天真率直，没有那么多思维定式，而且特别善于发现细节。成人有丰富的社会阅历和阅读经验，理解更有深度。在交流的过程中，家长需要蹲下来，放低姿态，帮助孩子理解，并从中获得快乐。通过聊书，让书的营养滋润孩子的心灵，促进孩子的成长。

②写一写

建议家长为孩子做读书记录。不少家长喜欢为孩子做成长记录。的确，孩子的日常活动、成长故事、童言稚语，都可以记录下来。经常翻看和回味，就会感到乐趣无穷。如果我们也能将孩子的读书成长经历记录下来，不但会很有趣，而且会对引导孩子爱上阅读很有帮助，这是一件很有意义的事。最简单的记录是记下每个阶段孩子读过的书。更为细致的记录还可以包含阅读的内容和孩子的阅读反应，如对某些书的好恶，读某些书时提到的有趣问题，对某些书的评论，读完后的感想等。家长可以时常翻出这些记录，来分析孩子的阅读兴趣方向和阅读发展情况，孩子也可以重温当时亲子阅读的快乐情景，从而进一步重复阅读或延伸阅读。

③学一学

针对家长在图书选购上的盲目性和指导中的单一性问题，可以在班级群里开设书香专栏，步骤可以分为"好书推荐→温馨导读→展示分享"。首先，推荐好书，设计适合孩子的阅读单。其次，每本推荐书由教师设计"温馨导读"，即把书中蕴含的教育信息和价值、亲子阅读的指导要点等记录在"温馨导读"栏目里，让家长借鉴"温馨导读"提示开展亲子阅读，并记录下阅读中的亲子感受。最后，家长和孩子一起在班级群里和大家分享。

教师可以通过家长沙龙、亲子阅读时光、快乐阅读节等家校互动活动，开展多样化的阅读示范活动，引导家长观察、记录教师在不同的阅读组织活动中是怎样与孩子进行层层深入的互动的。如"你怎么知道的？""你从哪儿看出来的？""你最喜欢这本书的哪一页（或哪个角色）？为什么？"等问题能够很好地引导孩子去观察，激发孩子去思考。教师巧妙的设疑、绘声绘色的朗读更是吸引了孩子们阅读的热情。故事与音乐的组合法、故事演讲法、延伸想象法、角色扮演法等，让孩子有直接或间接的体验机会，从而加深对阅读内容的理解。这都为家长提供了有针对性的具体指导范例，使家长耳目一新，有所收获。

这样的专题讲座既有专家的高度引领，又有家长的现身说法，还有教师的精心指导。家长们一定能更新观念，带着具体的方法回去引导孩子阅读。

（2）建立多种形式的家校联系

有些家长平时忙于工作，很少过问孩子在校的情况，老师可以每月给家长发一次孩子在校综合表现反馈单，定期向家长汇报孩子在校的综合情况。反馈单不能仅仅关注学习成绩，还要关注孩子各方面的发展，如思想品德、纪律遵守、兴趣发展等情况。家长看后填写反馈意见，配合老师共同教育。老师不定期地进行家访，或者通过电话、QQ、微信等方式，及时快速地将孩子在兴趣发展方面出现的问题与家长进行沟通。通过这样的交流，家长和老师就能全面客观地了解孩子在校、在家的表现，针对孩子兴趣发展现状一起确立目标，制订计划，有目的地培养孩子的兴趣。老师还可以精心组织亲子活动，邀请家长参与孩子的成果展示活动，在活动中老师与家长、孩子加强联系，从而更好地发展孩子的兴趣。

（3）资源共享

很多家长在培养孩子兴趣的过程中，缺少专业的指导，经常会遇到各种各样的问题，其中最大的问题是难以长期坚持。老师可以建立班级博客、班级QQ群、班级微信公众号、班级活动美篇、云盘等资源共享平台，将孩子日常或参加活动时的才艺展示的照片、优秀作文、手工作品以及有价值的教育经验、保持兴趣的方法、兴趣培养成功案例等发布在平台上进行共享。家长可以随时了解班级、孩子的活动，借鉴别人的方法，也可以上传困惑、思考，与老师、其他家长交流。多种电子平台的使用，可以帮助家长更全面地了解孩子，有指导性地培养孩子的兴趣。

我的观点

上述讨论中提到的困惑与问题，你是否也有过呢？在和家长共同培养孩子兴趣爱好的过程中，你还有不同的观点或其他好的方法吗？请和大家一起分享吧！

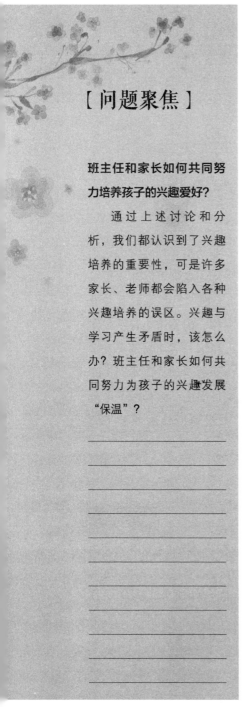

【问题聚焦】

班主任和家长如何共同努力培养孩子的兴趣爱好?

通过上述讨论和分析，我们都认识到了兴趣培养的重要性，可是许多家长、老师都会陷入各种兴趣培养的误区。兴趣与学习产生矛盾时，该怎么办？班主任和家长如何共同努力为孩子的兴趣发展"保温"？

_____

_____

_____

_____

_____

_____

_____

_____

_____

高手支招

为孩子选择合适的兴趣班 ①

每个孩子都有属于自己的兴趣，有的孩子能用稚嫩的声音准确地唱出听过的歌，这是他对音乐的兴趣；有的孩子走到哪里就喜欢画到哪里，不管画的是什么都乐此不疲，这是他对美术的兴趣；有的孩子喜欢安静地看看天空、看看植物，这是他对大自然的兴趣……。在孩子学有余力之时，去兴趣班学一些有益的东西，发展自己的兴趣爱好是值得去做的。但是现在的兴趣班种类繁多，令人眼花缭乱，让家长选择时左右为难，摇摆不定。班主任可从以下几个方面努力帮助家长。

1. 适合的才是最好的

班主任可以引导家长关注以下类型的兴趣班，然后建议家长根据孩子的个人爱好进行选择。

（1）手工类兴趣班

手工类兴趣班大多以游戏的形式让孩子参与其中，重点培养孩子的动手能力。因为没有大量的理论说教，所以更容易吸引孩子的注意力，让孩子在玩中学到一些知识，掌握一些技能，适合大多数孩子选择。

如果孩子好动，好奇心强，喜欢拆卸、组装东西，可以考虑选择黏土、陶艺、

_____

① 提供者：蒋建国，镇江市金山实验学校校长，镇江市"十佳教师"，镇江市优秀教育工作者。

模型制作等兴趣班，既能让孩子尽情地做手工，有利于孩子手眼协调能力的发展，又能让孩子有目的地、系统地接触科学，亲身体验学习科学知识的乐趣，激发孩子丰富的想象力和创造力。

班主任可以给家长以下提示：上这类兴趣班的儿童必须能比较灵活地使用剪刀、直尺、螺丝刀等工具。平时，父母可为孩子准备一些手工材料，如木块、塑料瓶、组装玩具等，和孩子一起做些生活小实验，充分地锻炼他们的动手能力，激发孩子创造的热情。

（2）艺术类兴趣班

艺术类兴趣班能带领孩子跨进艺术的殿堂，陶冶情操。孩子若能得到老师的专业指导，进步会很明显，更容易激发孩子的学习兴趣。长期、系统性的训练，可以让孩子拥有一技之长。

①绘画班。如果孩子平时喜欢在家涂涂画画，对色彩敏感，喜欢看各种有图画的书籍，可以考虑绘画班。这类兴趣班可以培养孩子有目的地观察事物，通过形状、颜色、大小等来表现事物的能力。对于年龄小的孩子应该让他们自由地画，不要局限于固定的事物，要充分发挥他们的想象力和创造力。

②声乐班。如果孩子对音乐比较敏感，喜欢听歌并能模仿唱出来，或者声音有特色，喜欢唱歌，可以考虑声乐班。这类兴趣班可以让孩子培养乐感。让孩子从基础学起，进行发声等技巧训练，养成良好的唱歌习惯，可以为今后进一步深造打好基础。

③乐器班。如果孩子对某种乐器有特别的喜好，或想有一技之长，可以考虑某种乐器班。6岁以上的孩子乐感较强，手指有力量，动作灵活协调，可以开始选择钢琴、小提琴、古筝等大众化乐器。选择时除了要考虑孩子的兴趣、自身素质、家庭条件等因素，还要考虑孩子自身的能力水平。

④舞蹈班。喜欢舞蹈、节奏感较强的孩子可以选择舞蹈班。舞蹈兴趣班的种类很多，如欢快热情的拉丁舞、优雅华丽的芭蕾舞、灵动柔美的民族舞……。选择时一方面要考虑孩子的兴趣，另一方面还要考虑孩子的性格。如果孩子性格比较内向，可以为孩子选择拉丁舞，让孩子在

欢快热情的舞曲中释放自己，学习与人交流。上舞蹈班一定要重视基础训练，不可操之过急，要有吃苦的准备，要有坚持的毅力。

班主任可以给家长以下提示：如果孩子表现出对艺术某方面的爱好，可以考虑选择相应的兴趣班，但不能强迫，不要给太大压力，因为学习艺术是漫长的过程。只有真正喜欢了，孩子才能更好地接受教育。请给孩子一些学习的时空和乐趣！

（3）运动类兴趣班

身体健康是第一位的，运动类兴趣班有助于锻炼身体，增强体质，比较适合孩子在假期上。因为经过集中式的连续学习，孩子会更快地掌握，更容易享受成功的喜悦。

①游泳班。游泳是一项非常有益的健身运动。5岁以上的孩子学习游泳除了需要专业性的指导之外，还需要家长注意保护其安全。

②轮滑班。轮滑运动除了能够让孩子享受滑行的乐趣，从繁重的学业中解脱出来，还能够促进孩子身体动作的协调性和灵敏性的发展，培养孩子的勇气和毅力。轮滑运动需要孩子的身体具备一定的平衡感及敏捷的肢体反应，因此建议4岁以上的孩子学习轮滑。学习初期最好有专业指导，需要重视基础训练，比如站立、踏步、停止、安全跌倒等，不能急于求成。

③跆拳道。跆拳道中各种踢腿、拉伸以及手臂动作，可以锻炼孩子的肌肉力量。跆拳道推崇"以礼始，以礼终"的尚武精神，注重培养孩子的进取精神和坚强意志，有助于孩子的心理成长。跆拳道的基本动作有统一的标准，相对较简单，一般6岁左右就可以开始学习。练习跆拳道一定要注意系统性，循序渐进。

班主任可以给家长以下提示：培养运动类兴趣仅仅靠上兴趣班是不够的，要注意平时的引导和积极的反馈。家长可以借鉴一位美国家长的做法：他希望儿子将来成为职业保龄球运动员，因此从儿子4岁起就开始对其进行训练。方法很简单，事先在球槽中放上几只被击倒的球瓶，只要孩子扔出手中的球，即便是空门，得分牌也会显示出得分记录，这种百分之百的得分机会，极大地激发了孩子的兴趣，使他对自己的投球能力充满了信心。这个孩子长大后果然成为一名成就很高的职业保龄球运动员。①其实成功的奥秘就是孩子每一次努力都能得到成功的反馈，这种成功的反馈维持着孩子的兴趣。随着运动技能越来越高，孩子的兴趣也就越来越浓。

（4）探索类兴趣班

如果孩子好奇心强，渴望探索，那么家长可以考虑机器人课程、动力机械等科学探索班。比如，通过程序编写，几个简单的操作就能让机器小车跑起来、让灯光有节奏的闪烁、让蜂鸣器演奏简单的音乐……。继"英语热""奥数热""艺术教育热""国学热"之后，"编程热"成为教育新热点。少儿编程是以可视化图形编程和编程游戏启蒙等方式，培养孩子的逻辑思维、计算思维以及创新能力的编程课程。少儿编程教育面向的群体主要是6—18岁的青少年。②皮亚杰认知发展阶段理论指出，孩子在7—11岁的具体运算阶段，其思维具有较为明显的符号性以及逻辑性，能够推演简单的逻辑。③通过学习编程，可以锻炼逻辑思维，培养专注力，提高想象力和创造力，帮助孩子建立解决问题所需的系统思维和方法。机器人课程、动力机械课程是涉及机械学、电子学、工程学、自动控制、物理、计算机和人工智能等多方面知识的实践课程。④学生可以在搭建机器人和编制程序的过程中培养动手能力、协作能力和创造能力。

班主任可以给家长以下提示：如果家长想要培养孩子在这方面的能力，在孩子感兴趣、时间精力允许的情况下可以选择这类兴趣班。让孩子在动手操作中体验成就感，培养自信。在选择时一定要先了解机构的教学模式、课程体系，授课老师的教学能力。如果课程停留在组装搭建上，通过堆砌昂贵的硬件，实现简单的操控，这绝非人工智能的实现路径，建议不要让孩子去学习。

---

① 马银叶.兴趣是智慧之门的钥匙［J］.陕西教育（教学版），2008（3）：59.

② 同①.

③ 张蓓.皮亚杰认知发展理论对早期阅读的启示［J］.基础教育研究，2014（10）：58-60.

④ 李春艳.科学素养培养的初中机器人校本课程设计［J］.办公自动化杂志，2020（20）：21-22.

（5）知识类兴趣班

①英语兴趣班。英语可以从小学习，因为孩子小时候模仿能力强，更乐于表达，从小接触英语，发音会少有口音。报名前要了解英语兴趣班的教学方式是否适合孩子，不能让单纯地背单词、学语法这样机械的学习消磨孩子学习英语的兴趣。课后家长要创造环境，如让孩子看图片、听故事、做游戏等，让孩子自然地接触多种多样的语言材料。懂英语的家长也可以积极与孩子进行英语会话交流。

②故事班。如果孩子愿意背唐诗、歌谣，喜欢朗诵、听故事、讲故事，喜欢玩猜谜语之类的语言游戏等，说明孩子在语言方面有优势，可以考虑故事班之类的兴趣班。

③学科辅导班。这类兴趣班可以帮助基础较弱的孩子查漏补缺，或帮助学有余力的孩子更上一层楼。选择时一定要提前了解授课老师的教学能力和教学方式，不能让孩子越上越差，丧失信心。

班主任可以给家长以下提示：知识类兴趣班因为占用孩子的课后娱乐休息时间，所以选择时应尊重孩子的意愿，对学习结果要保持一颗平常心。

2. 坚持就是胜利

仅仅选择好兴趣班是不够的，在培养孩子兴趣的过程中总会出现各种问题，如孩子怕吃苦、嫌单调等。面对这些问题，班主任要指导家长采用适当的方法鼓励孩子坚持下去。

（1）营造气氛，亲子同趣

鲁迅先生说过，读书人家的孩子熟悉笔墨，木匠的孩子会玩斧凿，兵家儿早识刀枪。从某种角度来说，父母是孩子的镜子，孩子是父母的影子，如果家长想培养孩子关于艺术方面的兴趣，可在家中经常播放各种类型的音乐，带孩子去剧院欣赏演奏会，去美术馆陶冶情操。在艺术熏陶中，孩子会渐渐走上艺术之路。如果家长希望孩子在体育方面有所发展，那么亲子活动更是必不可少的。为孩子准备好器具、运动场地，陪练、指导、鼓励能让孩子更加有信心去锻炼。试想，如果家长自己不爱听音乐、不喜欢锻炼，又怎么能要求自己的孩子对音乐、对体育产生持续的兴趣呢？所以，周末或节假日，家长可以带领孩子一起走进公园、书店、博物馆，跟孩子一起运动、画画、做实验，鼓励孩子去探索、去思考，和孩子共同体验快乐。看到家长的坚持，我相信孩子一定会有所感悟，坚持下去。

同样，要让孩子爱上阅读，乐于捧起书本，首先要了解孩子的兴趣点。孩子是喜欢有趣的动物世界还是喜欢曲折的侦探故事，是喜欢美丽的童话还是喜欢神奇的科幻故事，是喜欢丰富多彩的大自然还是喜欢英雄人物的壮举……，这些得了解清楚。一般情况下，低年级学生对童话故事比较感兴趣，中、高年级学生对童话的兴趣随着年龄的增长而递减，转为对战争题材、英雄模范人物、惊险神秘之类的故事的兴趣，且随年龄升高而兴趣递增。所以开始最要紧的就是顺其兴趣之自然，适时地激发孩子的阅读兴趣。等到孩子的阅读能力有了质的飞跃以后，家长再放手让孩子自己阅读。当孩子遇到阅读困难时，家长要及时指导孩子自己试着去解决，以使孩子的阅读能够顺利进行下去。

（2）鼓励表扬，肯定成效

孩子在发展自己兴趣的初期，可能会表现得很笨拙，甚至会很糟糕。画画时把颜料洒得到处都是，弹琴时发出难以忍受的噪声，打球后衣服变得脏兮兮的……。每当出现这种情况时，家长应该关心询问，肯定孩子的成绩，用实际行动鼓励孩子相信自己下一次会做得更好。比如及时肯定孩子的进步，将孩子的绘画作品布置在房间里，告诉孩子弹琴进步的地方和弹错的音符，看到脏衣服不去责问而是关心孩子有没有受伤、今天投进了几个球……，反之就会挫伤孩子的积极性，伤害孩子的自尊心，很容易使孩子半途而废。

比如，孩子在学习和生活中特别爱问"为什么？""这是怎么回事？"等问题。面对孩子的提问，家长无论是知道还是不知道，都不要急着告诉答案。如果知道问题的答案，家长的第一句话可以这样说："这个问题我在某某书上见过，你去查查看。"由于孩子急于寻找答案，就会顺着家长的指点快乐地去寻找答案；但有时家长也难免被孩子问得张口结舌，这时家长一定要诚实地告诉孩子"这个问题我也不清楚，不如咱们一起去查查资料吧"，孩子也会很愿意和家长一起翻书查资料，这样就把寻找答案的兴趣引向了书本，从而顺其自然地激发了孩子的求知欲。同时还要注意，如果孩子对一本书很有兴趣，正在专心致志地阅读，请家长尽量不要打扰孩子。孩子沉浸在阅读中是不会感觉到累的，多次打断会使孩子注意力分散，可能会对原本很有兴趣的书渐渐失去兴趣。所以在孩子读书时，把握好时机，恰当引导，既可以呵护孩子的阅读兴趣，又可以激发孩子的求知欲。

当孩子在培养兴趣过程中遇到瓶颈期时，鼓励表扬就是一剂良药，让孩子感到为此付出辛苦是愉快的、值得的，可以增强孩子的自信心，激励他们为了自己的梦想而努力。顺其自然，不要给孩子太大的压力，相信他们一定会取得意想不到的成绩。

（3）同伴激励，"以恶治恶"

同事的儿子围棋下得特别好，我向她打听诀窍。她一听乐了，说："哪有什么诀窍？因为他的好朋友也在那儿下围棋。"我一听恍然大悟。

基本上每个孩子在培养兴趣的过程中都会出现三分钟热度的问题。我觉得可以借鉴我同事的办法，采用同伴激励，或者"以恶治恶"的方法。

同伴激励，就是让孩子选择和自己的好朋友相同的兴趣进行培养，那么他就不会把培养兴趣当作痛苦的事情。他会每个星期都期盼去上兴趣班，因为他一想到可以和自己的好朋友一起玩耍，有人和自己做同样的事情，就不觉得上课枯燥无聊，就不会把练习当作一件痛苦的事情。两个人互相激励，共同进步，许多兴趣都会坚持下去的。

"以恶治恶"可以解决孩子见异思迁的问题。比如孩子一时兴起想弹钢琴，你为此给他准备好了一切，他也坚持了一个月，可是枯燥的练习让他觉得可能还是其他艺术课比较好玩。家长这时可以允许他变化，为他报名暂时喜欢或者兴趣不大的舞蹈班、书法班。等练习了一段时间后，孩子会发现其实还是弹钢琴有意思，可能就会主动要求练钢琴。想象中的、得不到的，人们往往会觉得都是最好的，有了比较才知道原来错过了最好的，自然会将精力投入到之前喜爱的事情中去。

另外，班主任要提醒家长，当孩子的某种兴趣已经稳定发展的时候，要允许孩子转移自己的兴趣，因为孩子的兴趣爱好可以是广泛的，适当选择并培养其他的兴趣爱好，可以不断地拓宽孩子的知识面，开阔孩子的眼界，为孩子今后的学习、生活打下良好的基础。

在班主任的指导下，根据孩子的特点，关注相应的兴趣班，家长在进行选择时就会事半功倍。一旦选定合适的兴趣班，家长就要有耐心，适当采用一些引导技巧，帮助孩子在兴趣发展的道路上越走越顺，越来越棒！

专家解读

成长是终身的 ①

十年树木，百年树人。但现在的教育往往希望立竿见影，关注当下的太多，关注分数太多，关注眼前的利益太多。怕孩子失败，希望孩子成绩优秀，还要能拿出一两个绝活给父母、给老师露脸，给学校争光。

兴趣是最好的老师。有时候，我们为了帮孩子寻找兴趣点而煞费苦心。有时候，为了迎合当下的评价让孩子放弃一些兴趣而纠结得寝食难安。我们在培养孩子兴趣的时候，是否忽视了兴趣的本质？我们为什么要培养孩子的兴趣？我们为什么培养孩子弹钢琴？真是为了提高音乐素养吗？当你看到孩子在钢琴边默默流泪的时候，当你在想为此投资了数万元到底值不值得的时候，请考虑一下我们培养孩子兴趣的初衷是什么。学奥数把对数学的兴趣转移到了对分数的追求上，学任何一样东西都是为了取得那一张升学的证书。我们忘记了兴趣的培养过程其实也是人的成长过程，它会和孩子的心理成长联系在一起。面对一次次的失败，他会自卑；面对一次次的成功，他会自信；面对外界给予的批评与表扬，他会有不同的心理反应；持续的批评或表扬，会让他以不同的人生观、世界观去看待社会。这里与大家分享几个观点。

---

① 解读专家：袁子意，南京市建邺高级中学教师，南京师范大学班主任研究中心研究员，班主任"国培"项目授课教师。

1. 让孩子在接触大自然与社会的过程中自然地发现感兴趣的事物

一位清华大学的教授发现自己的孩子喜欢昆虫，就在节假日带着孩子到野外收集各种各样的昆虫，制作成标本。虽然自己的专业不是研究昆虫，但他同样陪着孩子将标本归类，教孩子在网上查找资料。这个孩子在初中时所具备的昆虫方面的知识丝毫不比一个研究这方面知识的大学生差，孩子各方面的素质也都很出色。一些孩子学习音乐，家长会带孩子去音乐厅听交响乐，感受音乐文化的熏陶，或者到自然中去听各种声音，感受音乐的美好。要培养孩子对历史的兴趣，可以带孩子到博物馆，也可以陪孩子一起观看电影纪录片。很多时候，在孩子的兴趣培养的过程中，家长应该陪伴，甚至是共同学习、共同成长，双方都能在此中感受到一种快乐。反观现在的一些家长，看现在流行什么，朋友的孩子学什么，就把孩子送到什么培训班，自己在外面玩手机。孩子学完后家长问的第一句话就是今天学得怎么样，丝毫没去关心孩子的情绪和感受。接着去第二场、第三场，然后就是赶紧参加比赛、考级，获得证书。孩子的兴趣点是什么家长根本没有关心过。

2. 兴趣的培养是一个关乎孩子成长的过程

看过一个新闻报道，讲的是中国孩子与德国孩子学习摄影的过程。德国的孩子在9岁时得到了一个简单的数码照相机，家里没人懂得摄影，他就自己在网上跟着视频学习，并在摄影论坛向他人求教，将自己的作品发到网上请人指导。随着自己技术的提高，他觉得要更换设备了，便卖掉自己的数码照相机，又通过打工挣些钱换了一个简单的二手单反照相机。为了买好的镜头，他卖掉了自己的所有玩具。在自己的课余时间，他在祖父的农场捕捉灵感、练习技术。他的一张照片《航迹》获得了野生摄影界最高的奖项。记者采访他，问他以后干什么的时候，他的回答是这样的："如果能成为专业的摄影记者当然很好，但如果当一个农民，把摄影作为爱好我也会相当开心。"

一位中国的家长听到孩子喜欢摄影，第一件事就是帮孩子买了最好的设备，报了摄影培训班，去了解摄影大赛的证书在升学时有没有用。孩子参加摄影比赛的作品也是请专业老师指导修改的。孩子获得了好的名次之后，就被送到班主任那里请班主任在全班表扬。到了初中后，学业繁忙，家长又要求孩子先放下摄影，去参加学科竞赛。孩子渐渐失去了摄影的兴趣，学习成绩也徘徊在中下游，对什么都不感兴趣。

两个孩子都对摄影感兴趣，一个是通过自己的努力实现了自己的目标，体会到了摄影带来的快乐；一个是父母过分干涉，让孩子失去了原本对摄影的兴趣，失去了在摄影中探寻自我的快乐，最终放弃了这个兴趣爱好，甚至出现对什么都不感兴趣的结局。

3. 兴趣没有好坏之分，不要为了迎合社会而刻意培养，不要放弃孩子自身的闪光点

现在，家庭条件好了。学习音乐，首先想到的就是学习钢琴，培养孩子的贵族气质、培养孩子双手协调能力之类的广告把家长的攀比之心调动了起来，于是先买个好钢琴，报个好的培训班。至于孩子是否需要，就不考虑了。吉尼斯世界纪录中有很多我们想不到的纪录，这些纪录的背后都是一种对这项活动的强烈的兴趣爱好，有跳绳的、有玩沙子的、有比各种各样技巧的。在竞技的过程中，每一项活动都能让我们感受到他们为此付出的艰辛与成功的瞬间所得到的巨大的成功体验，而这种体验与我们的孩子参加高考考上最好的大学所能得到的成功体验是一样的。有外国人专门比鼓掌，比60秒内谁拍得最多。当我看到有人60秒内能拍800多次的时候，我完全能理解他向我们传达的成功的含义。如果我们的孩子也对鼓掌感兴趣，反复在家自己练习，作为老师、作为家长我们会支持吗？任何兴趣爱好坚持10年以上，都会让孩子理解人生，理解什么是成功、失败，什么是坚持、放弃。

4. 父母与老师要知道，童年的兴趣只是孩子兴趣爱好的一部分，孩子对兴趣爱好的理解比兴趣爱好更重要

随着不断的成长，孩子会发现自己更加精彩的那一面。我曾经教过一个孩子，成绩不错。从与她妈妈的交流中得知她钢琴是十级水平。于是，我想让她在学校的文艺会演中表演，结果她拒绝了，她说练到十级就是为了实现妈妈的目标，达到目标后妈妈就不会逼着她练习了，现在可以告别练钢琴对她的折磨了。她说："我自从练到十级后，就不再碰

钢琴了，妈妈也不再逼我练习了。现在我注意力全部都在学习上，我估计以后我对学习的兴趣也不会有多高的。我的妈妈只关心我的排名与分数。"这样的兴趣爱好培养难道不是极端痛苦的吗？

我的一个好朋友——一名语文老师，原本是一个从不下厨房的美女，生了宝宝后为给宝宝做小西点，喜欢上了烘焙，三年时间里不断地尝试各种各样的烘焙。在我的邀请下，她给班上的孩子上了一节生涯规划课。她将自己三年的作品一一与孩子分享，她精致的烘焙作品与她优美的语言吸引了所有的孩子。记得一个大大咧咧的孩子在课堂上讲了一段话："老师，我把这一年的口水都流在这节课上了，中午的午饭没法吃了。"关于兴趣，她问了孩子几个问题，兴趣与职业、兴趣与休闲、兴趣与爱好、兴趣与事业、兴趣与人生，你们思考过吗？我们家长，都希望从小就给孩子培养一些兴趣爱好以便长大受益，其实有很多兴趣爱好是孩子长大后自己去发现与坚持的。

兴趣爱好不是短暂的喜爱，它是一种责任和能力，需要学习。我们在培养孩子的兴趣时要考虑培养孩子兴趣的目的是什么、孩子在兴趣中能收获什么。在兴趣的培养过程中，要更加关注习惯的养成，关心孩子的心理成长，不要让那一张张证书改变了孩子兴趣的本源。

用好班会课，搭建兴趣发展的平台 [1]

【给班主任的建议】

兴趣是最好的老师，一个积极的兴趣爱好会对一个人的一生产生潜移默化的影响。从本专题开篇的家庭教育案例中可以看出，班主任的支持与指导对学生兴趣爱好的培养和发展发挥着积极的促进作用。因此，对孩子兴趣爱好的培养和发展不仅是一个家庭的责任，老师也责无旁贷。班主任应该怎么做呢？我们认为主题班会课就是一个很好的平台。

---

① 提供者：赵婷，镇江实验学校教师，镇江市骨干教师，镇江市润州区德育先进个人。

在主题班会课上，每个学生都能发挥自己的创造性，尽情展现自己的潜能和才华。利用好班会课对学生的兴趣培养和发展可能有着意想不到的效果。根据教育目的的不同，班主任可以组织以下类型的主题班会。

1. 教育类主题班会

班主任针对班上学生普遍存在的问题可以组织教育性较强的主题班会，及时抓住学生的思想动态进行教育。[①]

学生在兴趣发展中，不可避免地会遇到各种各样的问题。比如，遇到练习的瓶颈期，很难坚持下去，怎么办？遇到挫折打击怎么办？当课内学习与兴趣培养产生矛盾时，该如何选择？如何改变不良的兴趣爱好？这些都可以成为班会课的主题。

班主任可以组织"我是_____，我为自己代言"的主题班会，帮助学生明确自己的兴趣，制订计划，有选择、有计划地将自己的兴趣转变成自己的特长；或者针对班级学生沉迷于恐怖小说、玄幻小说、校园小说等现象，组织"和不良书籍说拜拜"的主题班会，通过具体的事例让学生感受阅读不良小说的后果，并且推荐适合的书籍，帮助学生重新选择正确的阅读方向。

2. 文化类主题班会

它不同于学生平时的学科学习，组织这类班会课的目的是拓展学生的知识面，将德育融入学生的学习中，激发学生的学习兴趣。

比如：热爱历史的学生可以组织"五千年的魅力""在成语故事中看见历史"的主题班会，向同学们介绍中华民族悠久的历史和灿烂的文化，增强大家的民族责任感；开展"中国行政区划图"拼图竞赛，让大家了解祖国的大好河山。喜欢手工的学生可以组织"比比谁最巧"的主题班会，把班上热爱做手工的同学集中在一起，比一比谁的作品最有创意，既给喜欢做手工的同学提供了展示的平台，也可能吸引其他同学跟着一起练一练；班级的小作家、小翻译家们组织开展

---

① 张香兰.班主任工作艺术［M］.北京：高等教育出版社，2011：172.

"走进文学世界"或"走向英语世界"的主题班会，用自己的亲身学习经历告诉同学们写文章、学英语其实并不难，只要方法得当，不仅可以学好，还能品尝到其中无尽的乐趣。

3. 实践类主题班会

实践类主题班会即围绕某个教育主题，组织学生参加实践活动的班会。班会课成为学生展示才能的舞台，他们可以在这里得到充分的锻炼，同学们的肯定和鼓励也会激发他们继续学习的热情，为他们的兴趣"保鲜升温"。

比如庆祝元旦活动，学生们可以各显神通。擅长画画的、动手能力强的可参与到班级环境的布置中，营造庆祝元旦的氛围；有才艺特长的学生可以唱歌、跳舞，可以表演乐器演奏、配乐朗诵、小品、相声等。只要是学生感兴趣的东西都可以展示出来，大家一起热热闹闹地庆祝元旦，尽情展示自己的"十八般武艺"。利用"学雷锋纪念日"，学生们到社区看望空巢老人，去儿童福利院开展联谊活动。在活动中，有特长的学生可以将自己的所学与老人、孩子们分享，他们会感受到帮助别人的快乐，理解自己努力发展兴趣的意义。

又如，组织"我是_____（职业），我骄傲"的主题班会，引导学生通过角色模仿，明白有益的兴趣爱好有助于增长知识和才干，有可能影响自己今后的职业选择，从而有目的地选择并发展自己的兴趣爱好。或者组织"如果我坚持下去……""二十年后……""最炫科技展""我在蓝天中翱翔"等主题班会，鼓励学生想象自己的兴趣会为未来的世界作出怎样的贡献，从而让学生明确自己的选择方向，激发起学生的创造热情，最终把这种想象转化为实现未来目标的动力。

4. 专题类主题班会

专题类主题班会即围绕一个教育专题开展多方面的、多层次性的、需多次完成的主题班会，引导全班学生开展各式各样的活动，对学生进行全面的、长期的教育。

如上海市虹口高级中学的"青春旋律"系列专题活动分为五集，每周一集。系列专题为"丰富多彩的世界博览会""在知识的海洋里遨游""音乐茶座""美的讨论""青春的旋律——化装舞会"。我们还可以组织"抗疫在行动"系列专题活动。"图解新冠病毒""向英雄致敬""向坏情绪说再见"等专题活动，可以从身体和心理两方面，教育、帮助学生。这些内容丰富、形式多样的专题活动可以让学生充分发挥自己的特长，在活动中体会到成功的快乐，促进兴趣爱好的发展。

主题班会类型可以多种多样，在具体组织班会时要做到以下五个方面。

（1）明确主题

主题是主题班会的核心。一次主题班会只能有一个集中的主题，只能达到某个具体的目标。选好主题是主题班会成功的前提和关键。[①]主题切入口要小而具体，目的性强。

比如：针对学生对培养兴趣的意识淡薄、只关注学习成绩的现象，或者培养兴趣的目的过于功利，可以组织"生命的意义""我为什么选择'你'""兴趣与人生"等主题班会；针对学生在培养兴趣过程中的畏难情绪，可以组织"战胜挫折"的主题班会，告诉学生在发展兴趣的过程中遇到困难该怎样克服，坚持下去最终才能取得成功。

（2）计划详尽

主题班会要想最后取得成功，必须做好详尽的计划，计划越详细，班会开展就会越顺利。

一方面，班会设计要求教育主题鲜明恰当、有针对性，符合班级实际情况。设计时要做到过程完整，步骤具体，操作性强，活动形式多样，充分挖掘和利用社会、家庭、学校的教育资源。可以采用主题报告会、演讲、竞赛、辩论会、座谈、讨论、社会调查成果汇报、文艺表演、经验介绍等形式。

另一方面，明确分工并落实任务。老师与学生可以共同完成主题班会的设计。计划制订好后，可以将活动任务罗列出来，采用学生主动认领与协调分配相结合的方式，尽量让每个学生都能承担适合自己的任

---

① 涂光辉，雷晓波.班主任工作技能［M］.长沙：湖南师范大学出版社，2000：182.

务，让他们充分发挥自己的特长。会画画的，负责美化环境，营造氛围；会演讲的，负责写主题词，做班会主持人；会唱歌跳舞的，负责组织安排具体的节目；做事细心的，可以帮助打扫卫生，布置环境；心灵手巧的学生，可以负责制作纪念品。还可以邀请有特长的家长走进班会课，发挥家长的特长。人人有事做，人人会做事，在准备的过程中同样可以激发学生的兴趣，培养学生的特长。

（3）环环相扣

班主任或学生主持人根据事先确定好的班会议程来进行，组织学生有序活动，这样会使整节班会课条理清晰、环环相扣。比如为了解决学生在培养兴趣过程中出现的挫败感、畏难情绪、家庭阻力等问题，设计"我一定能战胜'你'"的主题班会，活动过程可以分成以下板块。

①激趣导入：学生自数在一分钟内能鼓掌多少次。通过观看视频，了解吉尼斯世界纪录保持者一分钟内鼓掌800多次。

②兴趣阻碍：a.我的兴趣是什么？

b.在培养兴趣的过程中曾经遇到过哪些阻碍？

③正视阻碍：a.观看名人在兴趣培养中遇到阻碍的视频片段。

b.列举课前搜集的名人或身边的人对待阻碍的例子。

④自我解剖：a.联系实际，分析出现这些阻碍的原因。

b.我真的爱它吗？我为了保持兴趣做了哪些努力？

⑤小结：当培养兴趣的过程中遇到阻碍时，我们应怎么做？

再次自数一分钟能鼓掌多少次，让学生明白坚强的意志和顽强的毅力在保持兴趣中的重要作用。

在整个过程中，老师还要适度指导，要重视学生在活动过程中的自我生成和创造性建构，对学生的表现给予及时肯定与鼓励。

又如，为了激发学生的阅读兴趣，建议设计"点亮阅读之灯，做少年君子"主题班会。板块可以分为：推荐书目、分享心得、学会做笔记、制订书单。既有好书推荐，又有方法指导，引导学生爱读书、会读书，从而让阅读更有意义。示例如下：

"点亮阅读之灯，做少年君子"主题班会①

一、活动目标

1. 了解阅读的意义，学会选择适合自己的好书。

2. 学会阅读的基本方法，养成良好的阅读习惯，享受阅读的快乐。

二、活动形式

亲子合作、小组合作、游戏、作品展示。

三、活动准备

1. 每名学生准备一本自己最喜欢的书及其简介。

2. 制作并分发邀请函，邀请十名家长参与。参与的家长准备一本自己最喜欢的书及其简介。

3. 搜集名人阅读的故事。

四、活动过程

（一）导入

（PPT展示，"好读书不好读书，好读书不好读书"——明 徐渭）你能正确地读出展示的对联吗？为什么这么读？

这个"好"字，两个读音，两重意思，交错相对，耐人寻味。上联是说，一个人年少的时候，耳聪目明，精力充沛，时光大好，此时为好读书也；可惜有人不知读书的重要，只顾玩耍，不爱读书，这叫不好读书。下联是说，年老时方知读书重要，而好读书，却因耳聋眼花力不从心，不能好好读书！此联是告诫年轻人要刻苦读书。

此时的我们该读什么书？怎样读书呢？今天我们就一起走进"点亮阅读之灯，做少年君子"主题班会，分享阅读的快乐。

（二）我喜欢，我快乐

1. 你对什么类型的书感兴趣，它给你带来了哪些收获和快乐呢？

2. 小组合作。

（1）推荐自己最喜欢的书，或朗读最喜欢的片段，或用简洁的语言介绍。

---

① 提供者：赵婷。

（2）投票选出小组最喜欢的书，读一读精彩片段，说一说推荐理由。

3. 分享阅读心得。

（1）小组展示。读一读精彩片段，说一说推荐理由。

（2）家长点评。

（3）家长展示。读一读精彩片段，说一说推荐理由。

（4）学生点评。

（5）总结，形成班级推荐书单。

（三）我努力，我快乐

英国著名心理学家、教育学家托尼·博赞认为，阅读包括7个部分，即识别（文字认知）、吸收（传到大脑）、内部融合（信息整合）、外部融合（分析选择）、保留（储存信息）、回忆（反馈信息）、交流（创造表达）。

1. 你读书时，喜欢用什么方法阅读？你读书的时候会做笔记吗？

2.（PPT）批注示例《骆驼祥子》片段①。

地名他很熟习，即使有时候绕点儿远也没大关系，好在自己有的是力气。拉车的方法，以他干过的那些推、拉、扛、挑的经验来领会，也不算十分难。况且他有他的主意：多留神，少争胜，大概总不会出了毛病。至于讲价争座，他的嘴慢气盛，弄不过那些老油子们。知道这个短处，他干脆不大到"车口"上去；哪里没车，他放在哪里。在这僻静的地点，他可以从容地讲价，而且有时候不肯要价，只说声："坐上吧，瞧着给！"他的样子是

这是祥子的生意经。

"嘴慢气盛"写祥子的性格，优劣分明。

语言简洁，憨态可掬。

① 教育部组织编写.义务教育教科书语文七年级下册 [M].北京：人民教育出版社，2016：74.

那么诚实，脸上是那么简单可爱，人们好像只好信任他，不敢想这个傻大个子是会敲人的。即使人们疑心，也只能怀疑他是新到城里来的乡下佬儿，大概不认识路，所以讲不出价钱来。及至人们问到，"认识呀？"他就又像装傻，又像耍俏地那么一笑，使人们不知怎样才好。

祥子的相貌气质是他的保护色吗？

坐车人与拉车人，到底谁在揣摩对方上更胜一筹？

你从中学到了什么？

3.（PPT）家长展示亲子阅读笔记。

4. 温馨小贴士。

（1）略读：浏览标题、序言、目录、摘要等，初步了解主要内容，掌握基本结构。

（2）精读：圈点批注，留下痕迹，深入探究。

（3）思考：质疑、拓展。

5. 小组合作。

圈点批注，再次阅读。

互传、互评阅读笔记，找出差距，分享体会。

（四）我相信，我坚持

1. 小游戏。

学生和家长自数在五分钟内能阅读多少字，记住多少内容。

2. 制订我的阅读书单。

示例：

序号	书名	作者	阅读时间
1	《朝花夕拾》	鲁迅	9.1—9.5
2	《人人皆可为国王》	梁衡	9.6—9.14
3	《风会记得一朵花的香》	丁立梅	9.15—9.25
……	……	……	……

（五）小结

（PPT"好读书不好读书，好读书不好读书"——明 徐渭）

同学们，"好读书不好读书，好读书不好读书"。今天我们和爸爸妈妈一起分享了彼此心爱的书，学习了基本的阅读方法。希望今天的学习，能激发你们阅读的热情，学会阅读，做少年君子，远离平庸之路。

主题班会要起到预期的效果，必须做好充分的准备。设计一份完整可行的班会活动方案，明确活动目的、准备相关材料和场地、明确分工并安排任务，准备越充分，效果越明显。

（4）小结反思

主题班会结束后，班主任要指导学生对活动中的资料，如照片、活动小结等进行收集、整理，并对这节班会课进行总结。当学生意见不统一时，给予学生方向性的指导，对学生的表现进行评价，以鼓励表扬为主，并对这节课的得与失进行深刻反思，为以后更好地进行教育做好准备。通过一节班会课，并不能一下子达到教育目的，完全解决学生兴趣发展的问题。因此，教师需要注意巩固活动的成果，比如收集作品、拟订计划、分析个人或班级目标完成情况等，对学生进行长期教育。

（5）家长参与

家长的积极参与会促进学校教育向更好的方向发展。如果一学期里有两三节主题班会课能邀请家长参与，相信教育效果一定会更好。邀请家长参加主题班会要注意以下几方面。

一方面，思考邀请家长参加主题班会的方式。让学生口头通知、简单的书面通知或电话通知都是对家长的不尊重，若能写一封有真情实感并有全体师生签名的邀请函，让孩子带回家送给家长，相信家长收到如此郑重的邀请一定会欣然参加。如果可以，以家访的形式亲自请家长来，也是一种不错的选择。在邀请时，必须告知家长要参加的班会的主题、目的、参与形式以及家长需要做的准备工作。这样有充分准备的、家长参与的班会会让孩子更有积极主动展示的热情。

另一方面，思考家长参与主题班会的内容与形式。如果只是请家长来班级听课，形式单一，效果可能不明显。老师要尽量给家长"大展拳脚"的机会。比如利用家长的特长，在班会课上让其为孩子亲身示范，增进亲子交往。如果家长是医生，可以教给孩子基本的急救措施；如果家长是警察，可以用实际案例告诉孩子安全的重要性，如何自我保护；如果家长擅长烘焙，可以让其带领孩子和其他家长一起亲手制作蛋糕，并互赠蛋糕……。组织"孩子，我想对你说""爸爸（妈妈）去哪儿"的主题班会，给家长向孩子表达期望的机会，给孩子了解家长的机会，让孩子明白自己对于父母的重要性；如果在班会中有游戏或者竞赛环节，可以邀请家长做评委，或者为获奖者颁奖。孩子在同学面前从家长手中拿过奖品，即使是一支笔或一本书，也会感到非常光荣。

同样，孩子在家长面前的表现欲望也是非常强烈的，邀请家长参加的主题班会应让孩子有充分施展才华的机会，表演、竞赛、亲子游戏等都可以是孩子展示的形式。比如组织"爸爸（妈妈），我想对你说"的主题班会，让孩子向父母吐露心声，或感谢父母对自己兴趣发展的支持，或借此表达对目前兴趣培养的想法。老师从孩子的作文中收集一些感人片段，如家长每天的接送、每晚切好的水果、冬天的早餐、傍晚在楼下的等待等。在班会课上，孩子对着家长有感情地朗读这些片段，往往会与家长产生共鸣。心灵上有了沟通，在兴趣培养问题上就能很好地达成共识。虽然邀请家长来参加班会是有一定压力的，但是我们应该将压力变成动力，积极思考，促进班主任工作能力的提高，努力架起家校沟通的桥梁。

针对培养学生兴趣爱好问题，班主任可以开展以上丰富多彩的主题班会课，激发学生的潜能，保持学生的热情，更好地培养学生的兴趣。

[推荐阅读]

1. 刘瑜、周国平等，《愿你慢慢长大》，北京联合出版有限公司，2018年

2. 英国DK公司，《DK儿童百科全书系列》，中国大百科全书出版社，2017年

3. 统编版初中语文整本书阅读36部书目及要求一览表

年级	名著阅读	阅读要求	自主推荐阅读书目
七上	《朝花夕拾》（鲁迅）	消除与经典的隔膜	《白洋淀纪事》（孙犁） 《湘行散记》（沈从文）
	《西游记》（吴承恩）	精读与跳读	《猎人日记》（屠格涅夫） 《镜花缘》（李汝珍）
七下	《骆驼祥子》（老舍）	圈点与批注	《红岩》（罗广斌、杨益言） 《创业史》（柳青）
	《海底两万里》（凡尔纳）	快速阅读	《基地》（阿西莫夫） 《哈利·波特与死亡圣器》（J.K.罗琳）
八上	《红星照耀中国》（斯诺）	纪实作品的阅读	《长征》（王树增） 《飞向太空港》（李鸣生）
	《昆虫记》（法布尔）	科普作品的阅读	《星星离我们有多远》（卞毓麟） 《寂静的春天》（蕾切尔·卡森）
八下	《傅雷家书》（傅雷）	选择性阅读	《苏菲的世界》（乔斯坦·贾德） 《给青年的十二封信》（朱光潜）
	《钢铁是怎样炼成的》奥斯特洛夫斯基	摘抄和做笔记	《平凡的世界》（路遥） 《名人传》（罗曼·罗兰）
九上	《艾青诗选》（艾青）	如何读诗	《泰戈尔诗选》（泰戈尔） 《唐诗三百首》
	《水浒传》（施耐庵）	古典小说的阅读	《世说新语》（刘义庆） 《聊斋志异》（蒲松龄）
九下	《儒林外史》（吴敬梓）	讽刺小说的阅读	《围城》（钱钟书） 《格列佛游记》（乔纳森·斯威夫特）
	《简·爱》（夏洛蒂·勃朗特）	外国小说的阅读	《契诃夫短篇小说选》（契诃夫） 《我是猫》（夏目漱石）

我的行动计划

对于如何培养孩子的兴趣，上述讨论和点评有没有给你一点儿启发呢？你有没有想过通过家校合作共同培养孩子良好的兴趣呢？不妨先试着与家长沟通，利用班会积极搭建孩子成长的舞台吧！

八日谈 | 电子世界，有边界
——指导孩子正确使用电子产品

案例故事
- 都是电脑惹的祸

随园夜话

集思广益

行动转化

问题聚焦
- 班主任如何指导家长共同引导孩子正确使用电脑和其他电子产品？

高手支招
- 与"电子控"说再见

专家解读
- 临事而惧，好谋而成——未成年人电子产品使用问题解决思路

给班主任的建议
- 指导家长制订家庭规则

今日的沟通与昔日沟通的最大差异：由于科技的介入，沟通已超越时间、空间，甚至于权力与阶级的围墙。

——吉佛德

自制是一种秩序，一种对于快乐与欲望的控制。

——柏拉图

能约束自己的人，最有威信。

——塞涅卡

都是电脑惹的祸 [1]

【案例故事】

[家长叙述]

儿子振宇今年上六年级了，以前的他听话懂事，成绩也在班级名列前茅，一直是我们全家的骄傲。可自从迷上了电脑，他整个人都变了。

这事还要从去年说起。那时振宇刚上五年级，一天吃饭时，他跟我们说，班上同学家里都有电脑，查阅资料可方便了。要是我们家也有台电脑就好了，到了高年级，学习上需要用到电脑的地方可多了，可以上网查资料，包括练习打字，对学习大有好处。我和振宇爸爸一合计，都觉得现在是电子时代，不懂电脑不上网就跟文盲一样，是应该要买一台。

电脑公司的人来装电脑时，怎么接线，怎么设置，振宇比他爸爸学得还快。听着别人对孩子的夸奖，我心里觉得甜甜的。我们从老家过来，做点小生意不容易，把振宇带在身边，就希望给他个好环境，将来有个好前途。只要对他的学习有好处，买什么我们都舍得。

一开始，电脑对振宇的学习还真挺有帮助的，老师要查的学习资料，电脑上轻轻一点就出来了；学校里组织的电脑绘画比赛，振宇因为在家练习多，还取得了第一名的好成绩。我跟他爸都觉得，这电脑买值了！

寒假里，为了奖励振宇，我特地去电信公司换了个上网套餐，这样每天上网的时间可以多一点，孩子也可以多学一点东西。有了电脑，我们也不用担心孩子一个人到处乱跑了，白天在店里忙活的时候也安心一点。振宇开心地向我保证："一定做完作业再上网！"

可渐渐地，振宇在电脑面前的时间越来越长，就像被磁铁吸住了一样，连跟小区里的同学一起打球都不情不愿。离开了电脑，人就显得蔫耷耷的，只要一坐在电脑面前，他就又精神百倍。趁他不注意，我悄悄地看过他的屏幕，发现他都在玩游戏。我火了，命令他赶紧关机。振

① 提供者：魏菲，镇江市润州区实验小学教科室主任，镇江市润州区优秀班主任。

宇见我发了火，也怕了，向我再三保证以后不会再玩游戏，只要用到电脑，肯定是为了学习。我相信了他，就口头教训了他几句。

可就在之后的一天下午，我发现钱包丢在家里，回家去拿的时候，刚刚靠近门口，就听见门里喊杀的声音。我小心翼翼地开了锁，发现振宇正死死地盯着电脑屏幕，键盘敲得"噼噼啪啪"响。我上前一看，真是气不打一处来，他还在玩游戏。看见我突然回来，振宇也蒙了，嘴里嗫嗫嚅嚅地说："妈，我就想玩一下的，没想玩太久……""啪！"我狠狠打了一下振宇，他的胳膊上顿时出现了五个手指印。打在儿身上，痛在妈心上。我气得心里一阵疼，眼泪止不住往下落。

我跟振宇爸爸没办法了，只好打电话向振宇的班主任刘老师求救。刘老师一听也急了："电脑如果不能好好使用，可会害了孩子，一定要引起重视！"在刘老师的建议下，我们给家里的电脑设置了密码，接下来的日子里就没让振宇碰电脑，就这样安安稳稳地度过了寒假。

转眼开学了，孩子学习也需要用到电脑的，我就让他爸爸解了密码再给他用，没想到振宇偷偷地看到了密码。因为怕我们发现，他每天放学一回家先玩游戏，等估摸着我们要回家了，才开始写作业。店里生意忙，我们回家的时候最早7点多，常常回家时已经是晚上9点多了。打开门看到的都是这样一幕：饭菜吃了一点儿或是一点儿没碰，振宇正慌慌张张地写作业。我们心疼他，让他先吃完饭再写，等他磨磨蹭蹭写完作业，总要到12点多了。

没多久，我们接到了班主任刘老师的电话，她说振宇最近上课老打瞌睡，作业错误率很高，成绩也下降得很厉害。我们把家里的情况跟老师汇报了，老师说这就是网瘾的典型症状，要赶紧遏制。我们一听，急得六神无主，忙请老师帮我们想想办法。老师建议我们陪同振宇使用电脑，每天使用时间不超过半小时，只用于解决学习上的问题。我们按老师的办法执行了一个星期，情况好多了。可总要父母看着也不是事儿，何况晚上店里的生意正好呢，每天早关门可损失了不少钱。于是，我跟振宇爸爸商量了个一劳永逸的办法，把上网套餐退了，电源线拔了，让电脑彻底用不起来。

消停了一阵子，我以为电脑风波终于结束了，没想到振宇居然偷偷地玩起了手机。当我把手机从他口袋里掏出来的时候，振宇争辩道他是在用手机上传语音作业，真的没有玩游戏。见我不信，振宇狠狠地把我的手甩开，冲我大吼："难道只要用到电脑、手机就是在玩游戏吗？"看着他跑回家的背影，我真想大哭一场。我那懂事听话的振宇去了哪里？这一切，都是电脑惹的祸！

[案例反思]

振宇妈妈揪心的话语和振宇无奈的呼唤似乎仍在耳畔回响，孩子使用电子产品的问题越来越多地出现在我们老师的工作中。

现在的孩子接触的信息很大一部分来自网络，但又不可否认，电子产品的使用也带来了许多负面效应。电子产品本身没有害处，但沉溺在里面，特别是沉溺在网络游戏中，会让很多孩子无法自拔，造成严重后果。所以，儿童使用电子产品的问题一直困扰着很多家长。

孩子沉迷网络需要家庭与学校正确对待。首先，互联网的普及和应用，在一定程度上打破了传统意义上青少年交往方式的时空限制，正在从根本上改变着青少年的学习、生活和思维方式。这就要求无论老师还是家长都要尽快适应这一变化，掌握和互联网有关的知识和技能，扩充自己的知识容量，改善自己的知识结构，了解孩子的所思、所想、所爱。其次，互联网的交互性和平等性特征，使孩子在网上能够以平等的身份就任何问题和事件阐述自己的观点。这种心理变化反馈到现实生活中就是，孩子对老师和家长要以平等的身份与他们对话和交流的要求更加迫切。如果我们不能适应这样的变化，单靠传统形式的教育，采用生硬的强迫、压制和灌输式的教育方法，尽管老师和家长都很用心，但效果未必理想，说不定还会使孩子产生抵触情绪。再次，网络游戏在一些家长和老师的眼中是将孩子引入深渊的魔鬼，是暴力、色情的源头，但在孩子的眼中并非如此。作为新生代，网络游戏就像当初迷住大人们的小人书一样，是课余生活的一部分。

其实，任何事物都有两面性，网络世界同现实世界一样，善恶、美丑、良莠并存。庄子曾经说过"至乐无乐"，意思是过度放纵便无法得到欢乐，所以我们应当倡导孩子在平时使用电脑时调整好自己的心态，注意平衡游戏与其他方面的关系，好好利用电子产品的益处，尽量减小其负面影响，让"网"为我所用。

我的故事

如果你是案例中的老师，你会怎么做？你关注过孩子使用电子产品过程中遇到的问题吗？有什么好的做法，与大家一起分享吧。

集思广益

主持人："都是电脑惹的祸"，这是在孩子的学习生活中越来越多被提到的话题。对案例中家长和老师对孩子使用电脑出现问题时所采取的做法，你有什么看法？

【随园夜话】

观点一：在孩子使用电子产品前，家长或老师应有相应指导，防患于未然。

在上述案例中，当家长和老师发现孩子出现问题时，孩子已经被网络游戏深深迷住，难以自拔。在这种情况下，家长往往气急攻心，乱了方寸，通常会采取极端的惩罚方式，如把孩子毒打一顿等，但是这样的方法往往只能在短时间内有效，并不能真正解决孩子网络游戏成瘾的问题。其实，许多网络游戏成瘾的孩子都是因为家庭教育存在问题。家长要防范和解决孩子网络游戏成瘾问题，必须改变家庭教育方式。如果在刚刚购买电脑和办理上网套餐时，振宇的爸爸妈妈就能请电脑公司的技术人员设置好防火墙，首先从技术上进行拦截，再跟孩子交流使用电脑的方法，打好预防针，问题可能就不会出现。在孩子使用电脑的过程中，家长要注意孩子的表现，一旦出现了反常，要及时采取相应措施。比如孩子出现诸如视力减退、食欲不振、精神困顿等症状，就说明过度痴迷了，家长需要警惕。这个时候家长应该要求甚至强行命令孩子减少和电脑的"交往"，多参加其他活动，如多带孩子去旅行或是参加各类积极健康的社会实践活动，多培养孩子的兴趣爱好。这样不仅能降低孩子对网络游戏的迷恋程度，还可以转移孩子对网络游戏的注意力。另外，随着智能手机不断更新，孩子对电子产品的选择也多了起来。有些孩子电脑用不了，就选择用手机。打开手机网络，无论是浏览短视频还是下载游戏，都是十分方便的。所以，家长关注孩子电子产品使用的面，还要再广一些，不能仅仅局限于电脑。

对于老师来说，我们的教育应该跟上时代的脚步，与时俱进。在信息化高度发展的社会中，如何使用电子产品已经成了教育中不可回避的话题。教师要利用班会等校内教育时间，对孩子正确使用电子产品进行指导。平时，老师要多跟家长联系、沟通，了解孩子在家庭中使用电子产品的情况，给粗心大意的家长提个醒，给技术盲家长支支招。

观点二：班主任和家长能够认识到沉迷于电子产品会给孩子的身心带来不小的负面影响。

与当代学生一起成长起来的电子产品，不容置疑地推动了新一代年轻人对新知识的学习和积累，在产生正能量的同时，也不可否认给众多年轻人的生活带来了负能量。琳琅满目的电子产品成了新一代年轻人的宠儿、时尚一族的代名词。然而在越来越多的电子产品充斥着人们的生活时，一些隐患也悄然而至。

首先从身体角度出发，手机长期的辐射对学生的身体发育不利。伦敦大学研究人类脑神经及细胞的盖尔教授撰文指出，让正常的白鼠连续接受4小时频率范围与手机辐射近似的无线电波辐射后，白鼠的脑细胞、DNA结构均有被破坏的迹象。有研究表明，孩子在使用手机时，大脑中吸收的辐射比成年人要高出50%。事实证明，手机辐射会对青少年脑部神经造成损害，引起头痛、记忆力减退和睡眠失调。

不仅如此，因为无限制使用网络，大脑长期受到单一的刺激，青少年的社会交往能力减弱，人会变得孤独，为摆脱孤独又会不断上网，这种恶性循环会造成与社会生活脱节和心灵的不健康发展。

案例中的家长和老师都看到了孩子沉迷电子产品带来的负面影响，为了孩子，他们想出了积极应对的办法。当一个方法不奏效时，他们则根据新情况再想新办法。

观点三：在对待电子产品与网络的问题上，班主任和家长"谈网如虎"的态度值得商榷。

在案例中，老师和家长已经到了"谈网如虎"的地步了，他们已经将对游戏的入迷与网瘾等同起来。其实，对游戏有浓厚的兴趣和病态的网瘾，是两种不同的概念。尽管网瘾似乎已经成为当下的一个社会问题，甚至很多戒除网瘾的机构如雨后春笋般出现，有的医院也开展了治疗网瘾的业务，让孩子像病人一样住院，通过打针吃药来治疗。正是因为这样的社会背景，案例中的老师和家长才会视网络如瘟神。他们完全忽视了电子产品和网络已经成为孩子生活的一部分，也能发挥一定的积极作用，完全堵截是不可能的。

当今社会，网络缩短了人与人之间的时间和空间距离，淡化了时间和空间观念，建立在互联网基础上的资源共享，让青少年在网上可以按个人意愿阅读新闻信息、科技动态，从而认识世界、了解世界。互联网信息量大，交流速度快，随着时代的发展，上网越来越吸引青少年，也成为青少年寻求知识的主要手段。有关调查显示，当代青少年的观念，如学习观念、效率观念、全球意识等，都是由网络的信息化特征催生的，它使青少年不断接受新观念的挑战，接触新事物、新技术。

对待网络问题，宜疏不宜堵。只有老师和家长辩证地看待网络问题，才能用科学的方法来帮助孩子。

观点四：我们的生活已经离不开网络，班主任和家长用偏激的方式让孩子完全脱离网络，没有考虑到孩子的心理感受。

全国优秀班主任、特级教师丁榕认为，研究学生的需要，满足学生的正当需要，是做好班主任工作的源泉。要真正解决学生迷恋网络游戏的问题，也应该从研究学生的需要、满足学生的正当需要入手。沉迷于网络游戏，表面看，症结在孩子自身和游戏上，其实仔细想来，就能发现家庭教育和学校教育的缺陷。当孩子被游戏吸引时，家长与老师并没有尊重孩子，对孩子的心理进行分析，没有了解孩子的个性心理，也没有摸清孩子沉迷于网络游戏的根本原因，而是粗暴地断绝孩子与网络的联系。这样的做法看似一劳永逸，实则治标不治本。

案例中家长用心良苦、采取了行动，却采用了不科学的教育方式，这样的教育不但让家长的努力无效果，而且会让孩子对网络游戏越发痴迷。只有老师和家长从根本上改变自己的教育理念和教育技巧，才能真正解决孩子沉迷于网络的问题。

行动转化

> 主持人：网络是当今社会不可回避的事物，它已经成为我们生活的一部分。面对孩子上网时所出现的种种问题，特别是沉迷于网络游戏，你会怎么办？

方法一：指导家长了解不同年龄段儿童上网的内容。

随着移动互联网的普及，网民正在呈现"低龄化"趋势。

腾讯公司发布的《儿童安全上网指引报告》显示，90%的中国儿童（按照联合国《儿童权利公约》内容，指18岁以下未成年人）在日常生活中接触互联网，其中城市儿童触网率几近95%。统计显示，2015年56%的儿童初次上网的年龄甚至低于5岁，一些孩子对电脑的使用技巧甚至超过家长，是名副其实的"互联网原住民"。

不同年龄段的儿童，使用网络的目的也不同。对于8岁以下低学龄和学龄前儿童来说，看视频、玩游戏、听故事等娱乐是上网的主要目的；而对于小学高年级学生和初中生，玩游戏和写作业占据了他们的大部分上网时间。随着年龄的增长，青少年会越来越频繁地使用互联网。家长已经无法简单用"断网"来控制孩子的上网时间了。

早在2016年，腾讯安全团队联合腾讯儿童发起了专项"儿童网络保护大调查"，通过24501份有效问卷调研在面对网络侵害时，儿童和成年人是否具有正确应对的意识和能力。

未成年人反馈的7638份问卷显示，网络诈骗、不良信息和网络欺凌是未成年人群体遭遇的三大负面因素。其中，网络诈骗比例最高，占受访者的61%，有超过23%的问卷者表示曾遭到网络的暴力欺凌。

基于以上的调查，同年6月1日，腾讯安全团队、腾讯儿童联合科普中国推出了《数字小公民安全成长指南》（简称《指南》）。《指南》显示，儿童上网时会产生八大风险，包含安全风险认知不足、过度上网、卷入违法犯罪等。其中，网络诈骗和盗号易产生财产风险，在线遭遇网络欺凌、骚扰等易造成心理伤害，长期关注不良信息易诱发违法犯罪风险。值得注意的是，网络欺凌对少年儿童具有更大的危害性，一些未成年人甚至因遭遇网络欺凌而自杀。

对于如何规避这些风险，《指南》建议，青少年应不轻易透露个人隐私和关键信息，不轻信网络上的各类免费"午餐"，不轻易打开奇怪的链接或陌生人发来的邮件，谨慎与陌生网友见面。此外，如果涉及金钱，或发现不妥之处，需第一时间和父母商量。

来自腾讯儿童的调查数据显示，成人受访者认为儿童使用网络利大于弊的人群只占到26%，弊大于利的却占到34%，其余则认为不好说。不仅如此，约22%的成年人选择不会干预或引导儿童上网。大部分家长对于网络风险的关注面比较窄，需要学习更全面的知识和应对方法。

在儿童日常生活中，家庭互动应成为儿童网络安全教育的主要方式之一。对此，《指南》总结了安全上网的七大常识，提醒儿童不透露个人信息、不理睬不良信息、不约见陌生网友、不相信免费"午餐"、不辱骂欺凌他人、不过度使用网络、不触犯法律底线，建议家长在日常沟通时进行指导。

方法二：指导家长针对不同年龄段孩子的上网活动特点，给出正确的上网指导。

针对不同年龄段孩子的上网活动特点，班主任要指导家长合理督促、指导孩子上网。

6—9岁：父母不能让孩子单独上网，要与孩子一起使用电脑，向孩子展示正确的使用行为和使用规则，如在电脑上下载有益的动画片或短视频，培养孩子正确上网的意识。

10—11岁：家长此时要非常关注孩子使用网络的情况。此时的指导要点是，建立明确的使用规则，如不允许孩子单独在网上购物或发出有关自己及家庭的任何信息，发现不寻常的信息应立即告诉父母或老师，使用电子产品要限定时间等。此时的孩子处于叛逆期，好奇心强，家长要对网络中的暴力、色情、恐怖消息格外注意。

12—14岁：此时的指导要点是，向孩子明确网络法律和规则的内容，并严格规定上网和使用电子产品的时间；尽可能和孩子一起上网；监督孩子下载电子游戏。

15—18岁：此时的指导要点是，将学习中一些需要解决的问题交给孩子，让他们在网上找到解决问题的方法。鼓励孩子学习使用电子产品和网络，不只是要他们学一门知识，更重要的是让他们永远保持好奇心，相信自己有能力借助电子产品、网络来解决遇到的一些问题。

方法三：指导家长规范孩子上网行为，提升孩子网络素养。

家长要规范孩子的上网行为，使他们养成道德自律的良好习惯。例如，指导孩子学习《全国青少年网络文明公约》：要善于网上学习，不浏览不良信息；要诚实友好交流，不侮辱欺诈他人；要增强自护意识，不随意约会网友；要维护网络安全，不破坏网络秩序；要有益身心健康，不沉溺虚拟时空。普及法律知识和有关规定，用道德这种无形的约束力去规范他们的网上行为，使他们养成道德自律的习惯，自觉地遵守网络法规或有关规定，文明上网、依法上网，做一个合格的上网者。

方法四：指导家长引导孩子处理好学习和使用电子产品的关系。

孩子都有好奇心，适当满足孩子的好奇心是有必要的。有的家长怕孩子上网成瘾，一点网不让孩子沾，这样孩子对网络永远充满好奇，网络的吸引力只能越来越大。面对这样的情况，家长可以向孩子介绍与学习、成长有关的网络内容，让孩子认识网络的真正作用。每个周末允许孩子在家上网一小时，可以和同学聊天，可以玩益智的小游戏。但是家长要严格"执法"，玩到一小时必须结束，搜集资料等学习活动则可以适当延长时间。

如果父母能成功引导孩子不沉溺于电子产品，那么孩子在以后的成长道路中对社会的各种诱惑也能成功应对。因此，父母可以跟孩子一起分配学习和玩电子产品的时间，如先将学习的事情做完，然后再玩电脑，但切忌这样的做法：孩子学习成绩好时，就奖励无节制玩电子产品，而一旦成绩差时就开始完全制止。这样做是不可取的，这会让孩子错误地认为自己学习就是为了玩电脑或刷手机。

我的观点

上述讨论是围绕孩子如何使用电子产品、使用网络展开的，关于此问题，你还有什么好的做法，与大家一起分享吧。

【问题聚焦】

班主任如何指导家长共同引导孩子正确使用电脑和其他电子产品?

通过上述讨论和分析,我们认识到了沉迷网络对孩子身心的负面影响,可是家长、老师在遇到"怎样正确使用电脑和其他电子产品"这一问题时,究竟该怎么办? 班主任如何指导家长共同引导孩子正确使用电脑和其他电子产品呢?

_____

_____

_____

_____

_____

_____

_____

与"电子控"说再见 [①]

近几年来,电子产品的大面积普及,让孩子有更多的机会接触电子产品,很多孩子因此成了"电子控"。但是,如果孩子使用电子产品不当或过度,就会对其生理和心理健康产生一定的影响——手机辐射一定程度上会影响他们的身体发育;闪光灯和耳机也会损坏儿童,特别是幼龄儿童的视力和听力;平板电脑的LED背光源,会造成调节性近视,若不及时防治,很快就会演变成真性近视。长时间玩游戏,还能使孩子沉湎于虚拟世界,不愿意跟人沟通,造成交往障碍。

怎样不让孩子变成"电子控",关键还要看班主任和家长的引导。作为班主任可以从以下几个方面对家长进行指导。

1. 别让"电子保姆"代替家长

专家表示,现代社会,将孩子与电子产品完全隔离是不可能的。其实,防止孩子被"电子化"的做法有很多,而最佳的方法就是用心陪伴孩子,了解他们的喜好和需要,让他们知道还有很多事物比电脑或手机更有趣,不要让电脑、手机或其他电子产品成为孩子的"保姆"。

在孩子的养育过程中,物质生活并不

---

① 提供者: 魏菲。

是重点，真正需要关注的是亲子关系。建议家长和孩子一起使用电子产品，让电子产品成为与孩子交流的媒介。在使用时，家长要在恰当的时候用少量的话语解释或补充，这样既不影响孩子自己学习，又能更好地进行引导。

家长应该经常腾出时间来跟孩子聊天，了解孩子内心的需要。家长应多亲自陪伴孩子去看、去听、去触摸真实的事物，走进大自然，让孩子在自然界中体会电子产品所带不来的乐趣，从而弱化他们对电子产品的依赖。家长不要让电子产品成为孩子的主要娱乐方式；不要让玩具、礼物成为不能陪伴孩子的补偿；不管是让孩子看电视还是玩电脑、手机，都应该与孩子约定好玩的时间，一旦超过，则要从下次的时间里扣除或者拒绝他们接着玩的要求。使用完电子产品后，还需要做做眼部放松操，望望远处的风景。

2. 培养孩子广泛的兴趣爱好

去除坏习惯的最好方法就是养成一个新的好习惯。家长可以用丰富多彩的文体活动充实孩子的业余生活。鼓励孩子平时参加篮球、乒乓球、书法、绘画等兴趣小组活动，周末带孩子去图书馆看书、去博物馆参观、去郊外游玩，长假去旅游，让他们自己发现其中的乐趣，并对他们在这些方面取得的成绩加以表扬。其实，这些活动都是很有吸引力的，孩子一旦真正投入，肯定能享受到成功、尊重与自信。网络之所以容易使孩子痴迷，往往与他们的课外生活贫乏有关。因此，让孩子培养广泛的兴趣，是至关重要的。孩子之所以喜欢iPad（平板电脑）里面的游戏，就是因为里面的东西是他所不知道的，对此感到新奇。如果感觉孩子特别喜欢哪一种游戏，不妨将它搬到生活中来。例如，有个小朋友有一段时间喜欢玩种菜游戏，妈妈就和她一起在家里种上草莓、西红柿、黄瓜。孩子每天都去观察，自己浇水、施肥，慢慢地在现实中不仅得到了玩游戏的满足感，还有了许多新奇、独特的体验。

3. 让孩子学会自我约束和管理

家庭教育不能没有规矩，当前提倡的柔性化家庭教育绝非是对孩子溺爱或放纵。在孩子使用电子产品的问题上，家长应与孩子约法三章。这里需要注意的是，家规不是单向的，而是双向的。它既要约束孩子，也要约束家长，否则孩子难以接受。在约法三章时，要明确使用电子产品的前提条件与使用时间。给孩子制订一个时间表：什么时间吃饭，什么时间睡觉，什么时间看动画片、玩iPad。给孩子制订好时间表，控制好每天玩电子产品的时间。孩子一开始可能会哭闹，严格执行之后他就会慢慢形成习惯，这就和制订其他规矩一样。给孩子下载什么应用软件玩，家长要多花费一些心思。严格把控下载的应用软件，宁缺毋滥。有家长会给孩子下一些益智类的应用，孩子不仅在游戏之中增长了知识，而且不容易上瘾。一些容易上瘾的游戏是不能出现在电子产品里面的，等孩子学会了自律之后才能接触那种游戏。

同时，家长要以身作则，不迷恋电子产品。如果一回到家，家长就抱着手机不松手，那么孩子也会那样。如果家长自己抱着手机不松手却不让孩子玩，那么孩子心里是不服气的。作为"镜子"的家长应以身作则，当孩子正在做作业时，不宜在孩子旁边玩手机，更不可沉溺于网络世界，否则会令家规失效。而对于那些专门针对孩子的规则，家长则应经常提醒和督促，培养孩子的规则意识。对孩子的违规行为，不要武断地加以斥责，而应在弄清原因的基础上帮助孩子认清自己行为的不当之处，并教给孩子正确的行为规范和准则。

总之，约束孩子的艺术在于设法将成人的要求内化为孩子内在的需要，只有这种民主的约束方式才会收到良好的效果。

4.陪伴才是最深情的爱

如果孩子下载了一个新的应用，家长不要表现得过激，害怕孩子下载了不适合他的应用。家长可以装作很好奇的样子，陪着他玩一遍，然后发表自己的意见，引导孩子认识一下这个游戏是否适合他。这样孩子每次下载了新应用才会告诉大人。要是表现得很过激，可能会导致孩子自己偷偷地下载。家长多付出一点，多陪陪孩子，孩子就会更愿意和爸爸妈妈一起玩，没人陪的结果才是迷恋网络。孩子如果迷恋上了网络，也别一味地指责孩子，慢慢地按照上面的步骤，一点点地使他不再迷恋。指责是没有用的，引导才是治本的良药。

专家解读

临事而惧，好谋而成 ①
——未成年人电子产品使用问题解决思路

未成年人在电子产品的使用问题上的确存在着诸多问题，这已经是一个社会现实了。我国各地区社会经济的发展又存在着客观的差异，所以在某些地区，这仍然是一个正在形成中的问题。因为上面两点，我们对这一问题解决思路的探讨就有了可能性和必要性。

教育从社会发展中汲取营养，社会发展也需要教育的引导与支持。正因为这样的一种互动关系，教育与社会相伴相生、互为促进，所以对彼此存在的问题也必须谨慎对待，否则不仅对对方不利，对于已方负面因素不久也会显现。那么教育工作者应该如何正确地处理教育与社会的现实问题呢？

案例中振宇的母亲，面对儿子的失当行为，强行关机；向班主任刘老师电话求救，以解一时之急。这两种处理方法恰当与否，其结果就是最直接的回答。

孔子对子路说："暴虎冯河，死而无悔者，吾不与也。必也临事而惧，好谋而成者也。"（《论语·述而篇第七》）面对问题，当机立断，毫不畏惧，往往不是成竹在胸，而是考虑欠周详。面对一个被电子产品深深吸引的未成年人，发火和教训通常不能圆满地解决问题，这已经被案例再一次证实。着急，对于未经专业教育训练的家长来说，是正常的反应；对于经受过专业教育训练的班主任来说，可能就不是其应有的表现了。当然这时候的"着急"，我们也要分析：是心理型着急，还

---

① 解读专家：尹湘江。

是技巧型着急。如果是后者，目的在于引起家长的重视，其实也是没有必要的，因为家长自己已经着急在先了；如果是前者，更要不得，因为这样的"着急"表现出的是，刘老师已经阵脚自乱。虽然很真实，但是不淡定，是工作方法和心理素养亟待提高的表现。

孔子说："道千乘之国，敬事而信。"（《论语·学而篇第一》）这里的"敬"，表面上看，是一种外显的处事态度，其实内里更是一种潜隐的泛化感情。这种感情，千年以降，化而为对一切事务的敬畏心、敬重心。教育者如果能够在面对教育问题时持一种敬畏心、敬重心，就有可能对这些问题做起码的考虑。

刘老师后来给出的建议是"设密码"，这是常见的"堵"法。"堵"在有些时候也是可以见效的，但是"堵"的同时，或者之后，如不能用"疏"相配合，可能会适得其反。单纯的"堵"法，可能比不作为更加危险，因为以电脑为代表的、为学习而购买的电子产品都是要交给未成年人使用才能体现其价值的。"堵"而不"疏"只会使未成年人使用电脑以及其他电子产品的欲望更加强烈、迫切。敬畏心的缺失，导致考虑的不周全，是案例中问题解决不理想的重要原因。

"临事而惧，好谋而成"，拥有了敬畏心、敬重心之后，什么样的考虑才可以算得上是"好谋"呢？

《论语·乡党第十》里的记载可为参考："厩焚。子退朝，曰：'伤人乎？'不问马。"唐人陆德明著《经典释文》点读为："厩焚。子退朝，曰：'伤人乎？''不。'问马。"不论"问马"与否，都是以人为急。案例中刘老师给振宇父母的电话中陈述了振宇在课堂上的表现、作业的情况以及成绩的变化，表面上看都是在陈述振宇的事情，但是如果我们认真审视这三个方面，就会发现有两条是和学习相关的，只有一条是和人的精神状态相关的，或者说"上课老打瞌睡"也已经在刘老师的逻辑判断里，成了后两条的逻辑原因。

未成年人接受的教育包括家庭教育、社会教育和学校教育三个方面。班主任作为学校教育的主要施行者，如果能够和振宇就上述现象做一个交流，听听来自孩子的陈述，了解一下孩子的个人观点，然后结合与家长交流的所得，也许就能形成对这一问题更全面客观的认识，从而也有望得出更加有效的论断。

随园夜话的集思广益环节，教育同行的观点基本可以归集为"全面了解→适度满足→积极引导"三个前后相继的环节，很可喜的是，这三个环节都紧紧围绕着对未成年人的密切关注与关心，这既符合优秀传统文化对人的切实尊重，也符合现代教育理念对人的自觉、自省、自信意识的积极肯定。代表家庭教育的家长和代表学校教育的老师都已经意识到，如果能以恰当的方式使未成年人认识到网络、网络游戏中的不良因素，那么对提高他们自觉抵制不良诱惑的能力也应该有所帮助。

孟子说："君子深造之以道，欲其自得之也；自得之，则居之安；居之安，则资之深；资之深，则取之左右逢其原；故君子欲其自得之也。"（《孟子·离娄下》）如果未成年人能够对电子产品使用问题有全面的认识，则电子产品妍媸自辨，何去何从亦可自知了。

未成年人对电子产品的使用问题是社会领域给教育领域提出的新问题，教育工作者如果能够以敬畏之心谨慎考量，以人本之心权衡考虑，以自得之心充分信任学生，相信离"取之左右逢其原"的深造境界应该不远了，未成年人对电子产品的使用问题也有望得到顺畅解决。

指导家长制订家庭规则 ①

[给班主任的建议]

无论是使用电脑还是使用其他电子产品产生的问题，有时候真让家长束手无策，说教管束孩子都不理睬。如何让孩子合理地使用电子产品？我们要让孩子明白电子世界是有边界的。"边界"就是我们要遵守规则。只有遵守规则，把握尺度，才能享受自由，在精彩广阔的电子世界尽情

① 提供者：魏菲。

驰骋。合理地制订符合自己家庭教育现状的家庭规则，对处理好学习和使用电子产品的关系，特别是对培养孩子良好生活习惯、学习习惯和情感习惯有一定的帮助。如果班主任能帮助家长给孩子立下规矩、立好规则，那么家庭教育效果会更佳。案例中的刘老师后来帮助振宇妈妈制订了关于使用电子产品的家庭规则，我们一起来看一下。

刘老师跟振宇妈妈一起制订了使用电子产品的家庭规则，首先规定了电子产品对孩子的作用：主要是学习工具，不是纯粹的娱乐工具。他们还一起制订了使用规则，内容如下。

电子产品使用规则1.0

1. 使用电子产品要以学习为主，娱乐为辅。

2. 每日完成家庭作业、课外阅读、兴趣学习等学习活动后使用，最多半小时。

3. 必须浏览健康安全的网站。

4. 不把有关家庭的信息暴露给网上的陌生人，不要用实名注册。

5. 在网上遇到他人骚扰等麻烦事立即与爸爸妈妈商量，如果爸爸妈妈不在家就立即关闭电子产品。

6. 如果使用者违反上述规则，视情节轻重，处以减少使用电子产品时间或在一定时间内停止使用电子产品的处罚。

在执行了一个月后，振宇对电子产品的依赖渐渐减少了，但还是有不自觉的情况，比如到了半小时，还磨磨蹭蹭不肯关机。于是，刘老师又帮助振宇妈妈完善了使用规则。

电子产品使用规则2.0

1. 周一至周五，每日在完成家庭作业、课外阅读、兴趣学习后使用。只允许使用电脑、手机查找资料，且必须征得父母同意方可使用。

2. 每次用时为30分钟。如有超时，累计超时时间从周末的电脑娱乐、游戏时间中扣除。

3. 周五晚至周日白天可以用来听音乐、看电影、玩网络游戏各一次，每次时间为40分钟左右。

4. 电子产品的学习功能和听音乐、看电影、玩网络游戏等娱乐功能不能混用。违反一次，取消本周电脑娱乐时间。

5. 网上下载的音乐、电影、游戏一定要经过爸爸妈妈审查。不能接触暴力或者不健康的电影、游戏。

他们还制订了使用电子产品的奖惩条件，内容如下。

使用电子产品的奖惩条件

1. 当日表现好记一分，累积五分时，可以得到奖励，奖励内容由家长和孩子共同商定。表现好的内容如下。

（1）能严格执行电子产品的学习功能和娱乐功能的使用要求，不混用。

（2）上课专心听讲，课后认真、及时完成作业。

（3）能自我管理时间，严格遵守作息时间。

（4）自觉做好日常生活中的小事，比如能整理自己的床铺，能按时吃饭，能自觉承担力所能及的家务劳动。

2. 当日表现不好扣一分，所扣分从本周奖励分中扣除。累积分达五分时，则本周不允许使用电子产品的娱乐功能。表现不好的内容如下。

（1）违反电子产品使用约定，混用其学习功能和娱乐功能。

（2）老师反映上课打闹，不专心听讲，作业错误太多，不虚心改正等。

（3）没有特殊情况，超时使用电子产品，不能遵守作息时间，胡乱发脾气。

（4）不经同意，私自下载网络游戏等。

特别值得一提的是，在规则中还列有"电子产品使用的监督说明"一项，其内容如下。

电子产品使用的监督说明

1. 在好习惯培养初期（以一个月为限），使用电脑的时候需要父母陪同。父母可以和孩子共同学习或者共同游戏，分享孩子的快乐，建立良好的亲子关系。

2. 父母有义务指导孩子正确使用电子产品，指导时要讲究方式、方法。

3. 孩子有义务教父母使用电子产品，父母不懂的应向儿子请教，不得唠叨、说教。

4. 请孩子同时监督父母来共同遵守、执行上述规定。

又一个月以后，振宇已能够做到严格遵守规则，并且依照规则教爸爸妈妈使用电子产品，跟爸爸妈妈的关系也变得更融洽了。

总之，立下合理的规则，让孩子学会遵守规则，培养孩子的责任心、规则意识，有助于孩子合理使用电脑及其他电子产品。

其实，制订家庭规则除了可以运用在电子产品使用上，还可以运用在其他很多方面，如作业、假期生活或者成员相处等。要让孩子知道，享受自由首先要接受规矩的约束。

在中央电视台《超级育儿师》节目第一季、第二季中担任嘉宾的兰海，也是"上濒教育"创始人，她有几条制订家庭规则的原则，我们一起来看看。

第一，从全家人的角度出发。建立家庭规则需要从全家人的角度考虑，而不仅仅是针对孩子。规则实际上代表了一个家庭的核心文化。所以，重新建立家庭规则是改变家庭环境的基础，只有每一个家庭成员都用同一个规则来要求自己、约束自己，才有可能帮助孩子改变自己的行为，得到更好的发展。

第二，谨慎制订。规则一定是在对家庭情况全面思考的基础上建立的。父母在制订家庭规则时需要全面思考，不能冲动。不能偶然看见一个行为，就不假思考地把它框定在家庭规则的范畴内。

第三，更多的激发，更少的限制。需要注意的是，尽管有规则，但是更建议父母常说"你可以怎么做"，而不是"这个不能做、那个不能做"。规则，其实限制的是孩子的行为，而不是思想。

第四，规则不能过多。过多的家庭规则不容易生效，还会让孩子感受到太多的束缚和要求，并且容易混淆和忘记。

第五，规则在短期内不能变化。一些父母看到孩子行为有变化，就想规则真有用，就开始增加或者改变家庭规则。孩子行为的改变需要一个过程，而改变家庭规则会导致孩子还没有把偶然的行为改变转为一种习惯的时候，就要去适应另外一种要求，这对于孩子来说是困难的。

制订家庭规则，除了以上的几点要素，还需要注意用具体事件来举例。有些家庭规则只能用抽象的文字表达，比如尊重、关心。如何让孩子做到呢？则需要具体事例来帮助孩子理解抽象表达背后的具体含义，所以在制订规则时，需要说明什么是尊重的表现、什么是关心的行为。比如像别人说话不能插话是对别人的尊重，问候辛苦的妈妈是一种关心的行为。

家庭规则的内容是丰富的，方法也是多样的，但是原则是不变的。在制订规则时，想想上述几条原则，相信只要掌握了跟孩子定规矩的原则，就能制订合理的家庭规则，帮助孩子更好地成长。

［推荐阅读］

1. 共青团中央、教育部、文化部、国务院新闻办公室、全国青联、全国学联、全国少工委、中国青少年网络协会，《全国青少年网络文明公约》，2001年

2.国际电信联盟，《2020年保护上网儿童指南》，2020年

3.最高人民检察第九检察厅策划，河南省新乡市人民检察院编，《莫让"网事"不堪回首2——青少年网络安全秘籍》，中国检察出版社，2020年

我的行动计划

对于如何指导孩子正确使用电脑和其他电子产品，上述讨论和点评有没有给你一点启发呢？你有没有想到通过指导家长制订家庭规则和家长一起来引导孩子正确使用电脑和其他电子产品呢？不妨去积极尝试一下吧。

九日谈 | 奏响假日欢乐颂
——引导孩子过好假期生活

案例故事
- 超长假期变奏曲

随园夜话

集思广益

行动转化

问题聚焦
- 班主任和家长如何共同指导孩子科学、合理地安排假期生活?

高手支招
- 乐享假期,成长不烦恼

专家解读
- 把快乐假期还给孩子

给班主任的建议
- 巧用数字互动平台

[随园小语]

　　要解放孩子的头脑、双手、脚、空间、时间，使他们充分得到自由的生活，从自由的生活中得到真正的教育。

—— 陶行知

　　合理安排儿童每天的生活，使之总是忙于有益的事情避免无事生非或虚度时光。

——夸美纽斯

　　只有让学生不把全部时间都用在学习上，而留下许多自由支配的时间，他才能顺利地学习……，（这）是教育过程的逻辑。

——苏霍姆林斯基

超长假期变奏曲 ①

【案例故事】

[家长叙述]

　　橙子，九年级女孩，活泼开朗，大大咧咧，像个假小子。我们母女关系融洽，平时的沟通比较顺畅。然而2020年的加长版寒假，让我们的关系发生了改变。

　　庚子鼠年春节前夕，欢乐祥和的气氛被突发的新冠疫情无情地打破。全民宅家，城市停摆，孩子们的假期一天一天延长，开学的日子一次一次被推迟。"今天你戴口罩了吗？"已然成为当下最流行的问候语。不能去学校，无法和好伙伴面对面交流假期里的种种趣事，使橙子微微有点失落。但是不需要早早起床，不需要埋首于堆成山的作业里，似乎也是一件令她开心兴奋的事。

　　随着疫情的发展，禁足令解封遥遥无期。囿于方寸之间的全国人民似乎统一行动，开启自嗨模式，纷纷加入了"花式宅家秀"活动，秀美食、秀运动、秀抖音、秀娃娃……。我们只要捧着一部手机，就可以乐呵一天，宅家的烦闷一扫而光。橙子毫无悬念地也加入了"网虫"行列，应付式地完成学习任务后，总会找出各种理由，捧着手机傻笑。看着橙子的懒散，想着她马上就要面临中考，焦虑就像胸腔里有一只不断膨胀的气球顶着我的胸口，难受极了。当橙子又一次捧着手机，躺在沙发上傻笑的时候，我终于压制不住心中的怒火，一言不发地跑过去，夺走橙子手中的手机，"啪"的一声扔在了地上。橙子愣了几秒钟，眼睛里含着泪水问："妈，你凭什么扔我的手机？我做错什么了？""整天就知道看手机？你的作业都做了吗？难题都会了吗？学习马马虎虎，不求质量，就知道盯着手机傻笑，你不着急吗？""学习学习，就知道学习，你不也是整天用手机上淘宝购物吗？你怎么不扔自己的手机？"橙子不服气地反问我。就这样，我们母女俩终于爆发了"战争"。我的怒

---

① 提供者：黄莉丽，镇江市金山湖小学教师，镇江市优秀少先队辅导员。

吼，换来的只是橙子摔门进入了房间，我气得禁不住落泪。随即冷战开始，我好几天都没有和橙子说话，橙子也无所谓，该吃吃，该睡睡，似乎没受一点儿影响。

就在我生气的那几天，"停课不停学"的号角吹遍了大江南北，网上课堂纷至沓来。曾在作文里幻想的未来课堂——在家学习，就这样神奇地实现了。因为网课，我和橙子的冷战也就不宣而停了。随着学校课程的落实，橙子的生活节奏也显得规律起来。每天早晨准时起床，迅速吃完早饭，乖乖地坐到电脑面前，开始她一天的网上学习。在我看来，橙子似乎懂事了许多，懂得珍惜时间，懂得如何不给妈妈增添烦恼。我悬着的一颗心，也终于放了下来，毕竟橙子已经九年级，再等几个月，将迎来她人生第一次重要的选择。

几周后，学校组织毕业班学生进行网上测试，检测一个月的网课学习情况。为了及时了解情况，我在浏览班级QQ群时，发现橙子的QQ头像不停地跳跃着。我偷偷打开对话框一看，一百多条聊天信息扑面而来。这就是认真上课吗？我扔掉鼠标，气冲冲地走进书房，发现橙子居然在用平板电脑搜索数学习题答案。看着她那偷懒的模样，我气得心痛，飞快地抢走她手中的试卷并撕个粉碎，怒吼道："你抄袭，上网聊天，还学什么学？好好玩吧！"错愕的橙子，看见撕碎的试卷，昂起头大喊道："干吗撕我的作业？我做错什么了？""你……"空气顿时凝固了，我可以清清楚楚地听到我们母女俩因愤怒而此起彼伏的心跳声。我看了看橙子，默默地走出了书房，留下了哭泣的橙子。

我知道青春期的孩子叛逆，我不知道该如何与橙子沟通，只好拨通了班主任吴老师的电话，把实情告诉了她，希望能得到她的帮助。

吴老师听完我的"控诉"后，安慰我的同时，还讲述了一个故事。她曾经教过一个学生，情况和橙子相似，聪明、活泼，成绩优异，九年级时却迷上了网络游戏，成绩直线下降。他的父母得知后，没有责骂和埋怨，而是用耐心和陪伴、相信和尊重，从网游中"夺"回了孩子，使孩子最终考入了理想的高中。吴老师说，对于青春期的孩子我们只能"疏"，不能"堵"，放下父母高高在上的姿态，在平等对话中，和孩子达成一致的目标，并为之努力。吴老师对我说，家长和孩子相处时，最重要的就是要学会尊重孩子，多从孩子的角度思考，才能走进他们的内心世界，从而给予正确有效的引导。关于网上学习，家长既不能一味地放任自由，也不能紧盯不放。首先可以将家中的无线网络、手机、平板电脑等设置成青少年绿色上网模式，避免孩子无意接触网络上的不良网站和信息；其次，指导孩子制订合理的学习、生活计划和电子产品使用规则，让孩子建立文明上网、劳逸结合的规则意识；再次，父母和孩子尽可能地共同参与家庭活动，创造交流的机会，让宅家变成亲子互动的良好契机。

放下手机，吴老师的话一直萦绕在心中，是呀，让孩子不要上网聊天，我自己不就是整天抱着手机网购、刷抖音吗？改变孩子，我得先改变自己，发火无济于事。我整理好思绪，走向了橙子。

我走进书房，橙子还坐在书桌前暗自神伤。我走过去抱了抱她，轻声说："女儿，妈妈向你道歉，不应该冲你发火，也不应该撕碎你的作业，对不起！"听到我的道歉，橙子很诧异，随后也小声地说："妈妈，对不起，我不应该不动脑筋完成作业，也不应该在上网课的时候偷偷跟同学聊天。"真没想到，一句"对不起"就让剑拔弩张的我们冰释前嫌了。我有点意外，也有点兴奋，看来放下姿态，才是跟孩子沟通的前提。就这样，我和橙子讨论了网络学习的利弊，交流了假期生活的时间管理，协商了中考的目标，制订了自主学习的计划，同时橙子也帮助我制订了我的假期"美丽健身计划"。我们共同商讨制订了电子产品使用公约，相互督促提醒，让漫长的假期更充实、更快乐。

接下来的日子里，我和橙子相互鼓励，按照既定计划有规律地行动。橙子遵循学校安排，每天按时上网课，认真做好笔记，听不懂的部分反复回看，有时还会通过QQ向老师提问。如果老师未及时回复，她就会向同学发起即时对话，直到把问题真正弄懂才肯罢休。在学习空闲，橙子还和我一起做美食、弹古筝、听音乐……。在她的督促下，我每天健身打卡，和孩子共同为着目标而努力。

因为陪伴、尊重、包容，假期生活规律而又充实。听着橙子银铃般的笑声，我感到欣喜的同时也庆幸自己的改变。

[案例反思]

2020年，面对突发的新冠疫情，国家的领导力，"白衣天使"的战斗力，人们的配合力……，都是抗疫成功的重要元素。全民宅家的日子里，父母和孩子相处的时间长了，空间小了，加上疫情导致的焦虑不安，更加容易引发亲子矛盾。

案例中的母亲，看着孩子在假期中懒散好玩、学习态度马虎、趁着上网课偷偷聊天等诸多问题，面临孩子中考压力的她情绪不能自控，不分缘由撕毁了孩子的作业。这一举动，深深伤害了孩子。好在班主任的及时引导，让孩子的妈妈改变了教育策略，指导孩子明确学习目标，制订假期计划，与孩子协商电子产品使用公约，使孩子学会管理时间，用尊重和陪伴让妈妈和女儿的矛盾烟消云散，让假期重新变得充实而又快乐。

在这个特殊的假期中，学生们"宅"在家里形成了假期学习的新模式。在延长假期中居家学习，也许我们只会遇到这一次，但是，如何应对突发事件，是我们每个人都需要思考的。居家自主学习、生活的能力应该是每一名学生终生必备的能力。

假期居家自主学习，给了学生更多、更自由的学习空间，但并不意味着老师和家长完全将学习交给孩子，不闻不问。相反，老师和家长以另一种更契合居家学习实际，更贴近孩子发展需要，令孩子更乐意接受的方式参与到了孩子的居家学习中，见证孩子的成长。时间管理的有效方法，变"被动"为"主动"的学习模式，学习生活计划的执行等，都是需要家长、教师关注并给予引导的。而这些引导不是空洞的说教，应融合在丰富的假期活动中，在孩子亲历的过程中自觉萌发、自主发展。

苏联教育家苏霍姆林斯基曾经说过："儿童的时间应当安排满种种吸引人的活动，做到既能发展他的思维，丰富他的知识和能力，同时又不损害童年时代的兴趣。"假期不是纯粹地放松、玩儿，更不是补习班集中营。假期应是孩子进行另一种学习的快乐天地，是孩子走进自然、了解世界、接触社会、认识自我的大好时机。

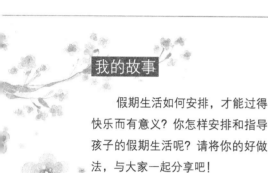

我的故事

假期生活如何安排，才能过得快乐而有意义？你怎样安排和指导孩子的假期生活呢？请将你的好做法，与大家一起分享吧！

【随园夜话】

集思广益

主持人：看到橙子在超长假期里学习、生活从被动应付到积极主动的变化，我们由衷地为她高兴。作为家长和班主任，你如何看待案例中的妈妈和班主任的行为呢？

观点一：结合孩子的特点，让孩子学会自主管理假期生活。

瑞典著名作家阿斯特丽德·林格伦曾说过：孩子需要管教和指导，这是真的，但是如果他们无时无刻和处处事事都在管教和指导之下，是不大可能学会自制和自我指导的。案例中的妈妈在超长假期中，面临疫情和孩子中考的压力，情绪波动强烈，对孩子的懒散、学习态度的不端正，曾一味地发火怒吼。然而责备并没有引起孩子的重视，反而激化了亲子矛盾。妈妈着急，孩子心里也不好受。其实，一到放假，孩子们身心放松也是正常现象，因为没有课堂约束，也没有老师管理；没有即时的学习目标，也没有即时的学习任务；没有同伴影响，也没有同伴竞争等。孩子从学校的学习环境回到家庭的生活环境，脱离了学校学习环境中的规矩和规则，置身于舒适与自由的家庭生活环境中，就会显现出缺乏规矩、没有规律、自由散漫、放飞自我、贪玩任性等状态，出现手机控、电视控、游戏控等常见问题。不过，在班主任老师的帮助下，及时调整教育策略，引导孩子明确目标，制订合理的作息时间和学习活动计划，与孩子订立电子产品使用公约等，让孩子学习自主管理的同时，也感受到了父母的尊重和包容。孩子宅家学习渐入佳境，由"被动安排学习"变为"主动学习"，亲子关系融洽，学习氛围更宽松，学习效率也提高了不少……，可谓一举多得。家长与教师的积极沟通，让孩子的假期生活发生了质的变化。

观点二：了解孩子的实际，**尊重孩子的需求**，并给予正确的指导。

案例中的妈妈对孩子假期的表现是不满意的，但是她没有及时和孩子沟通，也没有了解孩子内心的需求，只是说教和责骂。对于青春期的孩子来说，这位妈妈缺少正确的认识。表面看来，她是为了提高孩子的学习成绩，无可厚非，然而她却误解了假期对孩子的重要意义。她忽视了孩子的心理需求，剥夺了孩子自主安排假期的权利，是对孩子的不尊重。正如苏联教育家苏霍姆林斯基所说："只有让学生不把全部时间都用在学习上，而留下许多自由支配的时间，他才能顺利地学习……，（这）是教育过程的逻辑。"

观点三：指导家长进行家庭教育，启发家长选择适合孩子的教育方法。

当孩子的妈妈带着困惑求助班主任老师时，案例中的老师并没有因为放假而拒绝对家长的指导工作。她讲述了一个成功的家庭教育案例，给孩子的妈妈以启发。老师在与家长沟通时，既没有空洞的说教，也没有态度冷漠，而是晓之以理，动之以情，以专业的视角、生动的案例客观分析了孩子的情况，启发家长选用适合孩子的教育方法，体现了老师较高的专业素养。

观点四：班主任要跟踪指导家长，结合孩子容易反复的特点，保持教育的延续性。

我们都知道，只有学校和家庭行动一致，向儿童提出同样的要求，并且志同道合，始终从同样的原则出发，孩子才能实现和谐全面的发展。家校充分合作，是促进孩子健康成长的基石。案例中老师给孩子的妈妈提供了专业指导，讲述了一个家庭教育成功案例，启发这位妈妈改变教育方法，达成了共识。作为班主任，却没有主动与孩子交流，了解孩子目前的状况，给出一些建议，在家长和孩子之间搭建沟通的桥梁。在后续教育过程中，老师也没有跟踪了解并作出相应的指导，这样的家校合作无延续性可言，对孩子的教育影响也是有限的。

> 主持人：你认为家校怎样合作，才能让孩子过一个快乐而充实的假期？

方法一：教师、家长要全面客观地认识孩子，深入了解孩子的学习、生活情况。

世上没有完全相同的两个孩子，每个孩子都有其个性与独特之处。有的学生在校表现出色，懂事明礼、成绩优异，在家却骄纵、霸道；有的学生在校调皮捣蛋，在家却体贴父母、乖巧懂事；有的学生在家能歌善舞，在校却羞涩内向；有的学生在校期间精神萎靡，在家却会执着地进行一项活动……。学生在不同的环境里表现不一，这在疫情下的超长假期里显得尤为突出。漫长的假期里，有的孩子能自觉地完成线上学习、线下作业，自觉地开展宅家锻炼、兴趣活动；有的孩子能半自觉地完成线上学习、线下作业，半自觉地开展宅家锻炼、兴趣活动；有的孩子不能自觉地完成线上学习、线下作业，不能自觉地开展宅家锻炼、兴趣活动。有时候孩子还会出现心理不适、身体不适状况。这就需要家校及时沟通，全面客观地认识孩子，深入了解孩子的学习、爱好、特长、优缺点，并能对孩子作出正确的评估。在假期来临之前，教师要指导家长根据自家孩子的特点选择恰当的教育方法，有的放矢地引导孩子合理安排假期生活，提升各方面的素养。

方法二：教师、家长以诚相待，**尊重理解，保持一致，形成教育合力。**

　　家校合作的关键，在于教育思想、观念、目标的一致，否则将南辕北辙，难以形成教育合力。当今社会，家长依靠学校让孩子接受系统学习，但却不能将教育责任全部推给学校和老师。学校教育虽然举足轻重，但也必须依靠家庭教育，共同培育孩子的习惯、道德观念、性格等。它们就像两个紧密相连、互相套着的铁环。家庭教育在孩子身上留下的痕迹，几乎完全保持原状，被毫无遮掩地带到学校里。因此，教师、家长应以诚相待，在交流沟通的基础上，相互理解包容，保持教育的一致性，形成教育合力，为学生的成长提供重要保证。

方法三：教师、家长多渠道交流沟通，协同指导孩子的假期生活。

　　对于学生假期生活的指导，教师应协同家长一起完成。教师可以召开线上家长会，举行线上亲子活动，开展专题讲座，通过班级QQ群、微信、班级博客、班级网页、电话、家访等多种形式，建立交流沟通的渠道。在假期的各个阶段，教师应向家长及时了解学生假期生活情况。如假期初，教师可向家长推荐优秀的学生假期计划，明确假期生活的目标，联合家长帮助学生制订适合自己的假期生活计划；假期中，教师既要了解学生假期计划的达成情况，也要指导家长根据学生的实际情况及时调整计划，确保假期生活快乐而有意义；假期末，教师及时发布假期活动成果展示方案，鼓励家长和学生共同谋划，创造性地展示自己的假期成果，为假期画上圆满的句号。当然，家长在假期中也可以主动与教师联系反馈孩子近况，协同教育指导孩子的美好假期。

方法四：教师要为家长、学生搭建沟通桥梁，促进亲子达成共识，营造融洽关系。

　　新时期的家长，有的专制，有的放任，有的民主，无论是哪种类型的家长，教师都有必要在家长和学生之间搭建沟通的桥梁，促进亲子达成共识，为假期生活奠定和谐的情感基础。我们知道，假期是依据孩子的身心特点而设置的。他们在一段紧张的学习后，可以利用假期放松身心、接触社会、劳动实践。学生因年龄、兴趣、性格的不同，有的喜欢运动，有的喜欢玩耍，有的喜爱旅游，有的乐意做些小制作……。那么，教师应帮助学生积极与家长沟通，在尊重孩子的基础上安排假期生活。由于家长、教师、学生达成了共识，这样的假期一定是快乐、充实的。

我的观点

你关注孩子的假期生活吗？如何让孩子高效利用假期时间，你有什么好的做法与身边的人分享？有困惑也可以与他们交流。

乐享假期，成长不烦恼①

说到假期，让我们不由得想到孩子每天放学后的课余时间，双休日、节日等众多的假期生活。对于这些闲暇时间，教师和家长都会引导孩子合理安排利用，充分发挥假期的功能，发展个性，提高素养。而今年超长的寒假，却给每一个人带来了不一样的体验。

2020年寒假，新冠肺炎疫情正严重威胁全国人民的生命安全和身体健康。没有特殊情况，大家都待在家里，非常时期的教育显得尤为重要。如何让孩子们学会自主管理、自我心理调适呢？正如苏联著名教育家苏霍姆林斯基所说："只有能够激发学生去进行自我教育，才是真正的教育。"超长假期，为大部分学生提供了一段难得的放空时光，也为自我教育提供了空间和时间。那么，教师如何指导家长帮助孩子进行自我教育呢？

一、学会学习自主

因为突如其来的疫情，学校延迟开学，家长要指导孩子用好在线资源，学会自主学习，培养孩子的学习素养。

第一，打破负性循环。很多家长和孩子陷入了一个无限循环的负性回路，即孩子

【问题聚焦】

班主任和家长如何共同指导孩子科学、合理地安排假期生活？

通过以上讨论，我们清楚地意识到假期是孩子发展个性、提高素养的好机会。指导孩子过好假期非常重要。那么家长、教师如何科学、合理地安排孩子的假期生活呢？

_____
_____
_____
_____
_____
_____
_____
_____
_____
_____
_____

---

① 提供者：刘移，镇江市金山湖小学德育主任，镇江市润州区德育骨干教师。

不愿学习，家长焦虑，批评孩子，孩子抵触，家长增加学习任务，孩子更不愿学习。此时可以尝试打破其中任意一环，比如，请孩子当小老师发挥主动性，利用课本上的知识出题，给家长做，以此调动孩子学习的积极性。再如，家长调整自己焦虑的情绪，用足够的理智和耐心对待孩子，尝试发现孩子的优点，帮助孩子看到自己的进步等。

第二，构建知识体系。对于已经学过的知识，可以引导孩子进行知识梳理，尝试用富有创意的方式画出知识结构图，让孩子学会并经常使用这个结构模块化的方法，使知识不再是零散地储存在大脑中，而是自动按照模型存放。更好的方法是鼓励孩子给家长讲一遍知识结构图，在实践中学习，把书本的知识真正变成自己的知识，提高孩子的学习自主性。

第三，学会时间管理，编出学习计划表，合理安排作息，有计划地学习。古人云："凡事预则立，不预则废。"作为家长、教师，我们应该指导孩子从小就学会有效管理时间，能够科学合理地安排学习生活。无论是双休日，还是长假，家长首先要和孩子协商达成共识，明确课余时间要完成的学习活动内容，让孩子先将目标任务分解，然后制订合理的计划，最后有力执行。当孩子编出学习计划表后，家长要过目，进行适当的指导和必要的约束，要与孩子一起讨论和修改计划，选择最科学合理的安排。而在执行中，家长要督促孩子每晚睡前做两件事：一是评估今日目标的完成情况；二是制订明日目标，及时纠正，及时改进。家长要试着放手，引导孩子自我教育。家长还可以和孩子一起把全家一日的生活、休息、健身、学习、娱乐等安排做成一张时间表，列出每日愿望清单，如做手工、画画、亲子游戏、室内运动、制作美食、打理植物等，由全家共同来完成，共度美好的亲子时光，使居家生活变得更健康、更有序。同时，家长可以利用这段时间教孩子做一些家务活，培养孩子的劳动意识和动手能力。

自我学习不仅仅包括自己安排学习，更重要的是内心的成长和丰盈。如果孩子学会如何在这次疫情中自我学习，那么自我教育的意义将大于正式课堂教育。在当今社会中，无论教育者还是受教育者，大都习惯了匆匆赶路和高速竞争，难以体验"从前慢"的时光。但这次疫情为整个社会摁下了暂停键，也赋予了更多人反思生命本真的机会。如果在这段特殊的时光中能产生更多仰望星空的思想者，使更多人懂得感恩、学会感恩，那么这次摁下的暂停键，反而会为整个民族的教育品质和文明程度的提升储足了能量。

二、学会生活自理

教育家陶行知先生说："滴自己的汗，吃自己的饭。自己的事情自己干，靠人靠天靠祖上，不算是好汉。"学会自理是每个孩子必修的功课。哈佛大学曾经做过一项调查，得出一个惊人的结论：爱干家务的孩子和不爱干家务的孩子，成年之后的就业率之比为15∶1，犯罪率之比是1∶10。而我国小学生每天做家务的时间平均只有12分钟。在孩子的成长过程中，家务劳动与孩子的动作技能、认知能力的发展以及责任感的培养有着密不可分的关系。假期里自由分配的时间是提升孩子自理能力的黄金时光，我们完全可以利用假期有计划地培养学生的自理能力。

假期里，家长和孩子可以协商制订家务劳动值日表，将家中的家务劳动列出清单，家庭成员各自选择劳动项目，并承诺按时保质地完成。同时，每周定期开展"家务劳动秘籍分享会"，相互交流劳动经验和收获，不断提升劳动技能。

三、学会行为自律

指导孩子合理安排时间，自我心理调适，作息时间规律，早睡早起，饮食习惯规律，健康饮食。养成良好的学习习惯，在家也要严格按照上学时的要求，不松懈不懒惰。很多习惯都是从小养成的，坚持原来的好习惯，改正不良习惯。特别是在超长假期，孩子们和电子产品接触的时间变多了。家长不需要完全禁止孩子使用手机和上网，但要与孩子确定好双方都认可的规则，明确使用手机和网络的时段、时长和内容等，并要认真遵守，保护好孩子的视力和身体健康。同时，家长也要控制好自己使用手机和网络的时间，以身作则，为孩子做出示范和榜样。

相信通过家长的正确引导，疫情期间孩子们在家里能够体验到自我教育带来的成功和满足，就会更加珍惜和善于利用空闲时间来进行自我教育，获得丰富的教育体悟和思想淬炼，从而在疫情期间也能健康快乐成长。

四、调节身心健康

新冠肺炎疫情是一个重大的社会应急事件，不仅对人的生命与生理健康造成威胁，也给人们的心理健康带来冲击。在这场没有硝烟的战争中，增强我们的心理适应能力，做好心理防护，保持良好的心理状态，也是抗疫的重要内容。

家长要引导孩子积极做好心理自主防护工作，正确认识自己的心境反映，调整良好的心理状态，接纳自己的负面情绪。疫情本身会带来情绪，因此要给孩子在父母面前表达情绪的机会。产生这些负面情绪，是正常的，也是可以被理解的。适度的负面情绪有助于我们提高对疫情的警惕，所以我们不必刻意压抑或否定这些负面情绪。一味地抵触情绪，只会使自己更加沉浸在负面思维和情绪中。表达和倾诉自己的感受，宣泄压力带来的消极情绪，能够减缓这些事情对人的消极影响，从而增进人的身心健康。

另外，家长可以指导孩子用以下方式进行适当的压力宣泄：

倾诉。亲人之间互相倾诉表达共情，以获得鼓励和支持，对每个人来说都是一种积极的力量。此外，向亲友倾诉心中担忧，寻求安慰和帮助，即使无法得到实质帮助，倾诉行为本身就可以缓解情绪。

自我对话。例如出现了焦虑问题，家长可以引导孩子给"焦虑"写封信，与自己的消极情绪对话。写信的方式可以帮助孩子和消极的情绪建立对话的空间，让孩子更容易去表达因为疫情带来的冲击对情绪的影响。

适度运动。在家中进行适度运动，尤其是有氧运动，不仅能促进人的身体健康，提高人的免疫力，更能产生一系列短期及长期的心理效应，对于降低焦虑水平、改善情绪状态、减轻应激反应、消除疲劳等都有重要作用。家长还可以引导孩子运用简单的"腹式呼吸法""肌肉放松法"等改善情绪，缓解心理压力，增强孩子的免疫力，强身健体，一举两得。

五、常怀感恩之心

这个世界上哪有什么岁月静好，只是有人默默为你负重前行。在这场抗击新冠肺炎疫情的战役中，我们听到最多的词语就是"逆行者"。要让孩子真切地感受到这些默默负重者的坚强和伟岸。许多医护工作者逆行的身影让大家感动流泪，许多人民警察执勤的身影让大家感到安全，众多党员干部和志愿者们忙碌的身影让大家难忘。

当孩子由于长期待在家里，行动受到限制，情绪变得烦躁时，这些"逆行者"就是进行感恩教育最好的素材。要引导孩子树立正确的榜样观，让孩子去学习他们勇于承担、无私奉献的精神，更要引导孩子学会感恩，感恩他们在疫情面前的责无旁贷、义无反顾，感恩"逆行者"舍小家为大家，把人民群众的生命安全和身体健康放在第一位的精神。

而作为普通群众的我们，不是旁观者，我们要做的就是配合国家做好自己分内的事情：在家坚持勤洗手，多通风，少出门，少聚餐；出门戴口罩，做好各项防护措施，减轻逆行者的负担和压力，少添麻烦，坚持到疫情结束的那一天，就是对逆行者最好的回报。同时，家长可以给孩子渗透对家人、对老师的感恩，让孩子感受到被爱，学会感恩。

综上所述，利用假期对学生开展个性化的自我教育，是促进孩子自我发展的契机。而教师对家长的有效指导还需要物化呈现，以便于家长操作。

江苏省镇江市润州区教育局从2013年开始进行了寒暑假作业改革的探索，下发《润州区关于寒（暑）假作业布置的指导意见》，要求各校精心设计学科类作业，严格控制作业量：原则上主要学科各以两份综合练习为宜，每份篇幅限于A4纸正反面，指导学生分别于寒假开始、中途或快结束前各做一份。除此之外，各校杜绝其他各种形式的学科类寒假作业。要求各校精心设计个性化开放作业：从"亲近自然，探索发现""融入社会，乐于交往""户外运动，拥抱阳光""动手创意，技能拓展""探索研究，独立生存""关注生活，担当责任"等六方面精心设计假期体育、家政、手工、阅读、社会实践、调研报告等个性化特色假期作业，目的正是让家长引导学生从课本和家庭狭小的空间解放出来，使学生在技能拓展、动手创新、强健体魄、社会交往、文明礼仪等方面得到提高。

快乐暑假活动手册 ①

温馨贴士：

亲爱的同学们，快乐的暑假就要开始了，为了丰富同学们的暑假生活，使同学们既能玩得开心，又能得到更多的发展，学校为你们设计了特别的暑假作业。第一系列：快乐运动；第二系列：快乐阅读；第三系列：快乐实践。"快乐实践"系列分为六个板块：（1）我是快乐小诗人；（2）我是小小本领家；（3）我是家庭小主人；（4）我是公益小达人；（5）我是美丽小拍客；（6）我是环保小卫士。只要你有计划地按照要求去做，这个假期你一定会有不一样的收获哦！

我的暑假作息表

时间	内容	完成情况
		☆ ☆ ☆
		☆ ☆ ☆
		☆ ☆ ☆
		☆ ☆ ☆
		☆ ☆ ☆
		☆ ☆ ☆
		☆ ☆ ☆

每周一词（成语）＿＿＿＿＿＿＿＿　　　　快乐指数：☆　　☆☆　　☆☆☆　　1

---

① 提供者：何羽成，镇江市金山湖小学学生。

系列	形式	活动要求	评价
	运动健体	这个假期，除了"读万卷书，行万里路"，参加必要的社会实践活动之外，我还要积极进行户外运动和体育锻炼，至少学会一项新的健体技能，如游泳、打羽毛球、滑旱冰、滑板等。	自评 ☆ ☆ ☆ 家长评 ☆ ☆ ☆
快乐运动	快乐足迹	假期里我的锻炼计划是：	

每周一词（成语）＿＿＿＿＿＿　　　快乐指数：☆　　☆☆　　☆☆☆　2

系列	形式	活动要求	评价
快乐阅读	课外阅读	书籍是人类进步的阶梯。读一本好书，就好像在和一个高尚的人谈话。同学们，这个假期，你的读书计划制订好了吗？静下心来，平均每天读书30分钟，相信你们一定能做到。读书要有选择，好书就要分享，请向同学们推荐几本你在假期中读过的好书吧。 　　另外，假期中还要按规定完成读书笔记的摘抄、各类相应的读书征文，并按老师的要求及时上传。	自评 ☆☆☆ 家长评 ☆☆☆
	快乐足迹		

每周一词（成语）＿＿＿＿＿＿

快乐指数：☆　　☆☆　　☆☆☆ 3

系列	形式	活动要求	评价
快乐实践（一）	我是快乐小诗人	同学们，在学校我们开展了"八礼四仪"系列活动，还记得"八礼四仪"的内容吗？它们是仪表之礼、仪式之礼、餐饮之礼、言谈之礼、待人之礼、行走之礼、观赏之礼、游览之礼、7岁入学仪式、10岁成长仪式、14岁青春仪式和18岁成人仪式。放假了，别忘了把这些礼仪运用到生活中哦！	自评 ☆☆☆ 家长评 ☆☆☆
	快乐足迹	（抄写或创作1首有关"八礼四仪"的儿童诗，配上图画或用线条、花纹美化一下，请老师、同学一起来欣赏你的作品吧。）	

每周一词（成语）＿＿＿＿＿＿＿　　　　快乐指数：☆　　☆☆　　☆☆☆　4

系列	形式	活动要求	评价
快乐实践（二）	我是小小本领家	这个暑假，我要充分利用时间发展自己的特长，其中我最想发展的特长是：＿＿＿＿＿＿。我的计划是：＿＿	自评 ☆☆☆ 家长评 ☆☆☆
	快乐足迹	假期快结束了，我的目标＿＿＿＿＿＿＿＿＿＿。	

每周一词（成语）＿＿＿＿＿＿　　　快乐指数：☆　　☆☆　　☆☆☆　5

系列	形式	活动要求	评价
快乐实践（三）	我是家庭小主人	假期中，跟随父母到附近的菜市场或超市购买蔬菜，了解这些蔬菜的价格和富含的营养。假期中能够做到不挑食、不浪费，自觉践行光盘行动。在父母的指导下学会洗碗或扫地，坚持每天做，承担一个家庭小主人的责任。	自评 ☆ ☆ ☆ 家长评 ☆ ☆ ☆
	快乐足迹		

每周一词（成语）＿＿＿＿＿＿　　　　快乐指数：☆　　☆☆　　☆☆☆　6

系列	形式	活动要求	评价
快乐实践（四）	我是公益小达人	假期中，关注社会热点，积极参加社会或学校组织的各种公益活动。在家长的引导下，和小伙伴一起走进社区，向身边的人传递正能量，为家乡镇江文明城市的创建贡献自己的一份力量，做一个公益小达人。	自评 ☆☆☆ 家长评 ☆☆☆
	快乐足迹		

每周一词（成语）＿＿＿＿＿＿＿　　　快乐指数：☆　　☆☆　　☆☆☆　7

系列	形式	活动要求	评价
快乐实践（五）	我是美丽小拍客	同学们，你们知道吗？位于镇江城西的云台山麓，是依山而建的一处历史遗迹。而西津渡古街则是咱们镇江文物古迹保存最多、最集中、最完好的地区，是镇江历史文化名城的"文脉"所在。假期里可以让家长带着你看一看家乡的风景名胜，或者背上行囊，投入祖国山川的怀抱，领略大自然的美好风光。别忘了用相机，或画笔、文字记录下参观旅行的美好回忆。假期结束，用你喜欢的方式和老师、同学一起分享。	自评 ☆ ☆ ☆ 家长评 ☆ ☆ ☆
	快乐足迹		

每周一词（成语）＿＿＿＿＿＿　　　　快乐指数：☆　　☆☆　　☆☆☆　8

系列	形式	活动要求	评价
快乐实践（六）	我是环保小卫士	同学们，大自然的资源是有限的。在生活中有很多东西可以再利用。节约资源，你一定有很多小妙招吧。请你利用生活中的废旧物品进行加工制作，发挥它的价值，好吗？通过我们的巧手，将生活中的一些废旧物品重新利用吧！	自评 ☆ ☆ ☆ 家长评 ☆ ☆ ☆
	快乐足迹	（可以粘贴你制作的物品的照片，也可以用文字记录下你的收获，还可以开学后将物品带到学校进行展览。）	

每周一词（成语）＿＿＿＿＿＿＿　　　　快乐指数：☆　　☆☆　　☆☆☆　9

"阅读+践行+成长"暑假主题实践活动建议

内容＼年级	安全生活篇	安全阅读篇	实践体验篇	建议阅读书目及网站
1—2年级	主题：了解用水、用电的安全自护的常识，学会安全自护的方法，锻炼安全自护的能力	主题：安全自护绘本阅读。（安全自护是一种能力，安全自护阅读可以边读、边学、边做。）	主题：向家人、伙伴推荐一本关于"安全自护"的绘本，展示一个自护本领	《我的第一本安全护照》"红袋鼠安全自护金牌故事"系列 小学生安全教育视频网站 小学生安全教程网
3—4年级	主题：了解食品、交通安全自护的常识，学会安全自护的方法，锻炼安全自护的能力	主题：安全自护书目阅读。（安全重于泰山，自护相伴一生。）	主题：向家人、同学宣传一次安全自护常识，展示一个自护本领	《皮皮鲁送你100条命》《儿童安全365》《儿童安全120：120种自我保护方法》中小学安全教育频道 武进区中小学安全教育专题网站
5—6年级	主题：了解户外活动、旅游出行等安全自护的常识，学会安全自护的方法，锻炼安全自护的能力	主题：纸上得来终觉浅，绝知此事要躬行。（安全自护常识应用于生活。）	主题：1.撰写一篇读后感。2.以"消防安全"为主题，设计一个家庭火灾逃生方案，包括：绘制家庭平面图、标记安全出口、设计逃生路线等	《男孩的冒险书》"荒野求生"少年生存小说系列《小学生成长必读丛书：小学生安全自护手册》江苏省大学生安全教育网

　　当假期实践活动内容丰富时，假期必然能成为学生成长的乐园，促进学生的发展。当然，每个孩子都是独立的个体，发展的状况各不相同，教师们在编制活动手册时，可以依据假期主题、目标、时间等做相应的调整。

专家解读

把快乐假期还给孩子 ①

众所周知，现代社会最辛苦的人群之一是学生，他们可谓日出而作，日落不息，其在校时间之长、学习强度之大，已经远远超出了很多孩子的生理极限，导致现代中小学生身体素质不断下降，心理问题不断增多，这些都应该引起全社会的普遍关注。作为学生的重要精神关怀者，班主任要始终把孩子的身心健康发展放在首位，恪守教育的底线。

寒暑假是青少年放松长期处于紧张状态的神经、为新学期的到来储存体力和精力的必要的休整期。班主任老师要指导家长，帮助孩子做好假期生活的合理规划，劳逸结合，有张有弛，过一个安全健康、有意义的假期。为此，特提出如下建议。

一、增强学生的主体意识，指导学生进行自我规划

长期以来，学生处于老师和家长包办代替、越俎代庖式的掌控与管理之下，个体的主体意识和能动性丧失殆尽。高明的班主任不是给学生提供菜单式的暑期活动安排，而是指导学生做好暑期生活的自我规划，学会成为时间的主人。有人说，闲暇生活的品质与质量决定了一个人的生活质量。班主任要增强对学生闲暇生活的指导意识和指导能力，帮学生变被动为主导，自觉成为闲暇生活的主人。

二、加强对家庭教育的正确引导，形成家校合力

当下中小学生负担重的原因，一方面来自学校，一方面来自家长。有些家长不顾孩子的实际情况，盲目为孩子报各种辅导班或兴趣班，甚至提前学习下学期的学习内容，超前学习的效果往往适得其反，导致学生对学习的厌倦，客观上造成了炒冷饭现象，影响了校内知识的学习。家长对教育的盲目消费，是造成学生负担重的另一个原因。为此，班主任要正确引导家庭教育，指导家长帮孩子规划好假期生活，一方面防止饮食无度，过度放松懈怠，另一方面防止出现过重的课业负担。

---

① 提供者：齐学红，南京师范大学班主任研究中心主任。

三、拓宽教育视野，开展丰富多彩的社会实践活动

班主任要引导家长拓宽教育视野，从仅仅关注书本知识，到关注学生的社会性学习，增强学生的社会责任感。把更多的精力放在拓宽学生视野方面，引导学生走进大自然、走进社区、了解社会，开展丰富多彩的社会实践活动，使学生的心智得以增长。为此，可以指导学生进行社会调查，鼓励孩子参加一些社会活动或公益劳动，如社区活动、志愿者活动等，让其学会与人交往，融入社会，锻炼其适应能力，培养孩子乐于助人的良好品格，为孩子的美丽人生奠基。还可以从自己做起，从身边的小事做起，在家庭中培养孩子的责任意识和生活能力。

巧用数字互动平台

【给班主任的建议】

在本专题篇首的家庭教育案例中，班主任通过家教故事指导家长及时调整了家庭教育策略，改善了亲子关系，促进了学生假期自主能力的提升，使学生的假期学习、生活质量明显提高，这些有赖于班主任的专业素养。那么假期中，教师如何有效指导家长教育孩子，让假期成为孩子别样的成长乐园呢？下面一则班主任的工作案例也许会给你一些启发。

［工作案例］

巧用数字互动平台[①]

2020年一场始料不及的疫情让这个寒假变得格外不同。在这样一个学生不能正常开学的特殊时期，学校的班主任发挥着至关重要的作用，她们在疫情防控工作中作出了积极贡献。

面对越来越长的假期和家长的复工潮，学生的管理成为一个难上加难的现实问题。对于一些自制力差，家长又监管不力的学生，学习就成

---

① 提供者：王莹，镇江市金山湖小学德育副主任，镇江市优秀少先队辅导员。

了一件应付的差事。在这种情况下，了解每个学生的学习生活状况，做好班级管理工作成了每位班主任的工作难题。怎样才能让学生在家也可以自主学习、自我管理，让每一名学生在这个特殊的假期中有所收获、有所提高？我觉得这需要每一位班主任好好思考与规划。

当接到假期延长的信息后，我第一反应就是应该联合家长来指导孩子过好这个不一样的寒假。虽然老师不能直接与学生接触，但是可以借助家长来实现对学生情况的了解。对于疫情期间学生的学习，作为孩子第一监护人的家长，其作用是至关重要的。老师在网上进行遥控指挥，而家长作为实地查看者，可以把学生的学习效果直接反馈给老师。

此时，我心中初步建起了特殊假期班级管理计划的框架。为了让家长能够清楚地认识这个超常假期对于孩子的重大意义，在接到学校延迟开学通知后，我立刻就利用腾讯会议召开了线上家长会，并通过QQ群组织了主题为"疫假期 异样过"的小小讨论会，收到了满意的效果。我先是用写信的形式向家长们汇报了疫情防控以来学校所做的各项工作，让每一位家长知晓学校所做的工作，让家长对学校的安全放心。同时我以一个个生动的教育案例，引导家长了解小学生的心理特点，使其感受到即使足不出户也可以让孩子进行多彩的活动，从而促进学生能力的提高。在七嘴八舌的讨论中，家长达成了共识：应该珍惜这段特殊的亲子时光与教育时机，融洽亲子关系，身体力行，给孩子做出榜样。让孩子们在家长的指导下制订合理的假期计划，真正过一个不一样的假期。

很快，我把家长在QQ群里的发言整理成了一封"写给家长的信"，通过班级QQ群，发给了所有家长。同时，群发了制订假期计划的要求和注意事项，提醒家长如果遇到困难可随时与我联系。接下来的假期中，为了更好地指导家长做好疫情期间孩子生活的引导教育，我拟订了以下短信息，每周发送一至两条。

◆家长，您好！寒假又充值了，请您协助孩子制订好接下来的生活计划哦！预祝每个孩子在这个特殊的假期中知识、能力等方面都有进步！

◆家长，您好！播种一种行为，收获一种习惯；播种一种习惯，收获一种性格；播种一种性格，收获一种命运。我们也许没有特殊的天赋，可是一旦有了好的习惯，就一定会给自己带来许多益处。假期中，您的孩子的生活、学习习惯好吗？

◆在这个特殊的时期，教育孩子不要到屋外扎堆玩耍，居家勤通风、勤洗手、常消毒。在家也别忘记复习功课与锻炼，以饱满的精神迎接新学期。

◆最初孩子为了表扬而读书，渐渐地便会为了兴趣而爱上读书。假期里，家长可以尊重孩子兴趣，让孩子选择自己喜欢的书，当然如果能亲子共读更好哦！

◆清华大学校长的五句话与您共勉：

1. 方向比努力重要；

2. 能力比知识重要；

3. 健康比成绩重要；

4. 生活比文凭重要；

5. 情商比智商重要。

◆家长，您好！疫情期间要均衡膳食营养。每日三餐要规律，多喝水，不暴饮暴食，培养孩子的健康饮食习惯。

◆家长，您好！亲历劳动，可以培养孩子的自理能力，也能培养孩子的感恩意识。让孩子在学习整理物品、打扫卫生、买菜洗菜、叠衣服等生活技能的过程中，了解父母劳动的艰辛，有利于他们养成勤俭节约的好习惯，这是家庭教育取得理想效果的有力保证。

◆非常时期，希望家长和孩子都能保持积极健康的心态，科学面对疫情，积极应对困难。

◆家长，您好！今天您和孩子谈心了吗？孩子的童年眨眼即过，请珍惜与孩子相处的日子，分享孩子成长的喜悦，倾听孩子天真的童言！

◆家长，您好！寒冬将去，春暖花开，相信不久我们将重返校园，请帮助孩子调整心态和作息时间，以最佳的状态迎接新学期的到来。

◆家长，您好！开学在即，请耐心倾听孩子新学期的打算，及时指导；鼓励孩子扬长补短，给予信心，让他们快乐地迎接新学期……

这些温馨的短信，有效地提醒了家长对孩子的关注。他们不时将孩子的假期生活反馈给我，我也根据每个孩子的实际情况在班级QQ群里提出了不同的建议。在家校合作的前提下，我班绝大多数孩子都过了一个比较充实、有趣的假期。

新学期报到时，当看着孩子们上交的一份份内容丰富、记录翔实、装饰精美的寒假活动手册时，我不禁露出了欣慰的笑容。

21世纪属于网络信息的时代，数字交流互动、共享学习平台已经十分普及，它们有着众多的功能，操作也十分简单。因此，在班级管理中，老师可以利用数字互动平台这一现代信息产物，指导家长在假期中教育好孩子，使得家庭教育与学校教育保持一致，填补假期中家校合作的空白。

众所周知，家庭是孩子的第一所学校，父母是孩子的第一任老师。家庭对于孩子的身体发育、知识积累、能力培养、品德熏陶、个性形成等都有至关重要的影响。因此，要想让孩子的假期快乐而有意义，首先要让家长树立正确的教育观。班主任可以利用班级QQ群或者微信群，向家长传递一些教育理念，提供一些教育方法，推荐一些亲子活动……，使家长认识到家庭教育的重要性，与学校、老师相互配合，担负起教育孩子的重任。从"巧用数字互动平台"这个案例中不难看出，这样的方法是颇有成效的。

数字互动平台推动了教师与家长的交流合作，让学校和家庭实现了快捷、有效的沟通，在班主任、家长之间架起了一座信息桥梁，为家校合作提供了保障。同时，也让全方位的协同育人成为可能。以班级QQ群为例，这样的数字互动平台在家校合作教育过程中，到底有哪些优势和作用呢？

一、搭建起家校沟通的桥梁

传统的家校沟通方式，是每学期一两次的家长会或者是老师有限的几次家访、请家长面谈等。这些家校沟通的方式，不能有效地促进家校合力的形成。建立班级QQ群，利用多种学习和互动小程序，借助数字互动平台，这些新方式则可拓宽家校沟通的渠道，更有利于老师与家长快捷、有效地沟通交流。教师将每天的作业进行公示，家长一目了然，家长有意见和想法也可以"直抒己见"，家长与教师之间的沟通没有障碍、没有顾虑，家长和班主任的沟通实现了真正的"零距离"。家长对学校安排有不清楚的地方也可以直接咨询，对学校的教育管理也可以献计献策。同时，家长也能通过班级QQ群，利用多种学习和互动小程序，借助数字互动平台，及时了解孩子在学校的一些表现，这样也让家长和孩子之间的交流更加畅通。

二、拓宽了教育新途径

借助班级QQ群、多种学习和互动小程序、数字互动平台，老师可以随时随地了解学生的动态。特别是在寒暑假期间，很多学生因为缺少家长的监管，再加上很少与同龄人进行交流，就有可能沉迷网络，甚至混迹社会，对此很多家长感到无奈，对孩子的管理力不从心。而有了班级QQ群、多种学习和互动小程序、数字互动平台，老师就可以"遥控"学生，及时了解和掌握学生在假期的生活、学习状态，有助于老师及时给予家长、孩子相应的指导。

三、构建资源共享的良好平台

班主任的工作繁杂，常常需要为学生填写各种文档、表格等。现在有了这样一个平台，就可以通过群邮件、群共享以电子文档的形式发送或共享，方便家长及时下载填写。同时，学校布置的在线学习任务，以及各学科的学习资料也可以及时上传到共享平台，供学生查阅学习，这样既提高了学生的学习效率，也减少了老师的工作量。而家长们也可以借此平台进行互动式的集体交流，分享育子心得，交流孩子们在校、在家的表现，对班级管理提出合理化建议。对于学生来说，也可以利用班级QQ群、多种学习和互动小程序、数字互动平台，参与班级管理，比如班级公约的制订、值日工作的总结，每月"蒲公英之星"的评选、课外读物的推荐等，让每名学生都参与其中，发表意见，进行激烈的讨论。这样，学生的存在感增强了，对班集体的归属感和认同感也增强了。

四、提升学生素质的有效载体

学校、班级经常会举行各类形式多样的活动，如文艺演出、主题班会、读书比赛等，而能参加活动的往往只有部分有特长的学生，不能做到全员参与，长此以往，优秀的更加优秀，掉队的更加掉队。而建立班级QQ群，利用多种学习和互动小程序，借助数字互动平台，能充分调动每一名学生的积极性。利用QQ群各组件的功能，让每一名学生在班级群中进行展示，大家共同评选，从而促进学生的思想碰撞与交流，给他们展示的平台，增强自信心，全面提高综合素质。

利用学习和互动小程序，借助数字互动平台，有效地融合了社会、学校、家庭三方的教育资源。如果运用得当，在家校合作中就可以起到意想不到的作用，但在使用过程中还应注意以下几个问题。

1. 多分享，多鼓励

班级群便于家长了解孩子的在校表现，也有利于班主任对家长、对学生家庭的了解，班主任应该在日常教育教学中用心收集与学生、班级、学校等相关的第一手资料，及时整理，以备后用。在班级群中，老师要选择恰当的时机，编辑整理有效信息，发送给家长。多分享学生在学校的表现，多拍照片、视频，并鼓励家长分享孩子在家里的表现，让班级群成为班主任与家长及时进行交流沟通的平台，见证孩子不断成长的舞台。

2. 晒教育，晒理念

建立班级群后，家长即网友。老师可以通过班级群推送教育理念，分享教育美文、教育视频，让家长及时了解教育动态，学习教育方法，更新教育观念，使其更好地配合学校、老师的教育工作，更好地对孩子进行教育。

3. 通报及时

班主任要将孩子的品德、学习、健康、安全、个性心理等方面的情况及时告知家长，对孩子临时出现的特殊情况更要以便捷的方式及时传达给家长。

4. 合理使用

在使用数字互动平台的过程中，必要的提醒要及时周全，措辞要合理，节日问候要人文、细心，传达真情。孩子的不良表现不可毫无保留地群发给全班家长，这会让孩子焦虑，担心被公开批评，也会打击家长的自尊和自信。同时，注意短信发布的时间，应避免打扰家长休息。短信内容应简明扼要，尽力传达有效信息。反之，可能会被家长视为垃圾短信，失去关注的兴趣。因此，班主任应合理使用，让数字互动平台成为真正的家校桥梁，而不是禁锢家长、孩子的枷锁。

5. 避免出现错漏字或病句等现象

发送短信前，班主任需仔细核查，尽量避免出现错漏字或病句等现象，以免引起家长理解上的错误，造成误会。

班级QQ群是连接家庭、学校的空中彩桥。班主任要善于利用班级QQ群，扬长避短，用好资源，凝聚家校合作的力量，为学生的成长营造一个和谐、健康的乐园。

[推荐阅读]

1. 潘志平，《一位智慧校长给家长的50封亲笔信：引领家长和孩子一起成长》，浙江教育出版社，2014年

2. 法伯，玛兹丽施著，《如何说孩子才会听 怎么听孩子才肯说》，中央编译出版社，2013年

我的行动计划

如何合理安排孩子的假期生活，上述讨论和点评是否给你一些启发？你认为在今后的教育过程中能做哪些尝试呢？请拟订一个计划吧！

案例故事
•我想做名志愿者

随园夜话

集思广益

行动转化

问题聚焦
•班主任和家长如何理解并指导孩子参加社会实践活动?

高手支招
•让孩子在社会实践活动中成长

专家解读
•在实践活动中锻炼提升

给班主任的建议
•携手家委会,锦上再添花

实践出真知。

———毛泽东

纸上得来终觉浅，绝知此事要躬行。

———陆游

成熟的和真正的公民意识，就把为社会服务看作一个人最主要的美德。

———苏霍姆林斯基

【案例故事】

我想做名志愿者 ①

[家长叙述]

　　当再次听到女儿讲述她做志愿者的故事时，当看着她此刻灵动的眼睛时，我惭愧了。因为我曾经看轻了自己的女儿，看轻了"志愿者"这三个字。

　　初次听到女儿跟我讲要做一名志愿者时，我感觉她一定是参加了学校组织的诸如"学雷锋"之类的志愿者活动而一时兴起，顶多也就是三分钟热度，嘴上说说而已。我一直都在想，孩子到学校能够一门心思地把学习搞好就行了。可偏偏近段时间学校的志愿者活动越来越多，除去以往每年一度的"学雷锋"活动外，似乎又多了很多名目。听女儿说学校又专门招募了好多志愿者，比如"小橘灯志愿者""校园啄木鸟志愿者""交通疏导志愿者"等。我真是觉得，现在学校搞的花样实在是太多了，能让孩子把学习成绩忙好，我们家长就倍感欣慰了。搞这么多的志愿者活动实在是让人应接不暇，每逢雷锋日、重阳节等日子总有志愿者活动，现在甚至连双休日、寒暑假都有各种形式的志愿者活动，怎么能不耽误孩子的学习？

　　可是我又不能向女儿表露这样的心思，一方面不能让女儿觉得我们除了学习好像什么都不在乎，怕女儿对我们有意见；另一方面女儿似乎特别愿意参加这些志愿者活动，只要学校有志愿者活动，她肯定积极参加。鉴于此，我只能在表面上应付着她的活动。双休日、节假日、寒暑假，我总是准时将她送到指定地点，然后匆匆离去，因为我实在不愿意看到学校因为搞噱头而拿孩子作秀的场面。可是每次接女儿回来时，一路上，女儿总是眉飞色舞地讲述着她的付出、她的收获、她的快乐。隐隐中，我觉得自己似乎错了……

　　但是，获得好成绩的急功近利的思想一直在我心中作祟，我实在

---

① 提供者：倪莉，镇江实验学校官塘分校教科室主任，镇江市优秀班主任。

忍不住，拨通了孩子班主任的电话，抱怨学校名目繁多的志愿者活动影响了孩子的学习。老师听了我的抱怨后耐心地向我解释孩子参加志愿者活动的重要性，我半信半疑。也许老师也感觉到了我的不信任，因而建议我陪同孩子参加志愿者活动，观察孩子的表现，看看孩子是否真有收获。后来，我不再只是送孩子到达活动现场，而是全程参与活动，全程关注孩子的表现。每当我看到孩子全身心投入活动，一改家中娇滴滴的模样、因为帮助别人而收获快乐时，我明白了老师和学校的良苦用心。

如今，女儿动情地讲述了她要做一名志愿者的心声，我认真听着，脑海中不时浮现女儿参加志愿者活动的点滴瞬间，感觉女儿好像长大了。家务，女儿能主动承担了；在爷爷奶奶面前，也不再是"小公主"了；看到邻居需要帮助时，能伸出双手了；路人的问路，能欣然回答了……。印象最深的一次是带着女儿等红绿灯时，女儿竟然善意提醒越线的阿姨要遵守交通规则。

此时此刻，我真的感到万分惭愧，我为自己曾经对女儿的轻视而愧疚；此时此刻，我又感到万分庆幸，所幸的是我没有从行动上阻止女儿做一名志愿者。在我假惺惺的支持中，女儿一直在做志愿者，一直在奉献自己微薄的力量，一直在弘扬志愿者"奉献、友爱、互助、进步"的精神，一直在实践中快乐地成长！

此时此刻，我在想，女儿啊，妈妈支持你，可妈妈还能为你做些什么呢？

[案例反思]

听到家长的肺腑之言后，我走访了这个孩子，有幸了解了孩子的心声——

每当我过马路的时候，看见那些头戴小红帽，臂套红袖章，扶着那些白发苍苍、拄着拐杖的老年人的志愿者的时候，脑海中总会像放电影一样浮现出一个人，那是我参加学校组织的社会实践活动时见过的最善良的阿姨。

她——敬老院的一名志愿者，身着简单朴素的衣服，面露恬静温馨的笑容。她对待老人十分真诚、贴心细致，把老人当成自己的亲生父母一样，总能给人带来冬日阳光般的丝丝温暖。

那是一个深秋的早晨，阳光照进一间不大却十分整洁的房间里，白色的墙壁，灰色的地砖，地上很干净，看得出来是刚打扫过的。屋子里面的摆设很少，一台灰色的电视机、一张床、一个上面有杯子的床头柜和一张小板凳，十分整齐。走进屋子，看见床上睡着一位老爷爷，他的脸上布满皱纹，显然是一位历经岁月沧桑的老人。

这时，突然听见轻轻的脚步声，只见穿着黛色衣服的阿姨端着脸盆走进房间，在帮老人简单地梳洗、穿衣之后，阿姨将老人的轮椅推了进来。原来，老人的腿脚不方便。阿姨将老人的一只手放在自己右肩上用右手拉着，并用左手扶着老人坐在轮椅上。稍稍休息5秒后，她喘了一口气，心里很轻松似的，推着老人出了房间。原来阿姨是要带老人到院子里散步。

已至深秋，树上的片片叶子几乎被染成金黄色。一阵风吹过，叶子坠落，在空中翩跹起舞。不一会儿地上已铺上一层"黄金"。放眼望去，整个敬老院已是金黄的世界。

阿姨推着老人走在叶子铺成的"黄金大道"上，依稀听见她与老人欢快地谈着什么，不时听见老人的笑声，看见那布满沧桑的脸上露出了和蔼的笑容。

天还是有点冷的。一阵凉风扑面而来，突然听见老人的喷嚏声，想必他也一定是觉得冷了。阿姨停了下来，从轮椅后面拿出了一条毛毯。只见她将毛毯摊平，小心地盖在老人腿上，她蹲下来将毛毯的一角拖到老人脚踝那儿，小心地将老人的腿裹起来，并用夹子夹好，我想肯定是老人腿不好的原因吧。在阿姨帮老人裹腿的时候，老人一直低头看着阿姨，脸上总是微笑着。

我望着阿姨和老爷爷渐渐远去的身影，想了许多。我想老爷爷应该是快乐的、幸福的，因为他有阿姨这么好的"女儿"。但是，并不是所有孤寡老人都能像老爷爷那样幸运、幸福，他们有的甚至没有地方住，没有东西吃，他们缺少许许多多的东西，也许最缺少的就是关爱。

现在社会上有许许多多像老爷爷一样需要帮助的人。如果我们大家都能够像阿姨那样做一个志愿者，去帮助需要帮助的人。给他们依靠，给他们温暖，给他们爱，那么冬日的阳光将永远留驻他们的心田。

我要当志愿者，我愿做冬日的一抹阳光，用我微弱的光芒温暖需要帮助的人！

面对这样的一个案例，面对孩子参加志愿者活动的现状，我感受颇深。

在一些发达国家，志愿者占国家总人口的比重很大，大多能占总人口的20%—30%，有的高达近60%，如美国达56%，北欧平均达35%。2020年7月26日，中国社会科学院社会政策研究中心、社会科学文献出版社等联合发布《慈善蓝皮书：中国慈善发展报告（2020）》。蓝皮书指出，截至2020年3月16日，我国实名注册志愿者总数达到1.69亿人，志愿团体116.36万个，累计志愿服务时间22.68亿小时。①由于我国志愿服务起步较晚，与全球其他发达国家仍有较大差距。我们要培养的人是社会的人，除了作为自然人的属性外，必须要有社会人的属性，与人交往、服务社会的责任意识就是很重要的一点。

基于此，从小学阶段开始，学校、老师和家长就应该培养孩子作为独立公民的责任感和主动参与社会管理的意识。我们结合时事和相关活动组织了许多项志愿者活动，目的是鼓励孩子主动参与到活动中来，让孩子在做志愿者的过程中学会服务他人、关心他人，领悟到作为一名小公民有义务对社会尽一份责。

"人之初，性本善"。孩子都有一颗善良而纯净的心，他们有时只是被爷爷奶奶、爸爸妈妈宠坏了，习惯了被服务，却不知道怎么去服务别人。当然也有很多学校、家长意识到了这个问题，让孩子去帮助别人，可是当问及孩子帮助他人的经历时，大多数孩子都说有过捐物助人的经历，形式内容比较单一，实践范围也很小。

由于我们教育环境的问题以及家长和老师的认知局限性，孩子在服务他人和社会时缺乏平台，缺少实践机会。学校、老师和家长就应该给他们创造更多的志愿者活动平台，提供尽可能多的志愿者岗位。

---

① 李文姬. 慈善蓝皮书：我国实名注册志愿者人数达 1.69 亿 [N/OL]. 澎湃新闻, [2020-07-26]https://www.thepaper.cn/newsDetail_forward_8448589.

正如刚才案例中的妈妈一样，很多家长目前仍比较关注孩子的学习成绩，甚至认为参加志愿者活动影响了孩子的学习，志愿者活动只是学校搞宣传的一个噱头，不能真正理解志愿者活动对孩子成长的意义。

作为老师，一方面，我们必须帮助家长转变观念，让家长认识到志愿者活动对孩子成长的重要意义，让家长与老师达成共识——志愿者之类的社会实践活动是孩子养成教育的重要组成部分，是帮助孩子认识自我的有效途径。另一方面，我们还要和家长　同参与并指导孩子的志愿者活动，让家长在实践中学会引导，让家长真正感受到志愿者活动有益于弥补家庭教育、学校教育在引导孩子学以致用、言行一致方面的不足。

我们还要善于和家长共同总结、反思，认识到在志愿者活动中，孩子用自己的眼睛去看、用自己的耳朵去听、用自己的头脑去分析，有助于其动手动脑，增强感性认知，把外在教育要求内化为自我发展动力。志愿者活动是孩子自我发现、自我提高、培养良好的情操和意志的有效途径。

总之，每次有志愿者活动，老师都要指导家长支持和鼓励孩子参加，为孩子参加志愿者活动提供必要的条件，指导孩子认真对待每一项活动，在活动过程中提高实践能力。

我的故事

你的学生参与过志愿者活动吗？你认同吗？你有什么好的做法与大家一起分享？如果你是案例中的老师，你会怎么做？

集思广益

主持人：孩子做志愿者是近期讨论比较热门的话题，不仅是学校，整个社会都在谈论这个话题。对案例中家长和老师针对这一问题的做法，你有什么看法？

【随园夜话】

观点一：班主任能够向家长剖析参加志愿者活动的意义，并给予家长必要指导，有较强的家校合作意识和较高的家庭教育指导水平。

老师在了解到家长的疑惑后，能够及时消除家长的顾虑，告诉家长孩子参加志愿者活动的意义，并且给予家长方法指导。学校提倡孩子参加志愿者活动，是为了让他们有更多的机会走进社会、了解社会，进而锻炼、提升自己。不同年龄段的孩子处理和解决问题的能力是不一样的，因此，老师认为，当孩子不能够以自身的能力顺利解决问题时，家长可以适当给予指导。但家长必须清楚地意识到，孩子参加志愿者活动就是为了得到有力的锻炼。凡是孩子能自己解决的问题，就大胆让孩子实践，激发出孩子充满灵性的创造活力。即使有一些困难，只要孩子努力一下就能自己解决的，家长尽量做一个旁观者，不要越俎代庖。于此，老师对家长的指导还是比较科学的，体现出了较高的家庭教育指导水平。

观点二：家长十分关注孩子的成长，能够主动反思自己的教育行为，很有责任感。

案例中的家长能够在孩子参加志愿者活动的整个事件中，关注孩子的进步，关注孩子的成长，即便是在"影响学习"的担忧下仍没有禁止孩子参加活动，这反映出家长希望孩子全面发展的心愿。尤其是向老师抱怨后，家长依然能够心服口服地接受老师的剖析，倾听孩子的心声，反思自己的急功近利，思考孩子的点滴进步。这一点是非常值得肯定的。尤其是在决定支持孩子参加活动后，还主动提出了该如何帮助孩子的问题，真正体现了对孩子成长的关注，体现出了较强的教育责任感。

观点三：案例中家长和老师没有就志愿者活动在第一时间内进行有效沟通并达成共识。

首先，学校老师在组织孩子参加志愿者活动的第一时间内没有及时地与家长进行沟通并告知家长学校开展此项活动的意义、对孩子成长的作用，没有及时消除家长认为的"活动会影响学习成绩"的顾虑。其次，家长对孩子参加这一活动产生负面情绪和不理解时，也没有能够第一时间与老师联系，甚至等到有了满腹抱怨后才联系老师。

老师应该通过多种渠道更新家长的教育理念，让家长关注孩子的全面发展，对"好孩子""成材"的定义形成新的认识，认识到除了学好知识，也要注重孩子综合素质的发展，而志愿者活动就是一个很好的渠道。老师的宣传必须到位，以消除家长的顾虑。

总体来说，志愿者活动，不但对学生良好思想品德的培养和行为习惯的养成发挥了重要作用，而且显示了全方位的育人意义。通过志愿者活动，学生的体魄受到了锻炼，审美情趣得到了陶冶，劳动观念和劳动技能得到了增强，助人精神和奉献意识得到了提升。学生在实践中取得的思想上的进步和意志品质的锻炼，又能迁移到科学文化知识的学习上，反而更有利于促进学生学习成绩的进步和身心的健康发展。

行动转化

> **主持人：面对孩子想做名小小志愿者的问题，你会怎么办？**

方法一：家校联系，让家长了解志愿者和志愿者活动。

第一，帮助家长认识孩子参与志愿者活动的意义和价值。

我们常常会问：到底什么是教育，教育的重点应该放在哪里？雅斯贝尔斯在《什么是教育》这本书里提到，教育是人的灵魂的教育，而非理智知识和认识的堆积。光教给孩子知识，只重视孩子的文化学习，这不是完全的教育。完全的教育，是把孩子作为一个完整的人来培养的工作。作为一个人，孩子不仅需要知识，更需要灵魂！他还有情感、意志、信仰等方面需要培养和发展。为避免教育变成没有灵魂的教育，就要重视孩子的发展需要，不仅让孩子学，更要让孩子在实践中用，学用相长，最终才能达到教育的目的。志愿者活动无疑给了我们一个平台，也给了孩子真正实践的机会。

其实，我们从理论上都能认识到孩子参与志愿者活动的意义和价值，但是当学业的评价高高在上之时，很多时候要让孩子真正参与志愿者活动，让家长彻底改变思想上有认识、行动上不够重视的现状还是有一定难度的。因此，我们必须严正地告诉家长志愿者活动对孩子成长的重大意义和价值。

志愿者活动可以在锻炼孩子身体素质的同时培养孩子的动手能力，提高孩子通过亲身经历解决实际问题的能力，培养社会责任感，对孩子的身心发展是大有益处的。比如，孩子参加了"小橘灯志愿者活动"，走上街头，步入社会，引导人们文明行走就是一件很有意义的事。在这个过程中，孩子首先要掌握文明行走的标准，在志愿服务的过程中要克服害羞的心理，大胆地与人交流。在与人沟通时，还可以学会一定的沟通技巧。当人们接受孩子的劝诫、文明行走的时候，孩子感受到的是一种服务社会和他人的成就感，社会责任心就更强了。

第二，帮助家长和孩子认识合格志愿者的标准。

老师必须在开展志愿者活动之前就与家长和孩子共同学习志愿者的相关要义，特别是为了能够确保志愿者活动的实效性，必须和家长共同告诉孩子成为一名合格的志愿者的标准。其实志愿服务的目的是很明确的，除了服务之外，我们还必须告诉孩子，要懂得严于律己、宽以待人、为人诚实、遵纪守法等。

那么，志愿者的标准到底有哪些呢？

一是要有团队意识。志愿者活动所要完成的工作必须是大家共同商量拟订的，大家必须精诚合作，讲究团队精神。当大家拟订方案后，就要明确在志愿者活动中自己的职责，严格要求自己，不拖后腿，一言一行都要以大局为重。无论在什么时候，都要让孩子谨记：志愿者是一个团队，要做好志愿者工作就一定要发挥团队的作用；志愿者要遵守团队的规则，守时，守信，真心，真行；团队队员之间要互相沟通，互相鼓励。

二是要真正勇于奉献。要告诉孩子做志愿者并不是一时的好玩，而是意味着必须花费大量的时间、精力服务社会。既然选择了做志愿者，就必须无私地参与公益活动，这不仅仅是对自己的选择负责，更重要的是对团队负责。

三是要做到友爱与互助。让孩子在实践中明白志愿者的工作，有时候任务比较急，难度也很大，这就需要志愿者之间友爱互助，从而保证实践活动的正常进行。孩子加入志愿者的团队后，能够充分感受到同伴之间真诚相待、互相帮助、共同进步的快乐。

四是追求共同进步与成长。志愿者活动就是服务，但是在服务过程中，孩子也是可以进步的。要让孩子在这个过程中善于发现促使自己进步的机会，把握锻炼的机会到日常生活中没有接触过的领域里去实践。

方法二：在实践中提升认识，指导孩子参加志愿者活动。

孩子刚开始参加志愿者活动可能就是一时兴起或跟风而行，作为老师和家长就必须关注孩子在实践活动中思想认识的提升，给予孩子具体可行的指导，真正让孩子在参与这项活动的过程中提升能力。

1. 让孩子明确当志愿者的动机和目的

据调查而知，孩子加入志愿者团队的理由千奇百怪，五花八门。最集中的一条理由是想做一些有意义的事，但真正的志愿者工作需要长时间的全身心投入，仅仅这样一条理由，是不足够的。同情、难过、激动……，这些情感都不足以支撑孩子去面对志愿者工作中各种各样的困难。成为一个志愿者之前，必须帮助孩子明确自己为什么愿意义无反顾地加入这一队伍。

分享服务的经历、感受和收获是很有用的一招。比如，有一位班主任在每次志愿服务实践活动结束之后，总是喜欢让孩子分享服务的感受。有的孩子谈到了服务中的困难，可是更多的是克服困难后的自豪；有的孩子谈到了服务中的收获，点点滴滴都源于活动，流露的是真情实感。分享感受的空间从班级延伸到家庭，在家庭中的分享让孩子不再满足于做家里的"小皇帝",而是充分展示自己长大的证据。孩子成长的同时也教育了家长。

其实,分享的过程就是孩子自身提高的过程,这要比老师的空洞说教有用得多。在参与活动、总结活动的过程中孩子不断明确当志愿者的动机和目的,不断形成正确的认识。

2. 帮助孩子客观分析自身条件,做到量力而行

你是否有良好的身体条件参与志愿者工作?你的学习生活是否允许你抽出一定的时间来?……这些问题是孩子在参加志愿者活动前必须考虑清楚的。老师和家长必须帮助孩子正确认识自身条件,给孩子较好的建议,如身体条件不允许却非常想参加的,可以参与一些略微轻松的志愿服务活动。再如,学习上有困难的孩子,可以参加一些对提高自己的思维能力和水平有帮助的志愿者活动。

3. 告诉孩子冷静对待在志愿服务过程中所遇到的问题

很多孩子在刚开始参与志愿服务时都很兴奋,觉得特别崇高,但是忽略了作为一个志愿者也一定会面对许多困境和难题。老师和家长要成为孩子理性的引路人,在孩子兴奋得忘乎所以时,要提前告诉孩子在志愿服务的过程中正确对待困境和难题,既然选择了做志愿者,就必须时刻保持冷静。在无法控制自己情绪的时候,可以适时退出,或者休息,不要一味地压抑自己。当出现突发情况的时候,必须保持足够的冷静和耐心。当然,遇到困难需要及时告知老师或家长,寻求大家的帮助,以免事情向不好的方向发展。在此过程中,老师和家长不能责备,要与孩子共同面对问题,共同寻求解决问题的方法,这样才有利于提高孩子的应变能力和处理问题的能力。

方法三:学会放手,指导家长不要好心办坏事,懂得适时帮助但绝不包办。

老师要与家长积极配合,让家长不要把志愿者活动当成一项作业来完成,要充分发挥活动的内在效能。在活动中,让孩子大胆实践,激发出孩子那充满灵性的创造活力。但要让家长知道,帮助不是包办,不能为了舍不得孩子或是为了让孩子做得更好而亲自动手,要学会远观或给予方法的指导,真正使孩子在各项体验中知道成功的必要条件和基本保

障。每次在活动中要给孩子提出几条意见，让孩子在志愿者活动中明了自己要做什么、怎么做和做的结果，重在激励、启迪、点拨、引导，还要指导孩子做好活动过程的记录和活动资料的整理。

方法四：防微杜渐，及时纠正不良行为。

孩子易冲动、自制力差，他们的行为往往受情绪支配，容易出错，在志愿者活动中往往会因为一些鸡毛蒜皮的小事情绪异常，影响志愿者活动的成效。老师和家长在整个活动中要特别关注孩子，及时纠正他们的不良行为，防微杜渐。比如，在志愿者活动时必然有孩子与孩子之间的合作，这时候老师要能够在活动前细致地制订方案，将孩子的分工与合作安排到位，避免因为老师的无准备或准备不充分而引起孩子间不必要的矛盾。在活动中，更要关注孩子的神情，及时疏导孩子的心情。活动后，为了确保孩子有收获，要及时与家长联系，共同关注孩子活动后的反馈。这样才能较好地保证志愿者活动的意义和价值。

我的观点

你带领或组织学生参加过志愿者活动吗？有此类活动时，你是如何与家长沟通交流的？你能介绍你的经验吗？

【高手支招】

让孩子在社会实践活动中成长 ①

有人说，让孩子考试得一百分很重要，但是老师和家长陪孩子蹲在大树下看蚂蚁更重要。随着教育的不断发展、教育理念的不断更新，我们已经越来越重视教育资源的利用和发挥，让孩子走进校园，同时又走出校园，走向社区、走向社会，参与各类社会实践活动。让孩子在社会大课堂中茁壮成长已经成了我们的追求。社会实践活动的价值是不容小觑的，让孩子在社会实践活动中成长就有了更深远的意义。志愿服务只是社会实践活动的冰山一角，我们需要拓宽视野，真正走进社会实践活动。孩子对社会实践活动的认识是需要关注的，不排除有孩子抱着凑热闹的心理，但是更多的还是孩子身心发展的需要，他们希望在社会实践活动中丰富学识，提升能力。那么，我们还需要关注社会实践活动哪些方面的问题呢？

关注一：社会实践活动的价值是什么？

1.培养中小学生正确的价值观

随着个性化的发展，许多中小学生具有一定的质疑能力，对许多事物都会表示怀疑，希望通过自身的实践去进行挑战。社会实践活动可以通过互助、体验的方式，将具有民族特征以及时代特征的价值追求融入

---

① 提供者：倪莉。

【问题聚焦】

班主任和家长如何理解并指导孩子参加社会实践活动？

通过以上的讨论和分析，我们都认识到了志愿服务等社会实践活动对孩子是非常重要的，那么，家长和老师该如何理解并指导孩子参加社会实践活动呢？

其中，让中小学生的精神意志得到锻炼，让优秀的价值观得到认同和巩固。通过正确的引导，让中小学生参与的社会实践活动，成为其内化价值观以及养成良好生活习惯的一种有效途径，使中小学生形成正确的价值观。

2. 培养中小学生的团队协作意识

在组织中小学生开展的社会实践活动中，并不需要学生参与强度非常大的活动，但活动的设计更注重培养中小学生的团队意识和协作能力。在整个社会实践活动中，所有参与者都需要围绕着统一目标去完成。在这样的团队活动中，学生们以团队的形式既要完成临时性任务，又要保证实现活动的最终目标。这就需要学生们既发挥个体的作用，又要团队协作，完成团队的集体任务。这样才能够进一步增强学生们的团队协作意识。

关注二：社会实践活动有哪些？

对于社会实践活动的分类，根据不同的标准有不同的分类。这里介绍一组根据社会实践活动的教育目的和内容进行的分类，大致可以分为以下几种。

1. 有一定主题的社区服务活动

学校可以结合学生的实际，定期开展一些大型的主题活动，如社区环境小卫士志愿行活动、文明礼仪进社区志愿者活动等。在这些活动中，学生作为志愿者深入社区，走进千家万户，在解决实际问题的基础上，为社区文化建设贡献自己的力量，在实践活动中宣传志愿者活动的宗旨、目的和社会意义。

2. 以考察为目的的社会实践活动

学校可以结合学生的学习需要或是成长需要，利用节假日，要求学生有目的地进行相关考察活动。比如，在母亲节、父亲节到来之际，可以让学生考察父母的工作环境，亲身感知父母工作的实际过程，懂得要拥有一颗感恩的心。又如，在寒暑假，可以组织学生参加一些工厂的体验活动，让学生体验各个行业，初步制订自己的人生规划。这些社会实践活动贴近学生的成长需求，让他们有机会感知社会，融入社会，为其成为一个社会人打下坚实的基础。

3. 勤工俭学性质的社会实践活动

这种性质的活动有一定的经济报酬，但其目的并不是只为报酬，而是通过这种方式来了解行业的运行和发展情况，增加感性认识，提前进行实际工作体验，在实践中发挥自己的聪明才智，发扬工作中的协作精神以及创新精神，培养职业兴趣，形成正确的劳动观念和人生志向，提升生涯规划能力。例如，利用假期进行职业体验，可以根据自己的实际情况和能力，去正规的单位进行体验，在体验中学习丰富的行业知识，明确各行各业的工作标准，养成踏实苦干的习惯。这样学生也就提前获得了职业体验，将自己学习的知识运用到实践中来，更加明确学习的重要性，增强勤奋学习的意识，为将来的工作积累学识。

4. 其他形式的社会实践活动

学校可以根据学生的兴趣和实际情况，因时制宜、因地制宜地开展其他的社会实践活动。比如：听国际形势报告、时事报告等促使学生时刻保持清醒的头脑，提高学生的政治觉悟；开展丰富多彩的社团活动，引导学生在各自兴趣范围内多参加各类社团，有读书兴趣的可以参加书社，有表演兴趣的可以参加演艺社等。特别值得一提的是，要想真正发挥社团建设的教育目的，我们要完全放开手让学生成为社团建设的主人。老师可以先对学生的兴趣爱好进行摸底，然后各社团由学生自发成立，相关社团的规章制度等都可以由学生自己去制订，包括社团名称、社团标识、社团组织结构、社团制度等。这样既可以培养学生的兴趣爱好，又可以培养他们的团队协作精神。

关注三：给家长提供社会实践活动指南。

授人以鱼，不如授人以渔。由于社会实践活动的形式是多样的，内容也是纷繁的，我们不可能在每一次社会实践活动中都能及时地指导家长。要给家长一般性的指导和帮助，因而学校可以给家长提供社会实践活动指南。以利用节假日进行的实践活动为例，指导家长让孩子在参与社会实践活动时必须了解以下活动指南。

1. 定时间

实践活动时间的选择，建议一般选在假期刚开始阶段为好，最好是一放假就开始。这样孩子比较容易在听取老师和家长指导意见的基础上及时实践，收效更好。

建议进行实践的时间长度以一个星期到半个月为佳。实践时间过长，可能会影响孩子假期其他活动的安排，给家长也带来不便；实践时间过短，孩子的体验不深刻，匆匆走过场，不仅没达到实践的目的，反而让孩子学会了敷衍了事，得不偿失。

2. 定地点

社会实践活动场所的选择很重要，环境对孩子的影响是很大的。我们有必要像孟母那样严格选择，毕竟实践活动的目的是培养孩子成人。最好选择熟悉的、有可靠的人担保的地方作为实践活动基地，不鼓励孩子自己盲目出去联系。避免选择那些对孩子可能产生不良影响的娱乐场所，而应选择那些比较正规的公共场所，如图书馆、书店、博物馆等。

3. 定内容

按照实践的内容，我们可以先粗略地将实践活动进行分类。活动大致包括这样四类：整理、归类工作，调查、统计工作，分发、送达工作，照顾老弱病残等弱势群体工作。这样分类，可以让孩子迅速找到实践的内容，并且找到志同道合的同伴，也让每次的社会实践活动目标更加明确，评价标准更加具体。

4. 定同伴

最好鼓励孩子约三五同伴一起完成，可以一起策划，这样不仅能够丰富实践形式，还能学会协调与沟通，大大增强实践的意义。当然，来自同伴的鼓励与交流将会让社会实践活动的意义更好地得以体现。

5. 定评价

为了提高孩子参加社会实践活动的有效性，必须请实践基地的相关人员如实填写孩子参与社会实践活动的内容、态度及完成情况。另外，还必须要求家长如实填写孩子参加社会实践活动所带来的感触与转变。通过评价，孩子才能真正客观地评价自己，总结经验教训，实现实践的意义。学校、老师也要突出评价对学生的发展价值，充分肯定学生活动方式和问题解决策略的多样性，鼓励学生自我评价与同伴间的合作交流和经验分享。提倡多采用质性评价方式，避免将评价简化为分数或等级。要将学生在社会实践活动中的各种表现和活动成果作为分析参与实践活动实施状况与学生发展状况的重要依据，对学生活动过程和结果进行综合评价。

关注四：指导家长带领孩子参加社会实践活动。

孩子参加社会实践活动除了由老师带领外，班主任更应指导家长带领孩子参加社会实践活动。假日是家长与孩子沟通的黄金时间，很多实践活动都是可以由父母与孩子共同参与的。所谓身教重于言传，倘若在活动中家长的示范作用能让孩子有所领悟，这种无痕教育远比说一堆道理有效。如果家长未能抽空一起参与，则可在活动后询问和倾听孩子的活动反馈，及时了解孩子的思想动向，发现问题并适当给予引导。班主任要指导家长从以下方面加以考虑。

1.遵循正确的原则

要根据社会实践活动的目标，并基于孩子发展的实际需求，在内容选择与组织中，遵循如下原则：①自主性。重视孩子自身发展需求，尊重孩子的自主选择。善于引导孩子围绕活动主题，从特定的角度切入，选择具体的活动内容，并自定活动目标任务，提升自主规划和管理能力。②实践性。在全身心参与的活动中，"体验""体悟""体认"生活，发展实践创新能力。③开放性。基于孩子已有经验和兴趣专长，不断拓展活动时空和活动内容，使孩子的个性特长、实践能力、服务精神和社会责任感不断获得发展。④整合性。以促进孩子的综合素质发展为核心，均衡考虑孩子与自然的关系、孩子与他人和社会的关系、孩子与自我的关系这三个方面的内容。⑤连续性。基于孩子可持续发展的要求，设计长短期相结合的主题活动，使活动内容具有递进性。活动内容由简单走向复杂，活动主题向纵深发展，丰富活动内容，拓展活动范围，促进孩子综合素质的持续发展。

2. 选择合理的方式

假期计划因人而异，社会实践活动的方式和内容也应根据孩子的具体情况"量身定做"。如对以自我为中心、缺乏关爱他人意识的孩子，家长可带领孩子到敬老院、孤儿院等献爱心；对娇气、缺乏动手能力的孩子，家长可带着孩子到贫困山区体验艰苦生活；对内向、缺乏自信的孩子，家长可让孩子多参加与人沟通交流的活动，如夏令营、当小小宣传员等。

3. 培养孩子的能力

家长要有意识地在社会实践活动中培养孩子的能力，同时注意观察孩子在参与过程中的表现、感受，一方面要激发孩子的兴趣，使孩子避免产生抵触情绪；另一方面要根据孩子的表现给予鼓励，提出合理的建议。如孩子在活动中缺乏恒心和毅力时，家长可通过故事激励、分解目标、共同参与等方式引导孩子战胜自己。避免纯粹为活动而活动，不要错失提高孩子能力的机会。

4. 巩固实践的效果

孩子天性爱玩，在参加社会实践活动时也许是因为新鲜好奇而表现积极，结束后可能就把活动的一些体验抛诸脑后了。所以，孩子参加社会实践活动不能流于形式，在活动后家长要适当引导孩子通过日记、交流等形式，让他们谈谈参加社会实践活动的感受，加深对活动的印象，从中认识活动的意义所在。这样做有助于塑造孩子正确的世界观、人生观、价值观。

总之，社会实践活动可以说是第一课堂的延伸，家长不妨借节假日多为孩子创设参与社会实践活动的机会，让孩子在玩中学，在学中悟，度过一个轻松而有意义的假期。

关注五：要充分发挥家长委员会的作用。

老师要充分利用好家长资源，让家长关心、支持学校的实践活动。在参与社会实践活动的整个过程中老师要密切联系家长委员会，为孩子进行社会实践积极创造条件，为孩子提供课余生活和假期社会实践的资源。请家长对孩子社会实践活动进行必要的评价，规范社会实践工作。

学生社区服务体系的建立是全面实施课程改革的重点、难点。学校充分发挥家长社会联系面广、社会行业涉及点多的资源优势。多方位、多层次地建立学生社区服务（实践）网点是家长义不容辞的责任。家长委员会可以根据学校的安排，与广大家长协商联系，尽早建立学生社区服务（实践）网点，并尽可能提供必要的指导。

当然，学生参加社会实践活动的天地还很广阔，我们还需关注许多方面的问题，更需要在具体的社会实践活动中不断总结经验教训，不断提升社会实践活动组织水平，真正提高社会实践活动对学生成长的实效。相信学生在社会实践活动中得到充分的历练，不断地超越自我，定能"化茧成蝶"，让生命之花绽放得更加美丽。

在实践活动中锻炼提升 ①

2012年，十八大将"育人为本，德育为先"凝练为"立德树人"，并首次把它作为教育的根本任务。此后，德育工作便广泛地引起了社会的关注，更得到了各级各类学校的高度重视。但在落实的过程当中，却常出现以下问题。

1. 目中无人

不少德育工作者，眼中没有学生，无视儿童身心发展的规律。道德教育的过程仍以说教为主，忽视儿童作为生命的个体具有复杂性、丰富性和灵动性等特点，只是为了完成教材安排的任务，对学生施行灌输式的道德教育。

2. 重智轻德

所谓重智轻德，就是只重视智力教育，忽视甚至无视德育的价值。特别是在全民焦虑的今天，很多学校和家长都把自己的注意力完全聚焦

---

① 解读专家：杨学，南京外国语学校仙林分校燕子矶校区小学部德育主任，南京市德育带头人。

在孩子的智育上，聚焦在提升学生学习文化知识的能力上。对于德育工作，可以说是"说起来重要，做起来次要，忙起来可要可不要"。就算德育内容被安排在国家规定的课程中，很多时候，一线老师为了挤出教学时间，常常占用或挪用德育课程。这种重智轻德的现象，忽视了我们需要培养健全人格的学生的需要，严重违背了我们国家培养全面发展的人的目标。

3. 知行分离

所谓知行分离，就是道德认识与道德行为严重脱节，表现为精致的利己主义者和言行不一的"两面人"。因此，现实中看到有人说一套、做一套的现象就不足为奇了，这样的"两边派"严重有损学生的身心健康。

基于以上对目前德育工作的认识，我们再来看此案例。我们不难看到，这位家长显然与社会上其他家长一样——重视智育，担心孩子因为参加公益活动而影响了学业，但好在她并没有阻止孩子参加公益行动，而是在焦虑中默默地陪伴，最终成全了孩子。

若想彻底消除家长的焦虑，改变重智轻德的思维方式，我们需要明确孩子"学习"的概念。所谓"学习"，我认为就是学而后习得，学什么内容至关重要。未来的人才需要具备怎样的能力与素养，这是近些年教育界探讨的热点话题。2013年2月，联合国教科文组织发布了题为《走向终身学习——每位儿童应该学什么》的研究报告，提出教育目标的制定，要从"工具性目标"转变为"人本性目标"。此后，世界各国陆续出台了各具特色的核心素养框架。我国于2016年9月也发布了中国学生发展核心素养框架，以全面发展的人为核心，涵盖文化基础、自主发展和社会参与三个方面、六大素养和十八个基本要素。比较各国核心素养框架内容，不难发现他们都强调培养全面发展的人，都重视全球意识、批判思维和跨国文化交流能力，都重视基于社会和谐关系建构的人际交往品质。

斯坦福大学第十任校长约翰·汉尼斯特别提出未来社会需要的是"T"型人才，其中竖线代表深度，代表在一个领域内的专业技术与能力；横线代表合作的能力、思考大事的能力和学习新事物的能力。我们不难发现，学生学习的范畴不仅仅局限于学习书本上的一些知识，学习前人的经验，更需要走出课本，走出校园，走出家庭，走出社会，在更广阔的空间学习更多的知识，习得更多的本领。

若想实现培养全面发展的人的目标，就要通过恰当的学习途径，采取恰当的培养方式。因为学生的诸多能力，并非先天就具有，而是要通过后天的学习与实践来习得。他们除了需要学习书本上的大量间接经验，更要在实践活动中亲身参与体验。事实上，丰富多彩的活动本身就是学习。在活动中，可以培养学生的合作、探究等综合能力。

家长担心学生因为参加活动而耽误学习，这里的学习主要指学习书本上的知识。这样的担忧不无道理，因为活动确实会在一定程度上占用孩子本该学习书本知识的时间。但我们也应看到，活动本身也为书本知识的学习提供了丰富的背景。从某个角度来说，有意义的实践活动恰恰可以大大丰富学生的生命体验，让他们加深对书本知识的理解。例如，在小学数学涨价和降价问题的学习中，有不少学生仅凭数字很难理解增减问题。若学生有机会到商场亲身体验购买涨价与降价的物品，相信再来学习这个知识点时就不会难倒他了。

精彩纷呈的活动为各类语言学科的学习提供了丰富的学习资源。例如在校园劳动实践体验活动中，学生在餐厅体验帮厨、到后勤清扫卫生间后，写下的一篇篇文章富有真情实感。他们不仅体验到了普通工作背后的艰辛与不易，更懂得要从自己做起，从小事做起，尊重别人的劳动成果。

文中的孩子参加志愿者服务，从她与家长愉快地分享自己的体验感受中可以看出，此次活动给孩子带来了丰富、积极的生命体验。这样的情绪体验将会促使孩子更加主动地探索身边的世界，愿意融入社会，培养社会的责任担当意识，进而全方位提升自己的能力和素养。

想要实现我们培养的目标——全面发展的人，需要家校目标一致，协同育人。家长自身就是资源。例如，想要对学生进行理想教育，激发学生学习、做事的内驱力，我们可以邀请在某个工作领域做得出色的名人家长到学校与学生"面对面"交流。学生对家长进行现场采访，在与家长的互动中深入了解成功背后所需要付出的艰辛，这样的活动可以激励学生长大也要做一个能在自己专业领域表现突出的人。

家校携手可以拓展教育的深度和广度，如开展亲子共读与分享活动，引导学生和家长共读一本书，并分享阅读心得。学生和家长共同参与社会公益活动，让学生习得丰富的知识，提升多种能力，还易于建立起家校学习的共同体，让身在其中的每一个生命个体，都能够获得长足的进步。

"自主实践 激扬生命"，在指导学生参与社会实践活动时，我们需要做如下温馨提示。

（1）社会实践活动需要有所选择。每天都有精彩纷呈的活动，我们不可能参加所有的活动，也不是活动参加得越多越好。这需要我们做出恰当的选择，可以针对学生年龄特点、当下亟待解决的问题，有选择地参加活动，提升参加活动的品质，才能达到事半功倍的效果。

（2）活动需要周密策划。任何活动的顺利开展，离不开前期的周密策划。只有这样，才能在一项活动中找到学生合适的生长点。

（3）学生是活动的主体。任何活动都是为了使学生获得发展与成长。因此，任何活动都应当将学生放在中央，他们才是真正的主角。如从活动初期的策划，到活动过程的实施，再到活动结束后的复盘与反思，学生不仅是全程的参与者，更是推动活动开展的灵魂。

综上所述，有效地认识、指导学生、家长参与自主社会实践活动，才能让学生在活动中提升各方面能力，让他们的生命焕发出活力。

携手家委会，锦上再添花 [1]

从刚才讨论的过程中，我们了解到与家长沟通、形成教育合力的重要性。如今，与家长联系的方法和渠道越来越多，我们告别了单一的家长会、家访，有了电话访问、QQ群、微信、家委会等更多形式。这里，我们就来重点探讨一下，班主任如何让家委会成为学校教育的好帮手。

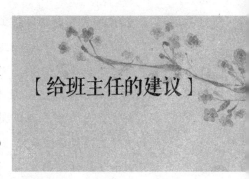

【给班主任的建议】

家委会——我的好帮手

一直以来，我都很关注家委会的作用，所以做了一些探索和尝试。

1. 制订明确的家委会职责

通过制订家委会职责，提升家委会成员的认同感和责任感，在明确具体职责的同时达成家校共育的目的。家委会职责如下。

（1）关心教育，学习教育理念，关注学校教育教学，支持班级教育教学工作。

（2）每月召开一次家委会会议，听取班主任和孩子的月工作总结，积极参与班级管理，为班集体的建设出谋划策。

（3）监督班级工作，收集家长意见，提出合理化建议，让班主任和学校及时了解家长的心声。

（4）促进学校与社区、家庭建立更加密切的联系。积极带领广大家长参加学校组织的各种活动，丰富孩子社会实践活动的内容和渠道，挖掘、利用家长和社会资源。

（5）收集家庭教育方面的成功经验和案例，定期组织交流，做好家庭教育指导工作，在全体家长当中起到表率作用。

---

① 提供者：倪莉。

2. 梳理家委会具体的工作

（1）积极参与班级组织的各种实践活动，比如志愿服务、文艺晚会、郊游、班级聚会等。这样不仅可以让孩子展示多才多艺的自己，也可以增进亲子感情。如果有条件，也可以邀请家长每年为孩子拍摄录像，刻成光盘，建立孩子成长档案，记录下孩子成长的足迹。社会实践活动有了家委会的参与和支持，可以让孩子有更广泛的交往面，极大地拓宽社会实践活动的空间，丰富社会实践活动的内容。

（2）借用家长资源培育孩子。家委会可以在班里开设"家长课堂"，请家长讲一些自己的专业知识，或者所从事行业的一些有趣的事情，让孩子学习课堂上学不到的一些东西。比如，从事互联网产业的家长可以教孩子如何正确使用网络，在医院工作的家长可以告诉孩子一些健康小常识……。再如，举办安全讲座。家委会成员中如有消防员，可以邀请其走进课堂，为孩子义务讲授消防知识，尤其是如何正确使用灭火器。孩子不仅可以看到挂在墙上的灭火器，而且能亲手摸一摸，用一用，学习的劲头会更足，安全意识一定会得到增强。家委会还可以请有条件的家长帮忙组织孩子参观学习或举办一些知识性的小讲座等，让孩子在学到更多知识的同时，也可以体验生活，更好地了解社会。

总之，家委会成员可动员有合适资源的家长积极筹划，为班级活动和孩子的成长提供便利条件。

（3）家委会负责建立"班级基金"。如果经济条件允许，可以在家长自愿的条件下建立"班级基金"，为班级各类活动的开展提供资金保证，这样社会实践活动中一些开支就有了经济支撑。比如，"文明南山行"志愿者活动。本次活动是由学生提出，结合当前文明出游的要求，去南山开展的一次志愿者活动。活动前，师生共同制订了活动的方案，接下来的后勤保障就交给了家委会，相关的费用从"班级基金"中支出。家委会承担了学生出行的专用车辆的费用，准备好必备的干粮和饮水，准备好活动横幅，购置好活动服装等。这些都由家委会成员分工协作完成，资金问题也无须担忧。

此外，"班级基金"还可以做很多事情，比如建立班级生物角、购买班级活动奖品、给孩子买文具等，用途可以随时根据孩子的需求和班里的情况进行调整。

（4）举办"家长开放日"活动。邀请家长参与到一日教育教学过程中来，让家长更好地了解学校和班级，加强家校合作。此活动，班主任要与家委会共商方案，确定具体的活动时间和活动内容，开设家长感兴趣的课程（家委会负责统计），制订翔实的活动流程，特别是要设计家长交流反馈的环节。

家委会负责安排家长参与听课，收集反馈意见和建议，让班主任及时了解家长的心声，并协助班主任做好个别对班级工作有误会的家长的疏导工作。家委会要根据家长的意见和建议及时与老师沟通，并且提出改进措施，适时向全体家长通报沟通结果并进行广泛宣传，增加家长对本班教育理念的了解，达成教育共识。

（5）创建"家长学校"，让家长与孩子一起成长。很多家长都是第一次做父母，对于家庭教育，或多或少都有些困惑，"家长学校"可以帮助家长解决这一问题。"家长学校"可以有多种形式，如家庭教育故事交流会、家庭教育沙龙、讲座学习等，重要的是充分挖掘身边优秀的家庭教育案例，对话身边优秀的家长，互帮互助，促进家长教育理念和水平的提升。

3. 明确家委会学期计划

二月：

制订家委会工作计划和"家长学校"活动计划。

召开新学期家长会，向家长汇报本学期学校、班级工作重点。

三月：

召开一次家委会成员会议，听取他们办好"家长学校"的意见。

开展"学雷锋"志愿者活动——走进社区。

四月：

组织家长开展亲子阅读活动。

请优秀家长做讲座。

五月：

召开家长座谈会，研究如何办好"家长学校"。

组织"家长开放日"活动。

六月：

家长沙龙——假期中如何带孩子参加社会实践活动。

进行"家长学校"学期工作总结。

班级管理不仅仅是班主任一个人的事情，孩子和家长都是其中的一员，都有参与班级管理的义务。家委会正好起着桥梁的作用，把学校、家庭、社会紧密联系在一起，构建起三结合的教育网络。

苏霍姆林斯基认为，儿童只有在这样的条件下才能实现和谐的全面的发展，就是两个教育者——学校和家庭，不仅要一致行动，要向儿童提出同样的要求，而且要志同道合，抱着一致的信念，始终从同样的原则出发，无论在教育的目的上，过程还是手段上，都不要发生分歧。以上案例是班主任在家委会建设方面的有效尝试，尤其是在让家委会充分参与学生社会实践活动方面做了非常有效的尝试，班主任可以合理借鉴。

一是班主任要充分认识到家委会是学校教育的有力支撑，与家长形成合力方能实现教育资源的最大化，获得更好的教育效果。班主任要正确认识家长作为教育资源的不可或缺性。如果把教育孩子比作走路，那么学校和家庭就是两只脚，少了任何一只脚，这个路都不可能走得稳、走得快、走得好。同样，如果两只脚中有任何一只脚出现了问题，必然会影响我们的走路效果，甚至还会反受其累，导致停滞不前。到头来，何谈教育？只有两只脚方向一致，步履和谐，才能让我们对孩子的教育越走越稳，越走越好。

二是班主任要充分发挥家委会的作用，制订一套完整的方案。"凡事预则立，不预则废。"家委会是一个复杂的组织机构，其成员的文化水平有差异，对孩子的教育理念有差异，若想让这样的一个组织机构成为学校教育的坚强后盾，班主任就不能想到哪儿做到哪儿。家委会工作必须要有计划性，当然在制订计划之前，必须对家委会的成员有全面细致深入的了解。了解的方式多样，如调查问卷、座谈会等。在此基础上，就要制订翔实的计划，当然在制订计划时必须与家委会充分讨论，班主任切不可独断独行。让家委会成员参与到制订计划的过程中来，这样可以增强家委会成员的教育责任感，更能够增强家委会成员的主人翁意识。这样制订出的一套完整的方案，从家委会职责到家委会具体工作，再到细致的工作运行计划，都特别全面细致，充分避免了家委会开展工作的随意性，真正将家委会的工作落到实处。

三是班主任要发挥家委会的作用，就要开展多种形式的活动，避免形式的单一性。在案例中的"家长学校"计划里，其实已经包含了多种"家长学校"的开展形式：班主任组织并亲自授课、开展家长读书活动、优秀家长现身说法（自己班的或者邀请外班的）、家长座谈会等，还有最后的总结。其中，优秀家长现身说法，不一定要很全面，有时只要选择一个方面，比如习惯培养、家庭阅读的开展，抓住一点讲深讲透就非常好。另外，如果有条件，也可以邀请家庭教育方面的专家来做讲座。正因为形式丰富了，家长也才会愿意参与班级的管理，这样远比开几次形式上的会议要有用得多，这样的实践和探索才是有价值、有意义的。

总之，家委会是一座桥，为了"让孩子健康、快乐地成长"这个共同的目的，将家庭和学校、班主任和家长联系在了一起。班主任要营造家校合作的氛围，拓宽家校合作的思路，丰富家校合作的平台。经常组织各种班级活动，邀请家长参与其中；借用家长资源让孩子在各种讲座、活动中学到更多知识；创建博客，建立班级博客圈，给孩子一个成长的平台；建立"班级基金"；举行"家长开放日"活动；开办"家长学校"……。家委会可以做的事情还有很多，或者可以说，只要对孩子的成长有利的事情，相信家委会的家长都可以全力去做。

当然，不同的班级有不同的情况，班主任必须一切从实际出发，让家委会适应孩子的需要，让各种家校合作的形式成为不可复制的绝招。

家委会是家长直接参与学校教育的一种组织形式，是学校教育有益的补充和发展，是学校争取更多的社会力量办好教育的重要途径。班主任必须充分认识到这一点，并用这个理念指导自己的工作，始终追求家委会在形成教育合力中的作用最大化。

总之，当今的教育是开放的教育，随着社会发展对人才素质的要求越来越高，家庭教育的重要性越来越彰显出来。在这样的教育大背景下，学校教育应与家庭教育紧密结合起来，充分发挥各自的教育优势，最终实现家校共育，促进孩子和谐发展。

[推荐阅读]

1. 中华人民共和国教育部，《中小学综合实践活动课程指导纲要》，2017年9月25日
2. 李臣之、潘洪建，《综合实践活动课程实施研究》，中国社会科学出版社，2019年

我的行动计划

对于如何帮助孩子参加社会实践活动，上述讨论和点评有没有给你一点启发呢？你有没有想过借助家委会的力量来提高孩子参加社会实践活动的能力和水平呢？不妨先试着与你班家委会共同拟订一个志愿者活动计划，然后再去积极尝试。

本书负责编写的主要人员

　　　　陈　萍（镇江市金山湖小学）

　　　　华　莉（镇江市润州区教师发展中心）

　　　　凌荷仙（镇江实验学校）

　　　　倪　莉（镇江实验学校官塘分校）

　　　　魏　菲（镇江市润州区实验小学）

　　　　谢　莉（镇江实验学校）

　　　　张　伟（镇江市蒋乔小学）

　　　　赵　婷（镇江实验学校）

本书所涉及的"随园夜话"各期沙龙主要参与人员

主 持 人：陈　萍（镇江市金山湖小学）

　　　　华　莉（镇江市润州区教师发展中心）

　　　　凌荷仙（镇江实验学校）

　　　　倪　莉（镇江实验学校官塘分校）

　　　　魏　菲（镇江市润州区实验小学）

　　　　谢　莉（镇江实验学校）

　　　　张　伟（镇江市蒋乔小学）

　　　　赵　婷（镇江实验学校）

特邀嘉宾：李亚娟（南京市教育科学研究所）

　　　　齐学红（南京师范大学教育科学学院）

点评专家：蒋　静（镇江实验学校）

　　　　李亚娟（南京市教育科学研究所）

　　　　齐学红（南京师范大学教育科学学院）

　　　　沙　莎（镇江市润州区教育局）

　　　　谢晓虹（常州高级中学）

　　　　杨　学（南京外国语学校仙林分校燕子矶校区小学部）

　　　　尹湘江（南京明道学校）

　　　　袁子意（南京市建邺高级中学）

　　　　张　萍（常州市花园中学）

发 言 人：陈　萍（镇江市金山湖小学）

陈　婷（镇江实验学校）

陈　宇（镇江市蒋乔小学）

陈　芸（镇江实验学校）

戴　阳（镇江实验学校）

冯思思（镇江实验学校）

高新斤（江苏省润州中等专业学校)

龚　敏（镇江实验学校）

何　君（镇江实验学校）

胡玲玲（镇江实验学校官塘分校）

华　莉（镇江市润州区教师发展中心）

黄宏佼（镇江市润州区实验小学）

黄莉丽（镇江市金山湖小学）

蒋继妍（镇江实验学校）

蒋建国（镇江市金山实验学校）

蒋　瑶（镇江市蒋乔小学）

李自立（镇江实验学校）

凌荷仙（镇江实验学校）

刘丽丽（镇江实验学校）

刘　移（镇江市金山湖小学）

罗桂香（镇江市蒋乔小学）

罗丽萍（镇江市润州区实验小学）

罗玉琴（镇江市润州区实验小学）

倪　莉（镇江实验学校官塘分校）

沈　静（镇江实验学校官塘分校）

谈明女（镇江市第四中学）

谭程玉（镇江实验学校官塘分校）

问玉银（镇江市润州区实验小学）

王德军（镇江实验学校官塘分校）

王　婷（镇江实验学校）

王文君（镇江实验学校官塘分校）

王　莹（镇江市金山湖小学）

韦俊婷（镇江实验学校）

韦　月（镇江实验学校）

魏　菲（镇江市润州区实验小学）

吴丽凤（镇江实验学校）

吴　梅（镇江实验学校）

吴　悠（镇江实验学校）

夏　萍（镇江市蒋乔小学）

谢　莉（镇江实验学校）

徐　飞（镇江市蒋乔小学）

徐　昊（镇江实验学校）

徐　鑫（镇江实验学校）

姚晓欢（镇江实验学校）

叶　琴（镇江实验学校）

于建华（镇江市蒋乔小学）

余玲玲（镇江实验学校官塘分校）

袁世萍（镇江实验学校魅力之城分校）

张　慧（镇江实验学校）

张　伟（镇江市蒋乔小学）

章　瑾（镇江市穆源民族学校）

赵　婷（镇江实验学校）

周　鸿（镇江市润州区教育局）

周精壹（镇江实验学校官塘分校）

朱国平（江苏省润州中等专业学校)

朱　娟（镇江市中华路小学）

朱伟玲（镇江市蒋乔小学）

朱文静（镇江市蒋乔小学）

庄晓明（镇江实验学校）

后 记

　　"随园夜话"班主任沙龙系列文集"班主任工作十日谈"<u>丛书</u>，已于2015年陆续出版，自出版以来在实践领域产生了广泛的社会影响，如今即将再版。作为一项集体智慧的结晶，从最初沙龙的录音整理，到文稿的结集出版，再到修订再版、视频制作，其中凝聚了太多人的努力与心血。

　　首先，感谢教育科学出版社的刘灿主任和池春燕编辑，他们在沙龙原稿基础上，对丛书的结构框架、呈现方式等问题提出了极具建设性的意见和建议。目前呈现在大家面前的体例结构包括"案例故事""随园夜话""问题聚焦""实践探索"等几个板块。这样的设计既保留了沙龙原本的对话性、情境性和生成性，又对其中普遍的教育问题和对策策略予以归纳、提炼、总结。这样的呈现方式无疑是对沙龙学术品质的提升。对于广大读者而言，这样的设计不仅再现了班主任沙龙的问题情境，而且有助于班主任老师将自己在班级教育实践中遇到的困惑与问题带入阅读过程，进而与沙龙文本之间进行对话与交流。这样一种阅读方式和学习方式无疑是对班主任实践经验和智慧的升华。

　　其次，要感谢沙龙分册的主编们，感谢他们为沙龙的结集出版付出大量心血，他们不仅多次担任沙龙的主持人，而且承担了大量的文稿征集、修订和编辑工作。在沙龙活动过程中，我们见证了他们从普通班主任到专业型、专家型班主任的成长历程，他们既是沙龙活动的直接参与者和受益者，同时也是班主任团队的引领者，在他们的带领下，一批批年轻班主任脱颖而出，成为班主任沙龙的中坚力量。

　　再次，特别要感谢我的几届硕士研究生，没有他们及时地将每期沙龙录音整理成文字稿，就没有今天沙龙文集的诞生。他们不仅是沙龙录音资料的整理者，同时还是沙龙活动的组织者、服务者和参与者，他们在这里感受到了丰富多彩的鲜活的班主任人生，以及优秀班主任的教育实践智慧，增加了对基础教育实践的感悟与理解，收获了书本之外的教育实践性知识。他们为沙龙付出着并在沙龙中成长着。虽然有些同学已经毕业离开了学校，但回首南京师范大学三年的学习经历，班主任沙龙给他们个人成长带来的影响令他们终生难忘，有些同学毕业后仍在从事着与班主任有关的教学或研究工作。同时，他们也把沙龙文稿的整理工作传给了后来者。其中，直接参与沙龙文稿整理工作的共有六届硕士研究生，他们是：刘京翠、唐秋月、何宗艳、胡迪（2009级）；李云竹、宋春旗、杜乐（2010级）；刁益虎、徐小丹、王飞（2011级）；李静、李蒙、王桂芝、陆文静（2012级）；王若雪、汪靖云、吴青（2013级）；邵东红、朱国红（2014级）。

最后，感谢所有沙龙成员的参与与坚守，在这里，我们一起走过了12个春夏与秋冬，一起体悟教育自身的魅力和带给我们的感动。特别值得一提的是，年过八旬的班华教授始终关心并且引领着沙龙活动的健康开展，不仅自己坚持参加沙龙，还经常给予老师们专业上的指导；年过七旬的黎鹤龄主任不仅自己坚持参与每次沙龙活动，还耐心指导所在学校的年轻班主任认真准备每次的沙龙主持材料，不断传播和扩大沙龙的影响力，经他介绍和引荐，越来越多的学校和年轻班主任加入进来，为沙龙增添了新鲜血液和力量，在他的倡议下，沙龙活动在南京仙林地区也独立开展起来。

以上这些都让我体会到教育事业是一项薪火相传的事业，需要一代又一代人的传承与接续。沙龙活动正以其民间性、开放性、专业性、人文性，得到广大一线班主任的喜爱。正如吴虹校长对于沙龙精神所做的概括："总有一种温暖让我们感动，总有一种力量让我们前行，总有一方土地让我们生长，总有一种幸福让我们分享，总有一种事业让我们追寻！"希望这一方土地惠及更多班主任的专业成长！

齐学红　于朗诗国际

2021年1月